SAMMY LIBERMAN YACONI

Marketing
Metrics & Frameworks

[Bilingual Edition]

SAMMY LIBERMAN YACONI

Marketing
Metrics & Frameworks

[Edición Bilingüe]

A Paulina por su apoyo sin condiciones.
A mis hijas Magdalena, Josefina
e Isidora por su apoyo con condiciones.
A mis padres y hermanos por
alentarme y acompañarme siempre.

AGRADECIMIENTOS

Deseo agradecer a todas las instituciones y organizaciones mencionadas en este libro, las cuales junto con abrirme sus puertas para trabajar con ellas, estudiarlas y poder elaborar así los casos latinoamericanos de marketing, me permitieron poder probar mis ideas en ambientes empresariales reales, desafiantes y de gran diversidad.

A los numerosos profesionales, profesores y directivos de empresas, que aportaron con entusiasmo e interés sus ideas y experiencias en torno al tema central de este libro, el cual después de varios años de importante dedicación y trabajo, concluye de manera satisfactoria esperando poder realizar un aporte significativo en la formación de estudiantes y profesionales vinculados al área del marketing.

©Sammy Liberman Yaconi

Registro de Propiedad Intelectual N° 244.561
ISBN: 978-956-7757-59-6

Editado por: Alba & Ed.
Santiago de Chile.
Primera Edición, octubre 2015
Segunda Edición, enero 2017

Nota: Este libro fue inscrito originalmente bajo el título *Métricas y Frameworks para el Marketing Estratégico.*

Índice/Index

PRÓLOGO

Un contexto globalizado y competitivo impone desafíos cada vez más exigentes al desempeño empresarial. Estimaciones de ventas, segmentos de clientes y mercado tienen impacto directo en las rentabilidades de las empresas y su supervivencia. Las organizaciones y sus administradores deberán definir cuidadosamente el adecuado nivel de inversión junto con la mejor estrategia a seguir para luego medirla, evaluarla y mejorarla.

Las decisiones clave, por su parte, están basadas siempre en el escenario esperado, por lo cual un adecuado diagnóstico exige gran rigurosidad y consistencia.

Utilizar herramientas correctas, permite aproximarse a una realidad más objetiva para la toma de decisiones. Aprender a dimensionar las opiniones de los clientes y actores relevantes, como también proyectar las variables económicas y financieras adecuadamente, se transforma en una estructura que le entrega solidez a las conclusiones extraídas.

"Lo que no se mide, no existe", la mítica frase del campo de la física, debió haber sido el título del presente libro.

El autor ya es responsable de dos obras anteriores. La primera de ellas: *Marketing estratégico: casos latinoamericanos*, refleja los ajustes y adaptaciones que deben hacer las empresas para poder competir en un entorno político económico altamente cambiante. La segunda, denominada: *Marketing internacional del vino*, resume la evolución que ha tenido la industria vitivinícola a lo largo de los años así como los desafíos a los cuales se han visto enfrentados los productores locales para lograr competir en mercados foráneos.

Sammy Liberman Yaconi, Ingeniero Comercial por la Universidad de Chile, MBA por Loyola University-Maryland y Doctor en Economía y Administración de Empresas por la Universidad Europea de Madrid, vuelve a plasmar su experiencia en el ámbito académico y profesional en este nuevo libro. Esta vez, el enfoque está puesto en la presentación de Métricas y Frameworks de nivel estratégico, por medio de las cuales se busca alcanzar una aproximación más certera y consistente del mercado en el cual se encuentra inserta la empresa. El autor desarrolla en forma detallada una gran variedad de instrumentos de medición para definir los clientes y los tipos de mercados, así como el diseño de la estrategia de marketing y su impacto en el desempeño financiero corporativo, ámbito pocas veces cubierto por libros del área del marketing. Adicionalmente –y como si no bastara con todo lo anterior–, el texto nos proporciona un set de casos muy cercanos a nuestra realidad económica, donde se contrastan los distintos modelos y estrategias empresariales, con experiencias reales latinoamericanas, todas ellas adecuadamente disectadas bajo el agudo microscopio del autor.

Sin duda, un excelente libro lleno de recomendaciones técnicas basadas en la aplicación de modelos cuantitativos vinculados al área del marketing que serán de mucha ayuda y orientación para quienes están interesados en profundizar su formación académico-profesional, con una obra en la que se transmite una invaluable experiencia en dicho campo.

PROLOGUE

A globalized and competitive context creates ever greater challenges for business. Estimates on sales and market segments have a direct effect on a company's profitability and survival. Organizations and their administrators must carefully define an adequate level of investment and the best strategy to follow, which must be measured, evaluated and improved upon later.

On the other hand, key decisions are always based on the expected scenario. As a result, an adequate diagnostic requires great rigor and consistency.

Using the correct tools gives us a more objective perspective when making decisions. Learning to measure the opinions of clients and relevant actors, as well as to project economic and financial variables correctly, allows for sound conclusions.

The title of the present book should have been the mythical physics phrase, "What can't be measured doesn't exist".

The author is responsible for two previous works as well. The first of these, *Marketing estratégico: casos latinoamericanos*, reflects the adjustments that companies must make in order to compete in a highly volatile political and economic environment. The second book, called *Marketing internacional del vino*, summarizes the evolution of the wine industry as well as the challenges faced by local producers in order to compete in foreign markets.

Sammy Liberman Yaconi received his degree in commercial engineering from the University of Chile, his MBA from Loyola University (Maryland), and his Ph.D in Economy and Business Administration from the European University of Madrid. In this book, he continues to share his academic and professional experience. This time, the focus is on strategic metrics and frameworks, which can give us more certain and consistent insight into the market in which a company operates. The author describes in detail a great deal of measurements that define client and market types, as well as marketing strategy and its impact on corporate financial performance, a field that isn't frequently covered by marketing books.

In addition, as if that weren't enough, this text offers a set of cases that are very near to our economic reality. The author contrasts different business models and strategies using real Latin American experiences, all of which are duly dissected under his sharp microscope.

Undoubtedly, this is an excellent book, full of technical recommendations based on the application of quantitative models connected to the marketing area. Those who are interested in deepening their academic and professional development will surely benefit from this book that transmits invaluable experience in the field.

Introducción

Por varios años he tenido la oportunidad de contribuir en la formación de estudiantes de marketing y estrategia, de distintas escuelas de negocios y universidades de Latinoamérica, e igualmente colaborar con empresarios y directivos de empresas pertenecientes a distintos ámbitos de negocios. Este gratificante ejercicio como académico y consultor, además de haberme permitido conocer de cerca experiencias empresariales de amplia y variada diversidad, me ha permitido también la comprensión y entendimiento respecto de la necesidad de tener que contar –como base para el estudio del marketing y la estrategia– con un volumen suficiente y adecuado de experiencias prácticas que faciliten la aproximación del estudiante al mundo de los negocios.

En Latinoamérica, consecuencia de la tendencia indicada, muchas escuelas de negocios han incorporado formalmente el uso de la metodología de casos. Sin embargo, en la actualidad, la restricción fundamental que enfrenta el ejercicio de esta práctica se relaciona con la limitada disponibilidad de experiencias de empresas latinoamericanas formateadas "tipo caso". Por el contrario, es posible observar que dicha escasez de material es suplida por medio del uso de casos de empresas foráneas, las cuales salvo excepciones, ilustran realidades de mega compañías de siempre exitosa trayectoria en contextos y ámbitos de negocios con los cuales escasa o ninguna familiaridad es posible establecer. En mi consideración, el adecuado ejercicio basado en el estudio de casos, supone no solamente la revisión y análisis de experiencias de empresas siempre exitosas –hacerlo supondría intentar aprender sólo a partir de la vida ejemplar de los santos– sino, por el contrario, exige adentrarse y constatar que el mundo real de los negocios es, por cierto, diverso, heterogéneo y no siempre pletórico de éxito.

Necesidad de frameworks y métricas para resolver casos

Si bien no es posible hablar de una figura metodológica única que pueda ser aplicable en forma exitosa a todos los casos y experiencias de marketing, trabajar con métricas y *frameworks* que suministren una secuencia lógica para el análisis de los datos, representa sin lugar a dudas una colaboración valiosa tanto para el estudiante que busca resolver los problemas planteados por un caso como para el ejecutivo que enfrenta una experiencia real en el campo del marketing.

En primer lugar, habría que señalar que los *frameworks* corresponden a un conjunto estandarizado de procedimientos y criterios que sirven como referencia para enfrentar y resolver problemas de naturaleza similar. Estos procedimientos son útiles y necesarios para aproximarse de manera racional a la solución de algún problema específico que aqueje a la empresa. Por otra parte, las métricas corresponden a mediciones de atributos a partir de alguna escala de magnitudes que apoyan el proceso de toma de decisión a nivel empresarial. Si bien es posible observar una importante diversidad de *frameworks* y métricas disponibles en el campo del marketing, el aspecto de mayor complejidad para el director de marketing de una empresa dice relación con la necesidad de seleccionar adecuadamente el set de *frameworks* y métricas que ayuden a conducir la estrategia de marketing.

Cabe señalar que, si bien la elección de *frameworks* y métricas en el campo del marketing siempre estará supeditada al manto estratégico superior que rige a la compañía, en términos prácticos la correcta selección de estos indicadores, es particularmente sensible a la experiencia y entrenamiento que el director de marketing posea en dicho ejercicio. En tal sentido, la recomendación general plantea como primer requisito la necesidad de contar con una definición clara y precisa tanto de los objetivos corporativos como de los objetivos estratégicos del departamento de marketing, antes de proceder con la elección de los *frameworks* y métricas que permitan la formulación del "tablero de instrumentos" de marketing más adecuado para cada empresa.

El libro que pongo a su disposición, colabora por una parte, en resolver la limitación inicialmente mencionada, proveyendo un interesante set de experiencias de empresas latinoamericanas –insertas en diversos ámbitos de negocios– y, por otra parte, proporcionando una selección específica de métricas y *frameworks* que resultan muy adecuadas para aproximarse al estudio de casos de marketing.

Estructura del libro

El libro está dividido en tres partes. En la primera parte, "Métricas para el marketing estratégico", he incluido la revisión de sesenta métricas que contribuyen al proceso de análisis que es necesario llevar a cabo al momento de resolver casos y problemas relacionados con el campo del marketing. Las métricas incorporadas han sido agrupadas y diferenciadas de acuerdo a la naturaleza y contribución que estas realizan en los distintos campos temáticos del marketing. En razón de lo anterior, esta primera parte del libro ha sido subdividida en tres secciones.

En la primera sección he considerado la inclusión de las métricas de clientes y mercado, debido a que son las que mayor colaboración proporcionan a la función de marketing, en lo que dice relación con el nivel de satisfacción de necesidades y fidelización de la cartera de clientes de una empresa. Algunas de las métricas específicas incluidas en este primer capítulo son *Brand Equity*, *Market Share*, *Relative Market Share*, *Customer Lifetime Value*, *Segmentation by Hedonic Value*, *Churn Rate* y las métricas de concentración de mercados, entre otras.

En la segunda sección, he considerado la inclusión de las métricas del *Marketing Mix* y Ventas. Este grupo de métricas colabora en la determinación eficaz de los productos y precios en las distintas líneas y categorías que la empresa comercializa así como en la determinación eficiente de la estrategia comunicacional –tanto analógica como digital– contemplada en el plan de marketing de esta. Algunas de las métricas consideradas en este segmento son *Markup* de costos, *Markup* de ventas, las métricas de *Click Rate y Share of Voice,* el índice *Gross Rating Point* y el indicador *Direct Mailshot Point,* entre otras. De igual manera han sido incluidas en esta sección las métricas de ventas y distribución, ya que contribuyen con el análisis del desempeño del sistema de ventas de la empresa así como con la evaluación de los diferentes canales de distribución. Algunas de las métricas consideradas en este segmento son las métricas de *Salesforce Turnover Ratio, Salesforce Recruting Ratio,* Análisis de Variación de Ventas y Compensación de la Fuerza de Ventas, entre otras.

En la tercera sección he incorporado una familia de métricas pertenecientes a la categoría de gestión financiera, por cuanto sirven de referencia y guía para dar orientación y foco a la contribución que siempre debe efectuar la función de marketing a la gestión global de la empresa. Algunas de las métricas consideradas en este segmento son la Tasa Marginal de Contribución, el Punto de Equilibrio Múltiple y el *Financial Analysis of Marketing,* así como otras de mayor especificidad financiera que también colaboran con este objetivo. Cabe señalar que esta selección no agota –ni parcialmente– el caudal de recursos disponibles en este ámbito, sino por el contrario esta puede servir de base para inspirar la conformación de otras métricas de mayor complejidad y especificidad en dicho contexto.

La segunda parte del libro se titula "Frameworks para el marketing estratégico". El objetivo de esta sección es el de perfeccionar el proceso de reflexión estratégica que es necesario realizar al momento de resolver casos y problemas relacionados con el campo del marketing, por medio de la revisión de herramientas y modelos de marketing de distinto nivel de profundidad y alcance. En tal sentido, he incorporado como primer *framework* de esta revisión, el modelo de resolución de casos de marketing estratégico denominado *Mkt-1234*. Este instrumento –de gran utilidad– propone al lector una estructura de análisis detallada y puntillosa que busca facilitar la generación de aproximaciones formales para trabajar de manera lógica y conexa en el estudio de casos y resolución de problemas en el campo del marketing. Adicionalmente, he considerado la inclusión del *International Marketing Evaluation Model*, el Modelo de *Design Thinking in Marketing*, el modelo de discernimiento para dilemas éticos en el campo del marketing denominado *Markethics Dilemma Grid* y el Modelo de Posicionamiento Estratégico, entre otros.

En la tercera parte y final del libro, he incorporado la presentación de ocho casos latinoamericanos de marketing, pertenecientes a distintos ámbitos de negocios y contextos culturales, los cuales he desarrollado a partir de mi experiencia como consultor, como ejecutivo y en algunos casos como director de alguna de las empresas y proyectos seleccionados. Los ocho casos de estudio han sido estructurados con el fin de facilitar al estudiante una adecuada aproximación y análisis de estos, a partir de la utilización de las métricas y *frameworks* que han sido incluidas en la primera y segunda parte del libro, respectivamente.

Algunos de los casos de estudio incorporados en el libro son: el caso *O'fogo* (Brasil), el caso *Tico Bazar* (Costa Rica), el caso *Xcaret* (México), el caso *Arcotex* (Perú) y el caso *Southern Cross Wine* (Chile), por mencionar algunos.

Finalmente, debo señalar que las experiencias de casos incluidas en este libro, más que tratar de ilustrar una gestión adecuada o inadecuada respecto de situaciones pertenecientes al mundo de los negocios, intentan generar una adecuada base de discusión, reflexión y análisis para quienes buscan aproximarse al interesante y muy dinámico mundo del Marketing Estratégico[*].

Sammy Liberman

---

[*] Esta primera edición del libro ha sido preparada tanto en español como en inglés, sin embargo varios acrónimos en ingles así como anglicismos, han sido conservados ex profeso en la versión en español por ser considerados de uso habitual y frecuente en el lenguaje comercial y de los negocios (Ejemplo: *Ebitda, marketing markup, cash flow*, entre otros).

INTRODUCTION

For several years I have had the opportunity to contribute to the education of marketing and strategy students in different Latin American business schools and universities, as well as the chance to collaborate with businesspeople and company boards in different business areas. These gratifying roles of consultant and educator have given me a firsthand look at many different kinds of business experience. They have also allowed me to understand the need for an adequate amount of practical experience as a basis for the study of marketing and strategy and a way to facilitate the student's entrance into the business world.

Due to the aforementioned trend, many business schools in Latin America have formally incorporated the case study methodology. However, this practice is limited by the low availability of "case type" experiences for Latin American companies. This lack of material is compensated by cases on foreign companies, which, with few exceptions, illustrate the experiences of mega companies with consistently successful track records in contexts that are often entirely unfamiliar to Latin American students. In my opinion, using case studies involves not only reviewing and analyzing companies that are always successful –that would be like trying to learn about life only from the exemplary lives of the saints– but also requires a person to go deeper and confirm that the real world of business is heterogeneous and not always successful.

The need for frameworks and metrics in solving cases

Although there is not one methodological figure that can be successfully applied to all marketing cases and experiences, working with metrics and frameworks that provide a logical sequence for data analysis undoubtedly a valuable aid for students trying to solve cases, as well as for executives facing real experiences in the field of marketing.

Frameworks are a set of standardized procedures and criteria that serve as a reference when facing problems of a similar nature. These procedures are useful and necessary for rationally approximating the solution to any given problem affecting a company. Furthermore, metrics are measurements of attributes based on a scale of magnitudes that help the decision-making process on a corporate level. Although there is a great variety of frameworks and metrics available in the field of marketing, the most complex task for a marketing manager is to adequately choose the set of frameworks and metrics that can guide the company's marketing strategy.

It should be noted that although the choice of marketing frameworks and metrics is always subordinate to the higher strategic level governing a company, in practical terms the selection of these indicators depends on the marketing manager's own training and experience in this area. In this regard, before choosing the frameworks and metrics that can create the most adequate marketing dashboard for the company, the first requirement must be to have a clear and precise definition of the corporate objectives as well as the strategic objectives of the marketing department.

This book helps in part to counteract the aforementioned limitation by providing an interesting set of experiences from Latin American companies in various fields of business. It also provides a specific selection of metrics and frameworks that are very useful when studying marketing cases.

The structure of the book

The book is divided into three parts. The first part, entitled "Metrics for Strategic Marketing," I have included 60 metrics that contribute to the analysis process of resolving marketing cases and problems. The metrics included have been grouped together and differentiated according to their nature and contributions to the various thematic fields of marketing. Consequently, this first part of the book has been subdivided into three sections.

In the first section, I have included the metrics of clients and market because these are the ones that most fit the marketing function in terms of the loyalty and need satisfaction of a company's client portfolio. Some of the metrics specifically included in this first chapter are: Brand Equity, Market Share, Relative Market Share, Customer Lifetime Value, Segmentation by Hedonic Value, Churn Rate, and Market Concentrations Metrics, among others.

In the second section, I have included the metrics of Marketing Mix and Sales. This group of metrics makes it possible to measure the efficacy of the products and prices of the different lines commercialized by the company, as well as the efficiency of the communication strategy –analog and digital– included in the company's marketing plan.

Some of the metrics considered in this segment are: Cost Markups, Sales Markups, Click Rate and Share of Voice metrics, the Gross Rating Point index, and the Direct Maishot Point indicator, among others. Sales and distribution metrics have been included in this section since they help to analyze the company's sales system and different distribution channels. Some of the metrics considered in this segment are: Salesforce Turnover Ratio, Salesforce Recruiting Ratio, Sales Variation Analysis and Salesforce Compensation, among others.

In the third section, I have included a family of metrics that belongs to the financial management category because they are useful as reference points when focusing on marketing's contribution to the global management of a company. Some of the metrics considered in this segment are: Marginal Rate of Contribution, Multi-Product Break-Even Analysis, and Marketing Financial Analysis, as well as others with higher degrees of financial specificity that also help to achieve this objective. It is worth noting that this section does not include —not even partially— the vast number of resources available in this area. On the contrary, this section provides the basics to inspire the creation of other more complex and specific metrics.

The second part of the book is entitled "Frameworks for Strategic Marketing". The goal of this section is to improve the strategic reflection process that is needed when solving marketing cases and problems by reviewing different marketing tools and models. In this regard, I have included as the first framework the strategic marketing case resolution model known as Mkt-1234. This very useful tool offers the reader a means of detailed and precise analysis that that helps to develop formal approaches to marketing case study. I have also included the International Marketing Evaluation Model, the Design Thinking in Marketing model, the model for discerning ethical dilemmas in the field of marketing known as the Markethics Dilemma Grid, and the Strategic Positioning model, among others.

In the third and final part of the book, I present eight Latin American marketing cases from different business areas and cultural contexts. These cases have been developed from my experience as a consultant, executive, and in some cases, director. These case studies have been structured according to the metrics and frameworks included in the first and second parts of the book.

Some of the case studies included in the book are: the O'fogo case (Brazil), the Tico Bazar case (Costa Rica), the Xcaret case (Mexico), the Arcotex case (Peru), and the Southern Cross Wine case (Chile), among others.

Finally, I must point out that rather than trying to show adequate or inadequate management, the case study experiences presented in this book seek to build a sound basis for discussion, reflection and analysis for those with interest in the dynamic world of strategic marketing*.

Sammy Liberman

---

* This first edition has been prepared in both Spanish and English, but several acronyms in English and Anglicisms have been expressly preserved in the Spanish version because they are regularly and frequently used in commercial and business language (Example: Ebitda, marketing, markup, cash flow, among others.)

PRIMERA PARTE

Métricas para el Marketing Estratégico

Métricas para el Marketing Estratégico

"Dime cómo me medirás y te diré
cómo me comportaré".

Eliyahu M. Goldratt

Una adecuada y muy formal definición para las métricas en el campo del marketing podría sugerir algo como lo siguiente: "Conjunto de atributos definidos a partir de alguna escala de magnitudes que buscan apoyar el proceso de toma de decisiones en el campo del marketing con el fin de alcanzar los objetivos de la organización".

No obstante la exactitud conceptual de la definición anterior, las métricas en el campo del marketing son bastante más que escalas de magnitudes o estadísticas. Parafraseando las ideas centrales del muy en boga concepto de *storytelling,* me inclino por la siguiente acepción del concepto: "Las métricas son un medio para contar historias que proporcionan información de alto valor para señalar la dirección correcta que debe seguir la estrategia de marketing".

Desde esta perspectiva, las métricas en el campo del marketing son guías que ayudan a revisar la historia y recorrido de una empresa, permitiendo –cuando es necesario– rectificar el rumbo que conlleva dicha historia, la cual bajo ciertas condiciones puede exhibir desviaciones en materia de la eficiencia que requiere el proceso de marketing, del nivel de satisfacción que espera el cliente, del aporte o agregación de valor que demanda la dirección superior de la empresa e incluso del nivel de satisfacción que evidencian los propios colaboradores al interior de la organización. En tal sentido, la pregunta central que debiera iluminar la reflexión antes de definir el set de métricas que ayude a conducir la estrategia de marketing, debiera ser la siguiente: ¿qué es lo realmente importante de medir en la estrategia de marketing capaz de impactar en los objetivos de la organización?

Existen innumerables ejemplos y casos de empresas que han errado al momento de seleccionar el set de métricas que conforman sus respectivos *dashboards*. La elección de métricas inadecuadas potencia las malas decisiones, las que a su vez impulsan a seguir utilizando indicadores inadecuados, generando un círculo vicioso de difícil solución. Sólo un adecuado entendimiento respecto de la naturaleza holística de la organización así como un adecuado nivel de experiencia y entrenamiento en el uso y selección de métricas e indicadores, nos pueden ayudar a salir de la compleja trampa de medir en forma precisa lo que no es importante medir.

Dado que los indicadores financieros por sí mismos no son capaces de ofrecer respuestas certeras al momento de explorar en la causalidad del estado de salud de una empresa, es que cualquier diagnóstico en dicha materia debe ser apoyado por medio de las diferentes familias de métricas que ofrece el campo del marketing.

A la luz de esta perspectiva he incorporado en esta sección del libro una selección de sesenta métricas que contribuyen al proceso de análisis que es necesario llevar a cabo al momento de resolver casos y problemas relacionados con el campo del marketing. Cabe señalar que esta selección no agota –ni parcialmente– el caudal de recursos disponibles en este ámbito, sino, por el contrario, esta puede servir de base para inspirar la conformación de otras métricas de mayor complejidad y especificidad en dicho contexto. Las métricas incorporadas en la presente selección han sido agrupadas y diferenciadas de acuerdo a la naturaleza y contribución que estas realizan a los distintos campos temáticos del marketing.

FIRST PART

Strategic Marketing Metrics

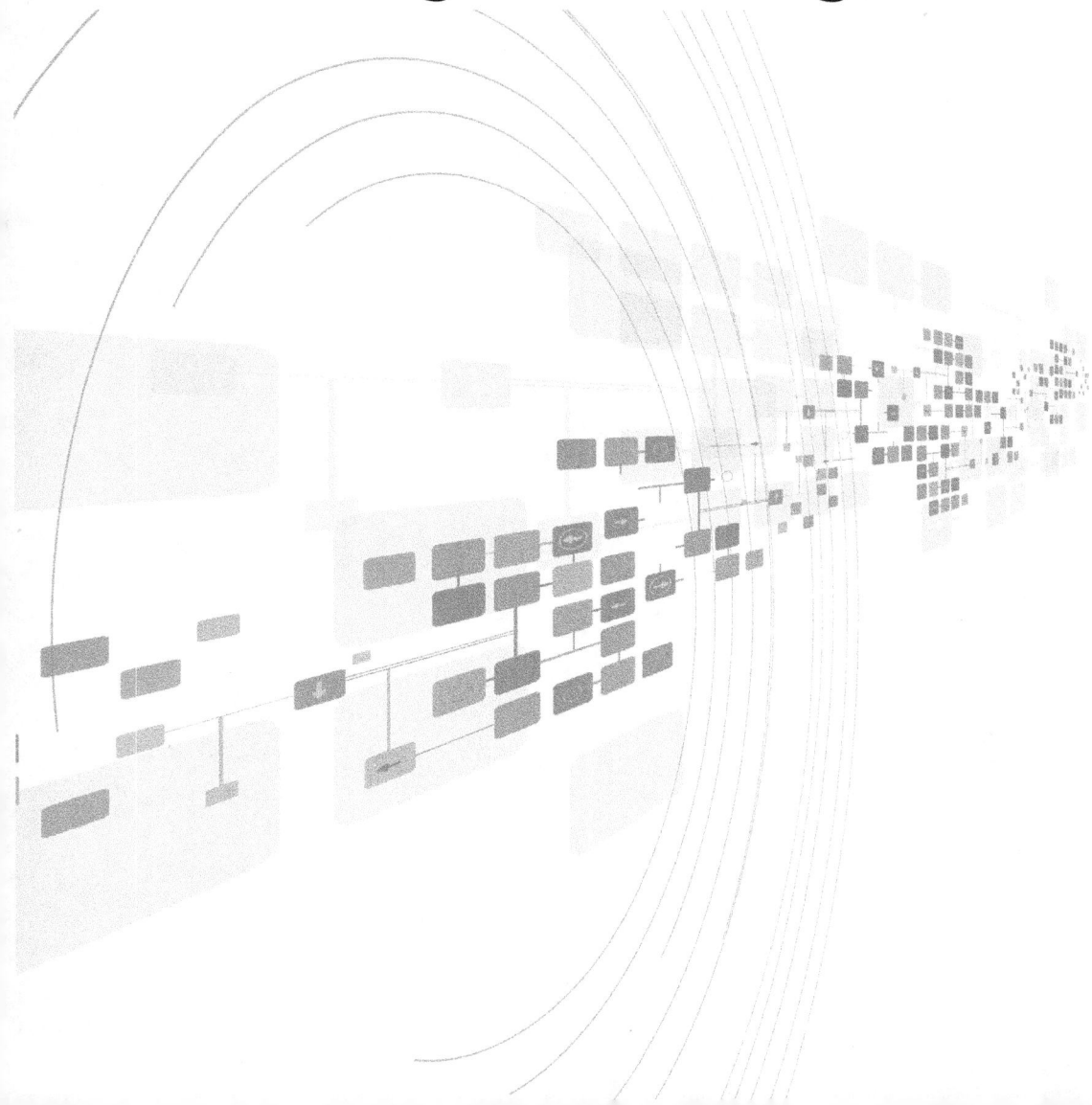

Strategic Marketing Metrics

An adequate and very formal definition for marketing metrics could be something like this: "A set of attributes based on a scale of magnitudes that seeks to support the decision making process in the field of marketing so as to reach the goals of an organization".

Notwithstanding the conceptual exactitude of this definition, marketing metrics are quite a bit more than mere scales of magnitude or statistics. Taking the central ideas of the very fashionable concept of storytelling, I'm inclined towards the following definition of the concept: "Metrics are a means of telling stories that provide highly valuable information, helping to indicate the direction a marketing strategy should take".

From this perspective, marketing metrics are guides that help review a company's history, and change course when that history shows deviations in the efficiency required by the marketing process, the level of satisfaction expected by a customer, the added value required by a company's upper management, and even the level of satisfaction evidenced by an organization's own internal collaborators. In this sense, before defining a set of metrics that can help guide marketing strategy, the question illuminating our reflection should be the following: what really needs to be measured win a marketing strategy that is that can affect the goals of an organization?

There are countless examples of companies that have made mistakes when choosing metrics for their respective dashboards. The choice of inadequate metrics strengthens poor decisions, which in turn lead to the continuous use of inadequate indicators, thus generating a vicious cycle that is very hard to break. Only an understanding the holistic nature of the organization and adequate experience in metrics can help us escape the complicated trap of measuring precisely what it is not important to measure.

Given that financial indicators alone cannot offer definitive answers about an organization's health, any diagnosis related to this question must be backed by the different families of metrics that exist in the field of marketing.

In light of this, I have included in this section a selection of 60 metrics that contribute to the analysis process necessary when solving marketing cases. It is worth noting that this section does not exhaust —even partially— the vast number of resources available in this area. On the contrary, this can inspire the creation of other more complex and specific metrics. The metrics included in this selection have been grouped together and differentiated according to their natures and contributions to the various thematic fields of marketing.

CAPÍTULO 1

Métricas de Clientes y Mercado

METRICS OF CLIENTS AND MARKET

CUSTOMER LIFETIME VALUE (CLV)

La métrica de CLV, perteneciente al campo del análisis de clientes en contribución al marketing, está basada en la idea de que el valor de la empresa está determinado directamente por el valor presente del flujo futuro que es capaz de generar su propia cartera de clientes. La forma general de análisis del CLV, considera a los clientes como activos financieros capaces de contribuir al margen de la empresa durante el tiempo en que se encuentra vigente la relación comercial entre ambas partes. La expresión del CLV adquiere la siguiente forma:

$$\boxed{CLV = \frac{(MBt\text{-}Ct)rt}{1+i\text{-}rt}} \qquad \rightarrow [\text{Métrica} \mid 1]$$

Donde,

CLV: Customer lifetime value[1].

MBt: Contribución al margen bruto por parte del cliente en el período "t".

Ct: Costos de servicio y marketing devengables al cliente durante el período "t", como por ejemplo acciones de fidelización.

rt: Tasa de retención o probabilidad de que el cliente repita la compra.

i: Tasa de descuento.

---

[1]   Valor vitalicio del cliente.

El impacto ce esta métrica depende de los valores que considere cada índice. Es importante recordar que el dato que ofrece el CLV puede cambiar debido a la variación de lealtad de los clientes, la forma de calcular los egresos atribuibles a los clientes o la forma en que se calculan los costos de marketing. Esta métrica permite a la empresa conocer cuánto se puede invertir en adquirir, retener y fidelizar un cliente, conocer el valor de la compañía a través de la interacción con los clientes y simular el valor del ciclo de vida del cliente con el fin de evaluar la factibilidad económica al implementar una estrategia comercial. La calidad ce análisis del modelo así como la fiabilidad de la predicción dependerá de la eficacia en e_ proceso de pronóstico que sea capaz de realizar la empresa.

Customer Lifetime Value (CLV)

The CLV metric belongs to the field of client analysis that contributes to marketing. It's based on the idea that a company's value is directly determined by the present value of the future flow that its own customer portfolio is capable of generating.

The general form of CLV analysis considers customers as financial assets that can contribute to the company's margin while their business relationship is in effect. The metric is expressed as follows:

$$CLV = \frac{(MBt\text{-}Ct)rt}{1+i\text{-}rt}$$ →[Metric | 1]

Where,

CLV: Customer lifetime value.

MBt: Contribution by the customer to the gross margin, during time period "t".

Ct: Service and marketing costs accruable to the customer during time period "t"; for example, customer loyalty activities.

rt: Retention rate or the probability that a customer will repeat a purchase.

i: Discount rate.

The impact of this metric depends on the values considered for each index. It's important to remember that the data offered by the CLV can change due to variations in customer loyalty, the way that expenditures attributable to customers are calculated, or the way that marketing costs are calculated.

This metric lets a company know how much can be invested in acquiring, retaining, and fomenting customer loyalty; know the value of the company through customer interaction; and simulate the value of the customer lifecycle to evaluate the economic feasibility of implementing a business strategy. The analysis quality, as well as the trustworthiness of the prediction, will depend on the company's efficiency in the prediction process.

Sources:

- Farris, P., Bendle, N., Pfeifer, P., Reibstein, D., *Marketing metrics*, New Jersey, Pearson Education, 2010.

- Malthouse, E., *Segmentation and lifetime value models using*, Cary, NC, SAS, 2013.

- Pine II, J., Gilmore, J., *Creating customer-unique value through mass customization*, Boston, Mass, Harvard Business School Press, 2000.

Deserción de Clientes (DC)

La métrica de Deserción de Clientes (DC) –de discreta usabilidad a pesar de su alta relevancia– pertenece a la categoría de métricas del marketing relacionadas al análisis de clientes. Esta permite a la empresa identificar la tasa de abandono que experimenta la cartera, a partir de comparar el total de clientes perdidos en un determinado período respecto del total de clientes existente en igual período. La expresión que adquiere esta métrica es la siguiente:

$$DC = \frac{Cp(i)}{Cc(i)}$$ →[Métrica | 2]

Donde,

DC: Deserción de clientes.

Cp(i): Clientes perdidos en el período "i".

Cc(i): Clientes totales al inicio del período "i".

Esta métrica, en complemento con otras de la misma categoría, puede ser verdaderamente útil para un departamento de marketing que busca focalizar sus esfuerzos de marketing de manera eficaz. En dicho sentido, su aporte viene dado por la posibilidad de identificar con anticipación a los clientes que potencialmente podrían hacer abandono de la cartera durante el período de análisis, de manera de concentrar los esfuerzos en la retención de estos, intentando así minimizar el índice global de deserción de la cartera de clientes.

CHURN RATE (CHURN-R)

The Churn Rate metric, used infrequently despite its relevance, belongs to the category of marketing metrics related to customer analysis. This metric helps a company identify the dropout rate of its portfolio by comparing the total number of customers lost in a given period of time to the total number of existing customers in the same period. This metric can be expressed as follows:

$$\boxed{\text{Churn-R} = \frac{\text{Cl(i)}}{\text{Cb(i)}}} \qquad \rightarrow[\text{Metric} \mid 2]$$

Where,

Churn-R: Churn rate.

Cl(i): Customers lost during time period "i".

Cb(i): Total customers at the beginning of time period "i".

This metric, when used with others from the same category, can be truly useful to a marketing department that seeks to focus its marketing efforts effectively. In that sense, its contribution is the possibility to identify in advance those customers who could potentially abandon the portfolio during the analysis period, so as to concentrate on retaining them and trying to minimize the overall desertion index.

Sources:

- Aaker, D., Kumar, V., *Marketing research*, New York, Wiley & Sons, 2012.

- Davis, J., *Measuring marketing*, Singapore, Wiley, 2007.

- Peppers, D., Rogers, M., *Marketing uno x uno, el marketing del siglo veintiuno*, Buenos Aires, Vergara Business, 2008.

- Pine II, J., Gilmore, J., *Creating customer-unique value through mass customization*, Boston, Mass, Harvard Business School Press, 2000.

Retención de Clientes (RC)

La métrica de RC es otro indicador de relevancia perteneciente al segmento de métricas de análisis de clientes. Esta permite a la empresa poder identificar el porcentaje de clientes que fueron retenidos o renovados en un período determinado, en relación al número total de clientes existentes en igual período. Si bien la gestión de marketing de una empresa supone un ejercicio constante en favor de la captura de nuevos clientes, también supone un ejercicio permanente en la adecuada retención de los antiguos clientes. En tal sentido, es importante poder comparar periódicamente la evolución que describe dicho ejercicio de retención, ya que tras estos indicadores se esconde el grado de satisfacción o insatisfacción que registran los clientes respecto de la propuesta de valor ofrecida por la compañía.

La expresión que adquiere esta métrica es la siguiente:

$$RC = \frac{Cr(i)}{Cc(i)} \quad \rightarrow [\text{Métrica} \mid 3]$$

Donde,

RC: Retención de clientes.

Cr(i): Clientes retenidos en el período "i".

Cc(i): Clientes totales al inicio del período "i".

Customer Retention (CR)

The CR metric is another important indicator that belongs to the customer analysis segment of metrics. It allows a company to identify the percentage of customers who were retained or renewed in a given period of time, in relation to the total number of customers for the same period. Although a company's marketing strategy supposes an ongoing effort to capture new customers, it also supposes an ongoing effort to retain old customers. In this regard, it's important to periodically review the evolution of these retention efforts because behind these indicators hides the degree of satisfaction or dissatisfaction that customers experience regarding the value proposal offered by the company. This metric can be expressed as follows:

$$CR = \frac{Cr(i)}{Cc(i)} \qquad \rightarrow [\text{Metric} \mid 3]$$

Where,

CR: Customer retention.

Cr(i): Customers retained during time period "i".

Cc(i): Total number of customers at the beginning of time period "i".

Sources:

- Aaker, D., Kumar, V., *Marketing research*, New York, Wiley & Sons, 2012.
- Davis, J., *Measuring marketing*, Singapore, Wiley, 2007.
- Domínguez, A. y Muñoz, G., *Métricas del marketing*, Madrid, Esic Editorial, 2010.

Fidelidad de Clientes (FC)

La FC es otra métrica perteneciente a la categoría de análisis de clientes. Esta plantea la idea de que no sólo la retención del cliente –sino también la satisfacción del mismo– es importante para evaluar adecuadamente el nivel de fidelidad que detentan los clientes de una empresa. Esta métrica permite a la empresa identificar el porcentaje de clientes que fueron retenidos o renovados en un período determinado, considerando la satisfacción experimentada por estos como el factor fundamental de la retención, más que por el hábito de mantenerse como clientes. La expresión que adquiere esta métrica es la siguiente:

$$FC = \frac{Cr(i) - Cr,h(i)}{Cc(i)}$$ →[Métrica | 4]

Donde,

FC: Fidelidad de clientes.

Cr(i): Clientes retenidos en el período "i"

Cc(i): Clientes totales al inicio del período "i".

Cr,h(i): Clientes retenidos pero no satisfechos en el período "i".

Notar que [Cr(i) - Cr,h(i)] representa la cantidad de clientes que fueron retenidos por la empresa como consecuencia del nivel de satisfacción experimentado por estos. De esta manera, la ecuación considera al total de clientes retenidos durante el período, descartando a aquellos que habiendo sido retenidos han hecho constar o han efectuado algún reclamo o queja durante igual período, evidenciando algún grado de insatisfacción con la empresa.

Cabe señalar que el nivel de satisfacción o insatisfacción experimentado por una cartera de clientes es normalmente medido a través de encuestas de satisfacción. En tal sentido, los aspectos a considerar –en una encuesta de satisfacción– dicen relación con la identificación de los ámbitos de satisfacción e insatisfacción para el cliente, la medición de la desviación entre la calidad percibida y la calidad esperada, la definición de los aspectos que son mejorables y las acciones remediales y correctoras de la desviación observada. Una buena forma de construir las encuestas de satisfacción es utilizando escalas específicas de medición, teniendo el cuidado de minimizar la influencia que esta puede ejercer sobre la respuesta y, por lo tanto, sobre la medición de la satisfacción.

Customer Loyalty (CL)

The CL index is another metric that belongs in the category of customer analysis. This metric states that although customer retention is important –and customer satisfaction as well– it's also important to adequately evaluate of customers' loyalty to a company. This metric allows a company to identify the percentage of customers that were retained or renewed in a given period of time, considering customer satisfaction, rather than habit, the fundamental factor for this retention. This metric can be expressed as follows:

$$CL = \frac{Cr(i) - Cr,h(i)}{Cc(i)}$$ →[Metric | 4]

Where,

CL: Customer loyalty.

Cr(i): Customers retained during time period "i".

Cc(i): Total number of customers at the beginning of time period "i".

Cr,h(i): Customers retained, but not satisfied during time period "i".

Note that [Cr(i) - Cr,h(i)], represents the number of customers retained by the company due to the satisfaction experienced by the customers. In this way, this formula considers the total number of customers retained during the time period, ruling out those who were retained, but filed any complaints during the same time period, showing any degree of dissatisfaction with the company.

It should be noted that the level of satisfaction or dissatisfaction experienced by a portfolio of customers is normally measured through customer satisfaction surveys. In this regard, the aspects considered –in a customer satisfaction survey– try to identify the areas where the customer is satisfied or dissatisfied, measure the deviation between perceived quality and expected quality, define aspects that can be improved, and carry out corrective actions for the deviation observed. A good way to build customer satisfaction surveys is through specific measurement scales, carefully minimizing the influence that this can have on the answer and thus on the measurement of satisfaction.

Sources:

- Aaker, D., Kumar, V., *Marketing research*, New York, Wiley & Sons, 2012.
- Farris, P., Bendle, N., Pfeifer, P., Reibstein, D., *Marketing metrics*, New Jersey, Pearson Education, 2010.

Costo de Adquisición por Cliente (CAC)

La presente métrica (CAC) permite identificar los costos en que las empresas normalmente incurren al momento de captar nuevos clientes. Si bien el costo de adquisición por cliente se podría calcular a partir de la división entre los egresos totales generados en el ejercicio de adquisición de nuevos clientes y el total de nuevos clientes captados, quedarían fuera del análisis aspectos de mayor especificidad necesarios de considerar, que sí son recogidos por las dos métricas siguientes. La primera de estas adquiere la siguiente forma:

$$\boxed{CAC1 = Cvm * Qvm} \quad \rightarrow [\text{Métrica} \mid 5]$$

Donde,

CAC1: Costo de adquisición por cliente.

Cvm: Costo del vehículo de marketing requerido para capturar un cliente.

Qvm: Cantidad de veces que se debe utilizar el vehículo de marketing para capturar un cliente.

Este primer método considera –para efectos de determinar el costo de adquisición por cliente– multiplicar el número de veces que es necesario utilizar el vehículo de marketing –seleccionado previamente– por el costo de utilización de dicho vehículo.

La segunda métrica adquiere la siguiente forma:

$$\boxed{CAC2 = \dfrac{Cvm}{TC}} \quad \rightarrow [\text{Métrica} \mid 6]$$

Donde,

CAC2: Costo de adquisición por cliente.

Cvm: Costo del vehículo de marketing requerido para capturar un cliente.

TC: Tasa de captura –porcentaje esperado de clientes que serán capturados por el vehículo de marketing seleccionado–.

Este segundo método considera –para efectos de determinar el costo de adquisición de clientes– dividir el costo del vehículo de marketing utilizado para capturar clientes, por la tasa de captura de clientes. Este último dato debiera surgir desde fuentes secundarias de información –como, por ejemplo, estadísticas de la industria, experiencias pasadas y/o juicio de expertos.

Conocer el costo de adquisición de los clientes, e incluso proyectarlos, ayuda al departamento de marketing a generar una mejor asignación de los recursos, así como a diseñar sus programas de marketing de una manera más alineada y congruente con las posibilidades de la empresa.

[Aplicación]:

Una empresa que desea adquirir nuevos clientes cuenta para ello con dos opciones. La primera opción considera el envío de correos electrónicos a potenciales clientes de manera aleatoria. Para esta opción, se tiene que el costo por correo electrónico enviado alcanza los $0,50 y el promedio de la tasa de conversión alcanza el 0,1%. Esto significa que sólo una persona comprará por cada 1.000 correos electrónicos enviados.

La segunda opción considera el envío de correos electrónicos de manera selectiva a un grupo específico y calificado de destinatarios de acuerdo al segmento objetivo al cual apunta la empresa con su producto. Este grupo está compuesto por los correos electrónicos de importantes compradores, quienes tienen el poder de decisión al interior de sus respectivas empresas. Para este segmento, la tasa de conversión probable es de 0,3% –tres veces más efectiva que el correo electrónico aleatorio–; sin embargo, el costo de conseguir la información de cada persona de la base de datos genera un costo adicional de $0,25 respecto del caso anterior, cuyo costo era igual a cero.

Utilizando el método (CAC2) para determinar el costo de adquisición por cliente, tenemos para el primer caso un CAC2 de ($0,50 / 0,001) = $500, en tanto que para el segundo caso tenemos un CAC2 de ($0,75 / 0,003) = $250.

Un análisis simple indicaría que de las dos opciones presentadas la primera opción es más económica que la segunda ($0,50 vs. $0,75); sin embargo, el costo total de adquisición disminuye significativamente con la segunda opción, dado que el segmento seleccionado es capaz de responder de manera más favorable ante la oferta de la compañía.

Customer Acquisition Cost (CAC)

This metric allows a company to identify the costs it incurs in the acquisition of new customers. The cost of customer acquisition can be calculated from the total expenditure accrued in the acquisition of new customers, divided by the total of new customers. However, this method doesn't take more specific aspects into account, which is why I propose two other metrics that do. The first metric can be expressed as follows:

$$CAC1 = Cvm*Qvm \qquad \rightarrow [\text{Metric} \mid 5]$$

Where,

CAC1: Cost of customer acquisition.

Cvm: Cost of the marketing media needed to capture a customer.

Qvm: Number of times the marketing media must be used to capture a client.

In order to determine the cost of customer acquisition-, this first method multiplies the number of times it's necessary to use the previously selected marketing media by the cost of using said media.

The second metric can be expressed as follows:

$$\boxed{CAC2 = \frac{Cvm}{CR}} \qquad \rightarrow[\text{Metric} \mid 6]$$

Where,

CAC2: Cost of customer acquisition.

Cvm: Cost of the marketing media needed to capture a customer.

CR: Capture rate –expected percentage of customers that will be captured by the use of the selected marketing media–.

In order to determine the cost of customer acquisition, this second method divides the cost of the marketing media used to capture customers by the customer capture rate. The latter should arise from secondary sources –for example, industry statistics, past experiences, and/or expert opinions–.

Knowing the cost of customer acquisition and even projecting it helps a marketing department better allocate available resources, as well as design marketing programs that are more in line with the company's possibilities.

[Application]:

A company wishing to acquire new customers has two options. The first option is randomly sending emails to potential customers. The cost of every email sent in this option is $ 0.50 and the conversion rate average reaches 0.1%. This means that only one person out of every 1,000 emails sent will make a purchase.

The second option considers selectively sending emails to a specific and qualified group according to the segment the company is targeting with its product. This group is made up of emails to important purchasers who have decision making power in their respective companies. The probable conversion rate for this group is 0.3% – three times more effective than random emails–. However, the cost of obtaining each person's information from the data base generates an additional cost of $0.25; this cost was zero in the previous option.

Using the (CAC2) method to determine the customer acquisition cost, we have in the first case a CAC2 of ($0.50 / 0.001) = $500, while for the second case we have a CAC2 of ($0.75 / 0.003) = $250.

A simple analysis of these results indicates that of the two possible options, the first is more economical than the second ($0.50 vs $0.75). The total cost of acquisition, however, decreases substantially with the second option due to the fact that the chosen segment is capable of answering more favorably when confronted with the company offer.

Sources:

- Aaker, D., Kumar, V., *Marketing research*, New York, Wiley & Sons, 2012.

- Best, R., *Market-based management*, Upper Saddle River, NJ, Prentice Hall, 2004.

- Davis, J., *Measuring marketing*, Singapore, Wiley, 2007.

- Malthouse, E., *Segmentation and lifetime value models using*, Cary, NC, SAS, 2013.

Share of Wallet (SOW)

El SOW es un indicador de uso frecuente que pertenece al segmento de las métricas de análisis de clientes. Este permite comparar el volumen de ventas que es realizado por una empresa a un cliente específico, con las ventas totales efectuadas al mismo cliente por parte de todos los oferentes del mismo tipo de producto. La forma que adquiere dicho indicador es la siguiente:

$$SOW = \frac{Vc(i,m)}{\sum Vc(i,m)}$$ →[Métrica | 7]

Donde,

SOW: Share of wallet[2].

Vc(i,m): Ventas monetarias –de un determinado producto– efectuadas al cliente "i", en el período "m".

$\sum Vc(i,m)$: Suma de todas las ventas monetarias efectuadas por distintos oferentes –de un determinado producto– al cliente "i", en el período "m".

El análisis de esta métrica, a través de una serie de tiempo, permite conocer la evolución de la participación del cliente en la oferta de la empresa. En dicho sentido, una eventual baja del SOW podría estar directamente relacionada con problemas intrínsecos del producto o por una falta de incentivos a la fuerza de ventas en favor de estimular la reposición de los productos a su cartera de clientes. Esta métrica es frecuentemente utilizada como guía, al momento de evaluar el esfuerzo de persuasión que es realizado por el departamento de marketing con el fin de estimular la venta de los productos por sobre los de la competencia. Esta métrica resulta también útil para evaluar el desempeño de la fuerza de ventas, en cuanto a su capacidad de gestionar las relaciones con los clientes.

---

[2]   Participación sobre la billetera del cliente.

Share of Wallet (SOW)

The SOW is a highly useful indicator that belongs to the segment of customer analysis metrics. This indicator helps a company compare the sales volume of a product sold to a specific customer as a percentage of total sales to the same customer by all of the available providers of the product. This metric can be expressed as follows:

$$SOW = \frac{Vc(i,m)}{\sum Vc(i,m)}$$ →[Metric | 7]

Where,

SOW: Share of wallet.

Vc(i,m): Monetary sales of a specific product made to customer "i" in time period "m".

$\sum$Vc(i,m): Sum of all of the monetary sales made by different providers (of a specific product) to customer "i" in time period "m".

The analysis of this metric throughout the course of time shows a company the evolution of a customer's participation in its offer. In this regard, an eventual decrease of the SOW could be directly related to intrinsic problems with the product or to a lack of sales force incentives that stimulate product replenishment to the customer portfolio. This metric is frequently used as a guide to evaluate the persuasion efforts that marketing departments make to have greater sales than the competition. This metric is also useful for evaluating de performance of the salesforce in terms of its capacity to manage customer relations.

Sources:

- Farris, P., Bendle, N., Pfeifer, P., Reibstein, D., *Marketing metrics*, New Jersey, Pearson Education, 2010.
- Kotler, P., *Marketing management*, Mexico DF, Pearson Education, 2006.
- Malthouse, E., *Segmentation and lifetime value models using*, Cary, NC, SAS, 2013.
- Peppers, D. y Rogers, M., *Marketing uno x uno, el marketing del siglo veintiuno*, Buenos Aires, Vergara Business, 2008.

Market Share (MS)

La métrica de MS es un indicador de alta usabilidad y popularidad en el campo del marketing, por cuanto permite comparar el desempeño comercial de la empresa en relación al de sus competidores. A partir del análisis de los datos que ofrece el MS, en combinación con otras métricas de mercado y clientes, es factible concluir respecto de aspectos tales como la mayor o menor presencia del producto en determinados mercados o segmentos de mercado, la preferencia del consumidor hacia ciertos productos o líneas de productos y el grado de fidelidad de la cartera.

El MS describe las ventas de la compañía como un porcentaje de las ventas totales del mercado y se expresa con la siguiente fórmula:

$$MS = \frac{Vit}{\sum Vt}$$ →[Métrica | 8]

Donde,

MS: Market share[3].

Vit: Ventas en unidades monetarias generadas por la compañía "i" en relación a un mercado específico en el período "t".

$\sum$Vt: Sumatoria de las ventas en unidades monetarias generadas por todos los competidores participantes de un mercado específico en el período "t".

Si bien un MS alto es generalmente interpretado como una buena señal, se debe tener en cuenta que un aumento temporal del MS a partir de una disminución en el precio, también puede afectar el margen de contribución de la empresa si dicha disminución de precio no está asociada a un mayor nivel de eficiencia, que pueda traducirse, por ejemplo, en un menor costo del producto o del servicio que es comercializado por la empresa. Otra razón de un aumento del MS puede ser la migración de las empresas competidoras a categorías

---

[3] Participación de mercado.

más rentables del producto, generando la sensación de un aumento del indicador a partir de incrementos de venta transitorios.

Las fuentes de información utilizadas para medir el MS son variadas y diversas. Estas pueden provenir de reportes comerciales de la industria, registros de cámaras de comercio, empresas consultoras, especialistas en investigación de mercado, así como de estudios específicos realizados por medios especializados en negocios y economía.

MARKET SHARE (MS)

The MS metric is a highly useful and popular indicator in the field of marketing because it allows a company to compare its commercial performance to that of its competition. Using MS analysis combined with other market and client metrics, it's feasible to reach conclusions on aspects such as: the higher or lower presence of a product in specific markets or market segments; consumers' preference for certain products or product lines by and the degree of customer loyalty.

The MS metric describes a company's sales as a percentage of total sales in the market, and is expressed with the following formula:

$$MS = \frac{Vit}{\sum Vt}$$ →[Metric | 8]

Where,

MS: Market share.

Vit: Sales generated in monetary units by company "i" in a specific market in time period "t".

$\sum Vt$: Sum of all sales in monetary units generated by all participating competitors in a specific market in time period of "t".

While a high MS is generally interpreted as a good sign, it should be noted that a temporary increase in MS from a decrease in price can also affect the contribution margin if the price decline is not associated with a higher level of efficiency that results in lower unit costs for the products or services marketed by the company. Another reason for an increase in MS can be the migration of competing companies towards more profitable product categories, generating the sensation that based on transitory sales increases, the indicator has risen.

The sources of information used to measure the MS are varied and may come from industry commercial reports, chambers of commerce registries, or specific studies developed by different media specializing in business and economy.

Sources:

- Aaker, D., Kumar, V., *Marketing research*, New York, Wiley & Sons, 2012.

- Stanton, W., Etzel, M. y Walker, B., *Fundamentos de marketing*, México DF, McGraw Hill, 2007.

Relative Market Share (RMS)

La métrica de RMS es una variante de la métrica de MS y su resultado se obtiene a partir de la división entre la cuota de ventas de la empresa y la cuota de ventas del competidor dominante. Notar que la cuota de ventas del competidor dominante corresponde a la mayor cuota de ventas del mercado. En el caso de que la empresa de la referencia fuera el competidor dominante, se debe utilizar como divisor la cuota del competidor con la segunda mayor venta del mercado. Esta métrica permite indicar la posición relativa que cada competidor tiene en un determinado mercado y se expresa de la siguiente manera:

$$RMS = \frac{Vit}{Vlt}$$ →[Métrica | 9]

Donde,

RMS: Relative market share[4].

Vit: Cuota de ventas de la compañía "i" en el período "t", expresado en unidades monetarias.

Vlt: Cuota de ventas de la compañía dominante (líder en ventas) en el período "t", expresado en unidades monetarias.

El dato que arroja el RMS cuando el análisis se realiza tomando como base de comparación al competidor dominante, sólo podrá ser inferior a la unidad. Por el contrario, si el análisis se realiza desde el competidor dominante, entonces el dato que proporcione el RMS siempre será superior a la unidad.

---

[4]   Participación de mercado relativa.

Relative Market Share (RMS)

The RMS metric is a variant of the MS metric, and it's the result of dividing a company's market share by the market share of the dominant competitor. Note that the market share of the dominant competitor is equal to the largest sales share of the market. If the company in question were the dominant competitor in the market, the market share of the company with the second largest sales share of the market would be used as the divider. This metric allows each competitor within a specific market to be aware of their position relative to every other competitor. This metric is expressed as follows:

$$RMS = \frac{Vit}{Vlt}$$ →[Metric | 9]

Where,

RMS: Relative market share.

Vit: Sales generated in monetary units by company "i" in time period "t".

Vlt: Sales generated by company l (the leading company) in time period "t", expressed in monetary units.

Note that when the analysis considers the dominant competitor as the basis for comparison, the results can only be less than the unit. However, if the analysis is done for the dominant competitor, the results generated by the RMS will always be greater than the unit.

Sources:

- Davis, J., *Measuring marketing*, Singapore, Wiley, 2007.

- Kotler, P., *Marketing management*, Mexico DF, Pearson Education, 2006.

- Stanton, W., Etzel, M. y Walker, B., *Fundamentos de marketing*, México DF, McGraw Hill, 2007.

Rentabilidad del Segmento (RS)

El proceso de segmentación permite a la empresa poder subdividir el mercado total en segmentos más pequeños con el fin de facilitar la eficacia de los distintos procesos de comercialización, así como propiciar una mejor asignación de los recursos de marketing. En tal sentido, el RS es un indicador de alta usabilidad en el campo del marketing por cuanto permite dimensionar las oportunidades estratégicas que detenta la empresa a partir de la rentabilidad que evidencian los distintos segmentos meta seleccionados como target. La expresión de esta métrica surge del análisis de las siguientes fórmulas:

$$RS = \frac{CNM}{GM}$$ →[Métrica | 10]

$$CNM = (Ds*PMs*TMC)-GM$$ →[Métrica | 11]

Donde,

RS: Rentabilidad del segmento.

CNM: Contribución neta del marketing.

GM: Gasto en marketing.

Ds: Demanda del segmento por una oferta de mercado.

PMs: Participación de mercado de la empresa en el segmento de mercado.

TMC: Tasa marginal de contribución.

Dado que el RS es un indicador de eficiencia de la empresa en relación al segmento meta definido como target, un valor discreto de este podría sugerir una disminución en la contribución neta que efectúa el marketing al segmento definido como target, a partir –por ejemplo– de una baja en los precios, un incremento en los costos directos o simplemente a partir de un incremento en los gastos de marketing. Incrementos sistemáticos en la RS de la empresa podrían sugerir grados crecientes de eficiencia por parte de esta, en lo que dice relación con una adecuada atención a las necesidades de sus clientes y una adecuada gestión de los recursos.

Segment Profitability (SP)

The process of segmentation allows a company to divide the total market into smaller segments so as to facilitate the efficacy of the various commercialization processes, as well as to better allocate marketing resources. In this sense, the SP is a highly useful indicator in the marketing field of because it allows a company to measure its strategic opportunities based on the profitability shown by the target segments. This metric can be expressed by analyzing the following formulas:

$$SP = \frac{NMC}{ME}$$ →[Metric | 10]

$$NMC = (Ds*PMs*MRC)-ME$$ →[Metric | 11]

Where,

SP: Segment profitability.

NMC: Net marketing contribution.

ME: Marketing expenditures of a company.

Ds: Segment's demand for a market offer.

PMs: Market participation of a company in the market segment.

MRC: Marginal rate of contribution.

Since the SP shows the efficiency of a company in terms of the target segment, a low SP could suggest a decrease in the net marketing contribution within the target segment, such as for example a decrease in prices, an increase in direct costs, or simply an increase in marketing expenditures. Systematic increases in a company's SP could suggest increasing degrees of efficiency in terms of giving adequate attention to the needs of its clients, and adequate management of available resources.

Sources:

- Davis, J., *Measuring marketing*, Singapore, Wiley, 2007.

- Farris, P., Bendle, N., Pfeifer, P., Reibstein, D., *Marketing metrics*, New Jersey, Pearson Education, 2010.

- Domínguez, A. y Muñoz, G., *Métricas del marketing*, Madrid, Esic Editorial, 2010.

Retorno por Cliente (RPC)

El RPC es una métrica de uso frecuente por parte de los departamentos de marketing, cuyo foco de atención principal está puesto en la gestión por cliente. En extremo, una empresa podría llegar a segmentar su cartera hasta la unidad, es decir, podría considerar a cada cliente como el objetivo de una estrategia personalizada o *customizada*. En dicho caso, se torna necesario no sólo conocer la rentabilidad de los segmentos definidos como target sino también la rentabilidad que arroja cada cliente en particular. Conocer la estructura de ingresos y de egresos que genera cada cliente es necesario para determinar la rentabilidad individual por cliente; sin embargo, no siempre resulta perfectamente obvio poder determinar dichas estructuras. La expresión del RPC surge de la siguiente fórmula:

$$RPC = (BVc + BRc - CCc - CAc) * FCc \qquad \rightarrow [\text{Métrica} \mid 12]$$

Donde,

RPC: Retorno por cliente.

BVc: Beneficio neto esperado del total de ventas por cliente.

BRc: Beneficio neto esperado de clientes remitidos.

CCc: Costo de captación por cliente.

CAc: Costo esperado de atención por cliente (cd +%cf).

FCc: Factor del aporte cualitativo por cliente −prestigio, influencia−.

El termino BVc supone que el total de ventas que se espera realizar a un cliente fue previamente multiplicado por la Tasa Marginal de Contribución (TMC), asociada a los productos comercializados a dicho cliente. Notar que la TMC puede variar de cliente en cliente de acuerdo a las condiciones que cada uno de ellos tenga establecidas en forma previa con la empresa −descuentos, promociones, bonificaciones−. Por otra parte, el termino BRc supone cierto nivel de beneficios asociado a la generación de prospectos que son remitidos por los clientes. En dicho caso, un cliente podría ser muy bien valorizado por la empresa, exclusivamente, por su capacidad para remitir prospectos con potencial de incorporación en la cartera de clientes de esta.

El término CCc se encuentra asociado a la totalidad de egresos en que incurrió la empresa para efectos de incorporar un cliente nuevo a su cartera. Es notoria la diferencia en términos de recursos involucrados cuando un cliente es incorporado a la cartera de la empresa por medios de autoatención –*website, funpage, mktmovil*– que cuando la empresa ha debido disponer medios directos para dicho fin –ejecutivos de venta, captadores, agentes, consultores–. Ligado al punto anterior, el CAc también puede variar en forma importante al considerar la cantidad de horas hombres involucradas en la atención de un cliente (costo variable) así como los recursos administrativos requeridos para dicho fin (costo fijo).

Finalmente, el FCc representa el aporte cualitativo que es capaz de generar cada cliente a la cartera de la empresa, por medio de aspectos tales como reputación, prestigio e imagen. Dicha componente debiera adquirir valores mayores que uno cuando fuera posible verificar la existencia de algún nivel de contribución por parte de los factores cualitativos indicados anteriormente.

Return per Customer (RPC)

The RPC is a highly useful metric for marketing departments because it places special emphasis on customer based management. In the extreme, a company could segment its customer portfolio down to the unit level; in other words, it could consider each and every customer as the focus for a personalized or customized strategy. In this case, it is necessary to have knowledge not only of the profitability of the target segments, but also of the profitability of each specific customer. It's necessary to be aware of the incomes and expenditures that each customer generates so as to determine profitability. However, determining these structures is not always easy. This metric can be expressed as follows:

$$RPC = (BVc+BRc-CCc-CAc)*QCc \qquad \rightarrow [Metric \mid 12]$$

Where,

RPC: Return per customer.

BVc: Net benefit expected from total sales per customer.

BRc: Net benefit expected from referred customers.

CCc: Capture cost per customer.

CAc: Expected service cost per customer (cd + %cf).

QCc: Qualitative contribution factor per customer (prestige and influence).

The term BVc assumes that the total number of sales expected to be made to a customer was previously multiplied by the Marginal Rate of Contribution (MRC) associated to the products commercialized to said customer. Note that the MRC can vary from customer to customer depending on the conditions that each one has previously established with the company (discounts, promotions, bonuses). Furthermore, the term BRc assumes a certain level of benefits associated with prospective customers referred by existing customers. In that case, a customer could be highly valued by the company, due to his capacity to refer prospective customers that could be potentially incorporated into the company's customer portfolio.

The term CCc is associated to the total expenditures incurred by the company throughout the process of incorporating a new customer into its portfolio. There is a vast difference in the resources involved when a client is incorporated through self-attention media –a website, funpage, or mktmobile– compared to when the incorporation is done through direct resources –sales executives, agents, or consultants–. In this regard, the CAc can also vary greatly in terms of the number of man hours (variable cost) andadministrative resources (fixed cost) necessary for customer service. And the Finally, the QCc represents the qualitative contribution each customer makes to the company's portfolio, through reputation, prestige and image. This factor should be greater than one when some level of contribution by these qualitative factors can be verified.

Sources:

- Peppers, D. y Rogers, M., *Marketing uno x uno, el marketing del siglo veintiuno*, Buenos Aires, Vergara Business, 2006.

- Peter, P. y Olson, J., *Comportamiento del consumidor y estrategia de marketing*, México DF, McGraw Hill, 2006.

ADOPCIÓN SECTORIAL (AS)

De igual manera que en el caso de la métrica anterior, el índice AS es una medida muy utilizada dentro del espectro de las métricas de análisis de clientes. Este permite comparar la cantidad de empresas pertenecientes a un sector específico de actividad, en relación con la cantidad de empresas –de dicho sector– que han adoptado la oferta específica de la empresa. La forma que adquiere dicho indicador es la siguiente:

$$AS = \frac{Qec(y,m)}{Qe(y,m)}$$ →[Métrica | 13]

Donde,

AS: Adopción sectorial.

Qec(y,m): Cantidad de empresas clientes, pertenecientes al sector "y", en el período "m".

Qe(y,m): Cantidad de empresas totales pertenecientes al sector "y", en el período "m".

La observación de esta métrica a través del tiempo permite a la empresa conocer la evolución que ha experimentado el tamaño relativo de su cartera de clientes en los diferentes sectores industriales en los cuales esta participa. De esta forma, una empresa que observa una tasa creciente en sus ventas pero registra un AS decreciente, podría sugerir –entre otros aspectos– la ausencia de incentivos para atraer nuevos clientes, generando con ello una mayor exposición al riesgo operacional de la empresa. Esta métrica mejora notoriamente su capacidad de diagnóstico y predicción al ser utilizada en complemento con la métrica de SOW, revisada anteriormente.

Sectoral Adoption (SA)

Just as in the case of the previous metric, the SA index is a measure used within the spectrum of customer analysis metrics. This metric allows a company to compare the number of companies belonging to a specific activity sector to the number of companies in that sector that have adopted a specific offer. This metric can be expressed as follows:

$$\boxed{SA = \frac{Qec(y,m)}{Qe(y,m)}} \quad \rightarrow [\text{Metric} \mid 13]$$

Where,

SA: Sectoral adoption.

Qec(y,m): Number of client companies that belong to sector "y" during time period "m".

Qe(y,m): Total number of companies that belong to sector "y" during time period "m".

When observed through time, this metric allows a company to see the evolution of the relative size of its customer portfolio in the different industrial sectors in which the company participates. Thus, a company that observes an increase in the rate of sales, but registers a decreasing SA could conclude among other things that there is a lack of incentives to attract new customers, generating a higher level of operational risk exposure. This metric substantially improves a company's diagnostic and predictive capabilities when used together with the previously reviewed SOW metric.

Sources:

- Kerzner, H., *Project management metrics, kpls, and dashboards: A guide to measuring and monitoring project performance*, New York, Wiley, 2013.
- Malthouse, E., *Segmentation and lifetime value models using*, Cary, NC, SAS, 2013.

Segmentación por Mercado Potencial (SMP)

El proceso de segmentación consiste en subdividir el mercado total en dos o más partes, cada una de las cuales tiende a ser homogénea respecto de los factores que influyen en la demanda. Si bien existen diversos criterios de segmentación –geográfico, demográfico, psicografico–, el mecanismo de SMP valiéndose de las métricas de AS y SOW –revisadas en las secciones anteriores– permite a la empresa intentar una adecuada segmentación de la cartera a partir de la identificación de similitudes y diferencias entre sus clientes, generar guías para el desarrollo de productos –así como guías para el posicionamiento de estos– y mejorar la asignación de los recursos que son necesarios para atraer y retener a los clientes. El indicador del modelo de SMP adquiere la siguiente forma:

$$\boxed{SMP = \frac{Qec(y,m)}{Qe(y,m)} \sim \frac{Vc(i,m)}{\sum Vc(i,m)}} \quad \rightarrow [\text{Métrica} \mid 14]$$

Donde,

Qec(y,m): Cantidad de empresas clientes, pertenecientes al sector "y", en el período "m".

Qe(y,m): Cantidad de empresas totales pertenecientes al sector "y", en el período "m".

Vc(i,m): Ventas monetarias –de un determinado producto– efectuadas al cliente "i", en el período "m".

∑Vc(i,m): Suma de todas las ventas monetarias efectuadas por distintos oferentes –de un determinado producto– al cliente "i", en el período "m".

La mecánica de operación del modelo de SMP se inicia con la determinación de los sectores industriales a los cuales pertenecen los clientes actuales y potenciales de la empresa. Luego se compara la cantidad de clientes que la empresa registra en cada una de las carteras sectoriales, en relación al total de posibles clientes que podría llegar a alcanzar al interior de cada una de estas carteras. La división de ambos datos permite determinar el índice de AS que registra la empresa en cada sector industrial.

Una vez determinado el índice de AS, la empresa determina el volumen de ventas que es efectuado a cada uno de los clientes identificados en la etapa anterior, el cual es comparado con el volumen de ventas potenciales que podría llegar a generar a cada uno de estos, si es que fueran atendidos totalmente por la empresa. Este análisis permite determinar los distintos niveles de SOW que registra la empresa sobre su cartera de clientes.

La tercera fase relaciona los datos obtenidos en las dos etapas anteriores, generando una matriz de doble entrada que considera los valores obtenidos por las métricas de AS y de SOW, respectivamente.

Finalmente, la última fase del modelo considera la interpretación cruzada de los valores de ambas métricas, permitiendo plantear y fundamentar estrategias —así como acciones futuras— en dirección de los distintos segmentos de clientes que fueron definidos por la compañía a través del modelo de SMP.

Segmentation by Market Potential (SMP)

The segmentation process consists of subdividing the total market into two or more parts, each of which tends to be homogenous regarding the factors that influence demand. Although there are different segmentation criteria —geographical, demographical, and psicographical— using the previously reviewed SA and SOW metrics, the SMP mechanism allows a company to: attempt to adequately segment its portfolio starting by identifying similarities and differences among its customers; generate guidelines for product development —as well as guidelines for positioning these products— and better allocate the resources necessary to attract and retain customers. This metric can be expressed as follows:

$$\boxed{SMP = \frac{Qec(y,m) \sim Vc(i,m)}{Qe(y,m)\ \sum Vc(i,m)}} \quad \rightarrow [Metric \mid 14]$$

Where,

$Qec(y,m)$: Number of client companies that belong to sector "y" during time period "m".

Qe(y,m): Number of total companies that belong to sector "y" during time period of "m".

Vc(i,m): Monetary sales (of a specific product) made to client "i" during time period "m".

$\sum$Vc(i,m): Sum of all monetary sales made by different providers (of a specific product) to client "i" during time period "m".

The operational mechanics of the SMP model begin by determining the industrial sectors to which the company's current and potential customers belong. The next step is comparing the number of customers that the company registers in each sectorial portfolio to the total number of possible customers that the company could have in each portfolio. The division between both sets of information helps determine the SA level registered by the company for each industrial sector.

Once the SA is determined, the company determines the volume of sales made to each customer identified in the previous stage, which is then compared to the volume of potential sales the company could generate to each customer if they were completely serviced by the company. This analysis helps determine the different SOW levels that the company registers in terms of its customer portfolio.

The third stage connects the information obtained in the previous two stages, generating a double entry matrix that considers the values obtained from the SA and SOW metrics respectively.

Finally, the last stage of the model is a cross-interpretation of the values for both metrics, helping to propose and substantiate strategies -as well as future actions- directed towards the different customer segments defined by the company through the SMP.

Sources:

- Davis, J., *Measuring marketing*, Singapore, Wiley, 2007.
- Kerzner, H., *Project management metrics, kpls, and dashboards: A guide to measuring and monitoring project performance*, New York, Wiley, 2013.

Segmentación por Valor Hedónico (SVH)

En similar línea que el modelo de SMP, el mecanismo de SVH permite establecer una relación entre las preferencias existentes entre los prospectos de una cartera de clientes y los diferentes atributos del producto. Por medio de enfatizar prioritariamente en aquellos atributos que mayor valoración representan para cada segmento de clientes, la empresa está en condiciones de alcanzar una mejor identificación entre su propuesta y las preferencias e inclinaciones de sus clientes. Esta métrica puede ser expresada de la siguiente forma:

$$SVH = f(a,b,c...i) \qquad \rightarrow [\text{Métrica} \mid 15]$$

Cabe señalar que el modelo de SVH es función directa de los atributos verificados como más valorados por los distintos segmentos de clientes de la empresa. Para lograr registrar la valoración de cada atributo, el modelo SVH plantea la utilización de la herramienta de análisis denominada "precios hedónicos". Bajo los fundamentos de este instrumento, el cual considera que el precio de un producto es igual a la sumatoria del precio de sus atributos, es factible determinar la capacidad explicativa que registra cada uno de los atributos que componen el producto respecto del precio de la oferta. Lo anterior permite a la empresa invertir en el desarrollo de estrategias de marketing que ponen énfasis sólo en aquellos atributos que registran un alto nivel de significancia para los clientes, desestimando aquellos que no ofrecen capacidad explicativa relevante.

La mecánica de operación del modelo de SVH plantea, en su primera fase, identificar los principales atributos a los cuales son sensibles los clientes, definiendo a partir de ello los distintos perfiles de clientes existentes en la cartera.

En la segunda fase, la empresa distingue entre los distintos perfiles de clientes y a partir de estos plantea estrategias y acciones diferenciadas de acuerdo al set de atributos mejor vinculados con cada uno de estos perfiles. En tal sentido, si un segmento de clientes es –por ejemplo– particularmente sensible al atributo "tecnología" y particularmente insensible al atributo "servicio", no se tornará necesario para la empresa tener que enfatizar en el desarrollo de beneficios relacionados con el ítem servicios y sí muy conveniente enfatizar en el desarrollo de beneficios que considere –por ejemplo– propuestas con mayores atributos técnicos que incrementen el desempeño y la vida útil del producto.

Segmentation by Hedonic Value (SHV)

Like the SMP model, the SHV mechanism helps establish a relationship between existing preferences among prospective customers and the product's various attributes of. By emphasizing the attributes most valued by each customer segment, the company is able to better correlate its proposal to the its customers' preferences and inclinations. This metric can be expressed as follows:

$$SHV = f(a,b,c...i)$$ →[Metric | 15]

It is worth noting that the SHV model is a function of the attributes verified as being most highly valued by the company's different customer segments In order to register the valorization of each attribute, the SHV model poses the possibility of using the analysis tool known as "hedonic prices". In this instrument, the price of a product is equal to the sum of the prices of its attributes, which makes it feasible to determine the explanatory capacity of each attribute with respect to the price of the offer. This allows the company to invest in marketing strategies that emphasize only those attributes which register a high level of significance to customers, dismissing attributes without a relevant explanatory capacity.

In its first stage, the operational mechanics of the SHV model identifies the main attributes to which customers are sensible, thus defining the different profiles existing within the portfolio.

In the second stage, the company distinguishes between the different customer profiles and based on this proposes strategies and actions that are differentiated according to the set of attributes linked with each profile. In this respect, if a segment of customers is, for example, particularly sensitive to the "technology" attribute and particularly insensitive to the "service' attribute of the offer, it will not be necessary for the company to emphasize service-related benefits item, placing emphasis instead on benefits related to, for example, proposals with greater technical attributes that increase the product's performance and lifecycle.

Sources:

- Kerzner, H., *Project management metrics, kpls, and dashboards: A guide to measuring and monitoring project performance*, New York, Wiley, 2013.

- Malthouse, E., *Segmentation and lifetime value models using*, Cary, NC, SAS, 2013.

MÉTRICA DE CONCENTRACIÓN DE MERCADO (MCM)

La MCM –también conocida como el índice de Herfindahl– es un indicador de bastante usabilidad en el ámbito de la organización de mercados y es considerada una métrica muy colaborativa para el análisis estratégico en el campo del marketing. La forma que adquiere la MCM es la siguiente:

$$MCM = \sum Si^2$$ →[Métrica | 16]

Donde,

MCM: Métrica de concentración de mercado.

$\sum Si^2$: Sumatoria de la venta al cuadrado de todas las empresas pertenecientes a un determinado mercado.

Este indicador permite medir el nivel de concentración económico existente al interior de un mercado, de tal manera, que a valores más altos de la MCM, más concentrado y menos competitivo debiera tornarse el mercado de análisis. Este índice tiene aplicabilidad económica, ya que permite a la empresa poder identificar mercados con distintos grados de competitividad y con ello planificar las estrategias correctas para aproximarse adecuadamente a cada uno de estos. De acuerdo a la perspectiva del marketing, es factible pensar que un mercado menos concentrado –teóricamente más competitivo– debiera predisponer a la empresa de una manera distinta en relación al diseño de su estrategia, al considerar, por ejemplo, mayores alternativas para diferenciar su propuesta de valor o realizar mayores esfuerzos para generar eficiencias que puedan ser traspasables a sus clientes.

[Aplicación]:

La empresa Alfa analiza el nivel de concentración de tres mercados distintos. En el primero, existe una sola empresa que controla la totalidad del mercado (100% de las ventas). En el segundo, existen tres empresas que comparten de manera idéntica el control del mercado (33% del mercado cada una) y en el tercero existen cuatro empresas con control del mercado, del 40%, 30%, 20% y 10%, respectivamente. Aplicando la métrica de concentración de mercados, obtenemos una MCM de 10.000 para el primer mercado, de 3.300 para el segundo y de 3.000 para el tercer mercado. De acuerdo con este ejemplo, el tercer caso presentaría un escenario más competitivo que los dos primeros –*ceteris paribus*–, situación que debiera traducirse en el diseño de estrategias y tácticas con una componente mayor en cuanto a su grado de diferenciación, que le permitiera a Alfa intentar competir con mejores oportunidades en dicho mercado.

Market Concentration Metric (MCM)

The MCM, also known as the Herfindahl index, is a very useful indicator within the field of market organization, and is considered very helpful for strategic analysis within the marketing field. This metric can be expressed as follows:

$$MCM = \sum Si^2$$

→[Metric | 16]

Where,

MCM: Market concentration metric.

$\sum Si^2$: Squared sum of the sales of all companies belonging to a certain market.

This indicator lets a company measure the level of economic concentration present within a given market. Thus, if a market has higher MCM values, it should be more concentrated and less competitive. This index is also economically applicable because it allows a company to identify markets with different levels of competitiveness and thus allows it to develop strategic plans to correctly approach each of these markets.

From a marketing perspective, it's feasible to think that a less concentrated market (theoretically more competitive) should predispose a company differently in terms of designing its strategy, considering, for example, more alternatives to differentiate their value proposal, or making greater efforts to generate efficiencies that can be passed on to the customer.

[Application]:

Company A analyzes concentration level of in three different markets. In the first market there is only one company that controls the entire market (100% of all sales). The second market consists of three companies that have identical control of the market (33% of the market per company). The third market consists of four companies that control the market, with market shares of 40%, 30%, 20%, and 10%, respectively. When the market concentration metric is applied, we get an MCM of 10,000 for the first market, 3,300 for the second market, and 3,000 for the third market. According to this example, the third market presents a more competitive scenario than the first two, *ceteris paribus*. This situation should result in the design of strategies and tactics with a higher degree of differentiation, which would allow Company A to compete in this market with better opportunities.

Sources:

- Black, J., Hashimz, N., Myles, G., *A dictionary of economics*, London, UK, Oxford University Press, 2009.
- Davis, J., *Measuring marketing*, Singapore, Wiley, 2007.

Índice de Competitividad de Mercado (ICM)

Una variante relacionada con la métrica revisada en el punto anterior, es el ICM, conocido también como el Índice de Lerner. Este indicador es utilizado en forma complementaria a la métrica MCM y sirve para dimensionar el grado de competitividad existente al interior de los mercados. En términos específicos, este índice busca medir el poder monopólico que una empresa detenta por medio de comparar el precio de venta unitario del producto que es comercializado con el costo marginal de dicho producto –contablemente el costo variable unitario–. La forma que adquiere este índice es la siguiente:

$$\boxed{ICM = \frac{PVu\text{-}CVu}{PVu}} \quad \rightarrow [\text{Métrica} \mid 17]$$

Donde,

ICM: Índice de competitividad de mercados.

PVu: Precio de venta unitario.

CVu: Costo de venta unitario.

De acuerdo con el ICM, en un mercado altamente competitivo dicha diferencia debiera tender a cero, ya que no debiera existir gran divergencia entre el precio de venta y su costo marginal. Por el contrario, sería esperable que la tasa marginal de contribución con que trabajan las empresas que participan en mercados menos competitivos, tendiera a ser mayor, verificándose de esta manera un ICM también mayor.

Index of Market Competitiveness (IMC)

The IMC, also known as the Lerner Index, is a variant of the previous metric. This indicator is used to supplement the MCM and helps to measure the degree of competitiveness within given markets. Specifically, this index seeks to measure the monopoly power wielded by a company, comparing the unit sales price of the product and the marginal cost of said product (in accounting terms, the variable unit cost). This metric can be expressed as follows:

$$\boxed{IMC = \frac{SPu\text{-}SCu}{SPu}} \quad \rightarrow [\text{Metric} \mid 17]$$

Where,

IMC: Index of market competitiveness.

SPu: Sales price unit.

SCu: Sales cost unit.

According to the IMC, within a highly competitive market the aforementioned difference should tend towards zero because there shouldn't be a great divergence between the sales price of a product and its marginal cost.

On the contrary, we would expect the marginal rate of contribution faced by companies participating in less competitive markets to be greater, thus verifying a higher IMC also.

Sources:

- Black, J., Hashimz, N., Myles, G., *A dictionary of economics*, London, UK, Oxford University Press, 2009.

- Davis, J., *Measuring marketing*, Singapore, Wiley, 2007.

CAPÍTULO 2
CHAPTER 2

Métricas del Marketing Mix y Ventas
METRICS OF MARKETING MIX AND SALES

BRAND EQUITY (BE)

El BE es un indicador de gran importancia en el campo del marketing, debido a que las marcas se han ido convirtiendo en activos estratégicos que permiten diferenciar a las empresas y su oferta, respecto de sus competidores. En tal sentido, es esperable que empresas con marcas más reconocidas tiendan a incrementar el valor de su oferta de productos permitiendo precios y valoraciones más altas que la de sus competidores menos reconocidos. En virtud de lo anterior, poder medir el valor de una marca es un aspecto esencial para una empresa que desea gestionar sus activos de manera efectiva.

En términos generales, el BE representa el valor que tiene una marca desde el punto de vista de su capacidad de generar flujos de ingresos como consecuencia de su reconocimiento en el mercado. Dicho de otra manera, representa el flujo de caja incremental que es capaz de generar el producto con su marca, por sobre los flujos que resultarían en el caso de no poseer dicha marca.

Existen diversas y variadas metodologías para medir el BE. Entre los métodos más conocidos destacan: (1) el método de costo histórico de Arnold, que considera todas las inversiones realizadas en una marca durante un determinado período; (2) el método del costo de reposición de Aaker, que considera la evaluación de la cantidad de tiempo y dinero que es necesario para obtener una marca de reposición idéntica a la marca evaluada; (3) el método de valor de mercado de Murphy, que considera el valor que tienen marcas análogas y similares existentes en el mercado; (4) el método del *cash flow* de Murphy y Aaker, que considera el cálculo del valor presente de los flujos futuros que son atribuibles a la marca; (5) el método del valor de las acciones de Sullivan y Simon; (6) el método de los precios primados de Aaker, que considera el premio que es capaz de generar un precio con marca respecto de uno análogo sin marca; (7) el método de preferencias de clientes de Mcqueen, que considera la evaluación de las percepciones favorables que son generadas en favor de la marca evaluada por parte de los consumidores y clientes de esta; (8) el método de scanner de Russel, que considera el cálculo de la utilidad implícita de la marca para un consumidor a partir de su comportamiento observado de compra; (9) el método de contabilidad de momentos de Farquar, que considera la actualización de los flujos de caja a partir del estímulo que es generado por las prácticas habituales de marketing luego de evidenciarse estados de inercia y aceleración específicos en la venta del producto como consecuencia de dichos estímulos, y finalmente, (10) el método de análisis conjunto de Rangaswamy, que enfatiza en el análisis de atributos psíquicos del producto como estimadores activos de la valoración por la marca.

No obstante la diversidad de metodologías para medir el BE, existe un método popularizado por la empresa Interbrand que se ha constituido en un referente para el mundo corporativo. La fórmula para el cálculo del Brand Equity desarrollado por Interbrand es la siguiente:

$$\boxed{BE = BDM*FM*FS} \qquad \rightarrow [\text{Métrica} \mid 18]$$

Donde,

BE: Brand equity[1].

BDM: Beneficio diferencial de la marca.

FM: Fortaleza de la marca.

FS: Factor de sensibilización del brand equity.

Notar que el BDM es obtenido a partir de la determinación del EBIT (*Earnings Before Interest and Taxes*) diferencial de la marca, corregido e indexado por la inflación, de acuerdo a la cantidad de años utilizados en el cálculo. De esta manera, el BDM es determinado a partir de la diferencia existente entre el EBIT con marca reconocible y el EBIT con marca blanca.

---

[1] Valor de la marca.

Por otra parte, la FM se obtiene a partir del promedio ponderado de siete factores, los cuales son sometidos a la percepción y valoración por parte del mercado. Estos factores son: liderazgo, estabilidad, mercado, internacionalización, trayectoria de la marca, apoyo y protección legal.

Finalmente, el factor de sensibilización (FS) que es aplicado en la fórmula del Brand Equity, permite llevar a valor de mercado los datos del multiplicador. Este parámetro es función del PER (*Price Earning Ratio)* o dicho de otra manera, depende de la relación de precio-utilidad del mercado relevante para la empresa que se encuentra determinando su Brand Equity.

[Aplicación]:

La empresa Alfa desea saber cuál es el valor de mercado de las cuatro marcas que comercializa regularmente (A, B, C y D). Para ello ha decidido calcular el Brand Equity de cada marca, utilizando el método de Interbrand. Los datos financieros aparecen registrados en el cuadro A y los datos de apreciación respecto de las fortalezas de las distintas marcas aparecen registrados en el cuadro B. Adicionalmente, la empresa Alfa sabe que el PER de mercado relevante para la empresa es de 19 y que el EBIT de las marcas blancas representa un 40% del EBIT de las marcas reconocidas en los mercados en que Alfa participa habitualmente. Finalmente, se sabe que las marcas A, B y C contribuyen en forma idéntica al EBIT de la compañía Alfa, a diferencia de la marca D que efectúa una contribución al EBIT equivalente al doble de la que efectúa cualquiera de las otras tres marcas.

Cuadro A: Datos financieros

	Año - 2	Año - 1	Año - 0
Beneficios antes de intereses y tax (EBIT)	820	920	824
Ebit de la marca blanca	328	368	330
Ebit diferencial de marca	492	552	494
Factor compensador de la inflación	1,1	1,05	1,0
Valor actual del ebit diferencial de marca	541	580	494
Factor de ponderación	1	2	3

Ebit diferencial ponderado de la marca	531
Intereses	162
Beneficio diferencial de marca antes de tax	369
Tax (25%)	92
Beneficio diferencial de la marca (BDM)	276

Cuadro B: Percepción de fortalezas de las cuatro marcas

Fortalezas	Valor Máximo	Marca (A)	Marca (B)	Marca (C)	Marca (D)
Liderazgo	25	19	19	10	7
Estabilidad	15	12	9	7	11
Mercado	10	7	6	8	6
Internacional	25	18	5	2	0
Tendencia	10	7	5	7	6
Apoyo	10	8	7	8	5
Protección	5	5	3	4	3
Valor	100	6	54	46	38

Cuadro C: Resultados

	Marca (A)	Marca (B)	Marca (C)	Marca (D)
Fm	76	54	46	38
Fs	14,44	10,26	8,74	7,22
Bdm	55	55	55	111
Brand Equity (Mm U$)	798	567	483	798

De acuerdo con los datos del cuadro C, los valores de mercado (BE), para las cuatro marcas de Alfa, son: Marca (A) igual MMU$798, Marca (B) igual MMU$567, Marca (C) igual MMU$483 y Marca (D) igual MMU$798, respectivamente.

BRAND EQUITY (BE)

Due to the fact that brands have become strategic assets that differentiate a company from its competitors, as well as one product from another, BE is a very important indicator within the marketing field. Therefore, it is understandable that companies with well-known brands tend to increase their product offer allowing for higher prices and valorizations than their less known competitors. Accordingly, the ability to measure the value of a brand is an essential aspect for a company that wishes to effectively manage its assets.

In general, BE represents the value of a brand from the point of view of its capacity to generate income flows as a consequence of it market recognition. In other words, it represents the incremental cash flow that the product is able to generate through its brand over the flows that would result in case this brand didn't exist.

There are many methodologies for measuring BE. Among the most well-known are: (1) the Arnold historical cost method that considers all investments made on a brand during a given period of time; (2) the Aaker replacement cost method that evaluates the amount of time and money needed to obtain a replacement brand for the evaluated brand; (3) the Murphy market value method, which considers the value of existing analogous brands in the market; (4) the Murphy and Aaker cash flow method, which calculates the present value of the future flows that can be attributed to the brand; (5) the Sullivan and Simon stock value method; (6) the Aaker priority prices method, which considers the reward that a price with a brand is capable of generating, versus an analogue without a brand; (7) the McQueen customer preferences method, which evaluates consumers' favorable perceptions of the evaluated brand; (8) the Russel scanner, which calculates the brand's implicit profit to be gained from a consumer based on his observed shopping behavior; (9) the Farquar accounting moments method, which considers cash flows updates of starting from the stimulus generated by regular marketing practices, which create specific states of inertia and acceleration in sales; and (10) the Rangaswamy combined analysis method, which emphasizes the product's psychic attributes as active stimulants for brand valorization. Notwithstanding the diversity of methodologies available for measuring BE, there is one method, popularized by the Interbrand company, which has become a reference for the corporate world. The formula developed by Interbrand for calculating Brand Equity is the following:

$$BE = DBB*SB*SF \qquad \rightarrow [\text{Metric} \mid 18]$$

Where,

BE: Brand equity.

DBB: Differential benefit of the brand.

SB: Strength of the brand.

SF: Brand equity sensitization factor.

Note that the DBB is obtained by determining the differential EBIT of the brand, corrected and indexed for inflation according to the number of years used for the calculation. Therefore, the DBB is based on the difference between well-known brand EBIT and white label brand EBIT.

Furthermore, the SB is obtained from the weighted average of seven factors that are perceived and valorized in the market. These factors are: leadership, stability, market, internationalization, brand history, support, and legal protection. Finally, the sensitization factor (SF) applied to the Brand Equity formula brings the values of the multiplier to market values. This parameter is a function of the PER (Price Earnings Ratio), or in other words, it depends on the company's price-profit relationship within the relevant market, which is determined by its Brand Equity.

[Application]:

The Company A wishes to know the market value of the four brands that it regularly commercializes (A, B, C, and D). To do this, it has decided to calculate Brand Equity using the Interbrand method.

The financial information is shown in Table A, and information on the appreciation of the different brands in terms of their strengths appears in Table B.

Additionally, Company A knows that the PER of the relevant market for the company is 19, and that the EBIT of the white label brands represents 40% of the EBIT of the well-known brands within the markets where Company A regularly participates.

Finally, we know that brands A, B, and C contribute to Company A's EBIT equally, while brand D makes an EBIT contribution double that of the others.

Table A: Financial information

	Year - 2	Year - 1	Year - 0
Benefits Before Interests And Taxes (Ebit)	820	920	824
White Label Brand Ebit	328	368	330
Differential Brand Ebit	492	552	494
Inflation Compensation Factor	1.1	1.05	1.0
Current Value - Differential Brand Ebit	541	580	494
Adjustment Factor	1	2	3

Adjusted Differential Ebit Of The Brand	531
Interests	162
Differential Benefit Brand - Before Taxes	369
Tax (25%)	92
Differential Benefit Of The Brand (DBB)	276

Table B: Perception of strengths of the four brands

Strengths	Maximum Value	Brand (A)	Brand (B)	Brand (C)	Brand (D)
Leadership	25	19	19	10	7
Stability	15	12	9	7	11
Market	10	7	6	8	6
International	25	18	5	2	0
Tendency	10	7	5	7	6
Support	10	8	7	8	5
Protección	5	5	3	4	3
Value	100	6	54	46	38

Table C: Results

	Brand (A)	Brand (B)	Brand (C)	Brand (D)
F$_M$	76	54	46	38
F$_S$	14.44	10.26	8.74	7.22
B$_{DM}$	55	55	55	111
Brand Equity (Mm U$)	798	567	483	798

According to the information in Table C, the market values for the four Company A brands are: Brand (A) US$798 million, Brand (B) US$567 million, Brand (C) US$483 million, and Brand (D) US$798 million, respectively.

Sources:

- Aaker, D., *Managing brand equity*, New York, Simon & Shuster, 2009.

- García, M.J., *La valoración financiera de las marcas: una revisión de los principales métodos utilizados*, Vigo, Investigaciones Europeas de Dirección y Economía de la Empresa, 2008.

- Ries, A y Ries, L., *Las 22 inmutables leyes del branding*, New York, Harper Collins Publisher, 2002.

- Soto, T., *Métodos para evaluar el valor de marca, comparación entre el modelo de Interbrand y de la BEDO*, Hamburgo, Diplom, 2008.

SHARE OF VOICE (SOV)

El SOV es una métrica de uso frecuente en el campo de las comunicaciones y la publicidad. Técnicamente, este indicador mide en términos porcentuales el monto de dinero que gasta –invierte– una empresa en publicitar un producto en el mercado, en relación con el total del gasto –inversión– en el cual incurre el segmento industrial al cual pertenece la empresa, en publicitar el mismo tipo de producto o servicio. La forma que adquiere esta métrica es la siguiente:

$$\boxed{SOV = \frac{Ad(i),e}{\sum Ad(i),e}} \quad \rightarrow [\text{Métrica} \mid 19]$$

Donde,

SOV: Share of voice[2].

Ad(i), e: Volumen de recursos publicitarios –monetario– correspondiente al producto tipo "i", invertido por la empresa en el período "e".

$\sum Ad(i)$, e: Volumen de recursos publicitarios –monetario– correspondiente al producto tipo "i", invertido por la totalidad de las empresas pertenecientes al mismo segmento industrial en el período "e".

Un índice SOV que se incrementa sostenidamente en el tiempo debiera reflejar un mayor grado de conciencia colectiva respecto de la existencia y disponibilidad de una oferta en el mercado. Lo anterior, en correlación con una estrategia de contenidos y medios coherente y consistente, que considere el resto de las variables del plan comunicacional –alcance, frecuencia, canales, tipo de medios y segmento objetivo– debiera propiciar un aumento en las ventas y en la participación de mercado de la empresa.

---

[2]   Partcipación de voz (ruido promocional).

SHARE OF VOICE (SOV)

The SOV is a highly used metric within the fields of communications and advertising. Technically speaking, this indicator measures as a percent the amount of money a company spends (invests) on advertising for a particular product in the market, with respect to the total expenditure (investment) incurred by the industrial segment to which the company belongs to advertise the same type of product or service. This metric can be expressed as follows:

$$SOV = \frac{Ad(i),e}{\sum Ad(i),e} \qquad \rightarrow [Metric \mid 19]$$

Where,

SOV: Share of voice.

Ad(i),e: Volume of advertising (monetary) resources invested by the company corresponding to product type "i" during time period "e".

$\sum$Ad(i),e: Volume of advertising (monetary) resources invested by all the companies belonging to the same industrial segment corresponding to product type "i" during time period "e".

An SOV index that increases sustainably through time should reflect a higher degree of collective consciousness regarding the existence and availability of a market offer. This, together with a coherent content and media strategy that considers the remaining variables of the communications plan —scope, frequency, channels, type of media, and target segments— should lead the company to increase its sales and market participation.

Sources:

- Flores, L., *How to measure digital marketing: metrics for assessing impact and designing success*, London, UK, Palgrave Macmillan, 2014.

- McKee, S., *Power branding, leveraging the success of the world's best brand*, New York, Palgrave Macmillan, 2014.

- Schnaars, S., *Marketing strategy, customers & competition*, New York, Free Press, 2005.

Gross Rating Point (GRP)

El GRP es otra métrica perteneciente al campo de las comunicaciones, que tiene por objeto poder medir el nivel de impacto de la estrategia de comunicación y publicidad en su audiencia objetivo. La forma que adquiere esta métrica es la siguiente:

$$GRP = A*F$$ →[Métrica | 20]

Donde
GRP: Gross rating point[3].
A: Alcance.
F: Frecuencia.

El término Alcance (A), en la ecuación anterior, indica el porcentaje de personas de la audiencia objetivo que fue alcanzado por la exposición de un aviso publicitario de una campaña específica en un período determinado. Es importante tener en cuenta que una exposición es definida como una oportunidad para los miembros de la audiencia objetivo de poder ver o escuchar un anuncio, lo que no implica que dicho aviso publicitario sea efectivamente visto o escuchado por los miembros de la audiencia objetivo. Por otra parte, el término de Frecuencia (F) de la ecuación anterior, indica el promedio de veces que una persona de la audiencia objetivo estuvo expuesta al mismo anuncio durante un período determinado.

La presente métrica es comúnmente utilizada en procesos de planificación del área de marketing que tienen como objetivo determinar el porcentaje del presupuesto que es necesario asignar para poder alcanzar las diferentes audiencias objetivo. En tal sentido, si el objetivo de la compañía apunta a desarrollar –por ejemplo– una conciencia colectiva en favor de no fumar, será razonable seleccionar un vehículo comunicacional capaz de alcanzar

---

[3] Puntos de impacto bruto.

una audiencia lo más amplia posible. En este punto se torna fundamental poder evaluar el costo que representa alcanzar cada punto de rating que es pretendido por la estrategia comunicacional. Para efectuar dicha medición, se utiliza la métrica denominada Costo de GRP (CGRP). Esta considera la división entre el total de recursos monetarios invertidos en publicitar un producto en un período determinado, por el total de puntos de GRP que se espera obtener en dicho período. La métrica indicada adquiere la siguiente expresión:

$$\boxed{CGRP = \frac{Ad(i),e}{GRPs}}$$ →[Métrica | 21]

Donde,

CGRP: Costo unitario de GRP.

Ad(i),e: Volumen de recursos publicitarios —monetarios— correspondiente al producto tipo "i", invertido por la empresa en el período "e".

GRPs: Total de GRP que puede obtener la empresa a través del plan de medios seleccionado para una campaña comunicacional específica.

La métrica anterior permite al equipo de marketing conocer —ex ante— que opciones de medios comunicacionales le pueden reportar un mejor costo por punto de rating a la campaña. Si bien el costo por GRP no es el único factor de análisis para tomar decisiones en el tema de la elección de medios, esta es una buena medida para verificar la eficacia publicitaria.

[Aplicación]:

La empresa Alfa decide exhibir un anuncio de televisión referido a su producto Alfa Plus, en las semifinales del torneo mundial de fútbol organizado por la FIFA en Brasil. Se sabe que el 30% de la audiencia objetivo está viendo el torneo y que el mismo anuncio se exhibe en distintos programas, creando un alcance total combinado del 45%. Si el anuncio se ejecuta cinco veces —frecuencia—, entonces el GRP total será de 225.

[Aplicación]:

Se sabe que la empresa Alfa debió invertir MMU$5 en exhibir su anuncio de televisión –del producto Alfa Plus– en las semifinales del torneo mundial de fútbol organizado por la FIFA en Brasil, para obtener 225 GRP. Se conoce, además, el presupuesto que las empresas competidoras destinaron para exhibir sus avisos en dicho torneo y los puntos de rating obtenidos (GRP) por cada una de las empresas –ver tabla siguiente–. A partir de dichos datos, fue posible determinar que la empresa Alfa tuvo un CGRP de U$22.222, lo que representa un 3,4% menos que el promedio del costo por GRP obtenido por las empresas competidoras.

EMPRESA	GRP	PRESUPUESTO (AD)
ALFA	225	5.000.000
BETA	350	8.000.000
GAMMA	400	9.000.000
DELTA	300	7.000.000

GROSS RATING POINT (GRP)

The GRP is another metric belonging to the communications field whose purpose is to measure the impact of the communications and advertising strategy on its target audience. This metric can be expressed as follows:

$$GRP = S*F \qquad →[\text{Metric} \mid 20]$$

Where,

GRP: Gross rating point.

S: Scope.

F: Frequency.

The term Scope (S) indicates the percentage of people in the target audience who were reached after being exposed to an advertisement from a specific campaign in a specific period of time. It's important to consider that exposure is defined as an opportunity for the members of the target audience to see or hear an advertisement; this doesn't imply that the advertisement is actually seen or heard by members of the target audience. Furthermore, the term Frequency (F) indicates the average number of times that a person in the target audience was exposed to the same advertisement during a specific period of time.

This metric is commonly used in marketing area planning processes to determine what percentage of the budget is necessary to reach the different target audiences. In this sense, if the objective of the campaign is to develop, for example, a collective consciousness in favor of not smoking, it would be reasonable to select a communicational vehicle capable of reaching the widest possible audience. It is fundamental in this regard evaluate the cost of reaching each rating point sought by the communicational strategy. To perform this measurement, the GRP Cost (GRPC) metric, is used. This metric divides the total monetary resources invested in advertising a product for a specific period of time by the total GRP points expected to be reached in the same time period. This metric can be expressed as follows:

$$CGRP = \frac{Ad(i),e}{GRPs}$$ →[Metric | 21]

Where,

CGRP: Cost of every GRP [4].

Ad(i),e: Volume of (monetary) advertising resources invested by the company for product type "i" during time period "e".

GRPs: Total number of GRP that the company can reach through the media plan selected for a specific communications campaign.

---

[4]   Costo por GRP.

The previous metric helps the marketing team know (ex-ante) what communicational media options can demonstrate a better cost per rating point ratio. Although the cost per GRP is not the only analysis factor for making decisions regarding media choice, it is a good way to verify advertising efficacy.

[Application]:

We know that Company A invested US$5 million to exhibit a television commercial for the Alfa Plus product during the semifinals of the World Cup organized by FIFA in Brazil. It's known that 30% of the target audience is watching the tournament and that the same commercial is shown during different shows, creating a total combined scope of 45%. If the commercial is aired five times (frequency), then the total GRP will be 225.

[Application]:

To reach a GRP of 225, we know that Company A should have invested US$5 million in showing its television commercial for the Alfa Plus product during the semifinals of the World Cup organized by FIFA in Brazil. We know the budget of competing companies for exhibiting their commercials during the tournament and the rating points obtained (GRP) by each company (see attached table). From this information, it was possible to determine that the Company A had a GRPC of US$22,222 which represents 3.4% less than the average GRP cost obtained by competing companies.

Company	GRP	Budget (AD)
Alfa	225	5,000,000
Beta	350	8,000,000
Gamma	400	9,000,000
Delta	300	7,000,000

Sources:

- Davis, J., *Measuring marketing*, Singapore, Wiley, 2007.

- Farris, P., Bendle, N., Pfeifer, P., Reibstein, D., *Marketing metrics*, New Jersey, Pearson Education, 2010.

- Flores, L., *How to measure digital marketing: metrics for assessing impact and designing success*, London, UK, Palgrave Macmillan, 2014.

Direct Mailshot Point (DMP)

El DMP es una métrica bastante utilizada en el análisis de campañas de marketing directo. Este determina la cantidad de mensajes publicitarios que deben ser enviados para poder alcanzar un objetivo de beneficios previamente definido por el departamento de marketing. El número de mensajes requeridos por una campaña, se calcula dividiendo el total de beneficios esperados, por la combinación de cuatro factores específicos: las ventas promedio, la tasa de respuesta, la tasa de conversión y la tasa marginal de contribución. El indicador adquiere la siguiente expresión:

$$DMP = \frac{B(E)}{Vp*Tr*Tc*TMC}$$ →[Métrica | 22]

Donde,

DMP: Direct mailshot point[5].

B(E): Beneficio esperado.

Vp: Ventas promedio.

Tr: Tasa de respuesta.

Tc: Tasa de conversión.

TMC: Tasa marginal de contribución.

El factor denominado Vp corresponde a la estimación que realiza la empresa respecto del volumen de ventas que es posible generar en cada cierre de negocios. En tanto que la TMC corresponde al margen promedio que es posible obtener en cada operación de venta que es realizada por la empresa. Por otra parte, la Tr corresponde al porcentaje de personas que respondieron a la oferta de la empresa en relación al número de personas que recibieron dicha oferta. Este dato se calcula dividiendo el número de personas que respondieron el

---

[5]   Puntos de buzón por correo directo.

anuncio generado por la empresa por el número de personas que fueron expuestas a dicho anuncio. El DMP, si bien otorga luces respecto del potencial de ventas que podría alcanzar la empresa, no ofrece garantías reales, ya que la respuesta de la audiencia podría ir en dirección de solicitar mayor información adicional respecto de la oferta y no necesariamente de generar una compra. La tasa de respuesta obtenida variará dependiendo del vehículo de marketing directo que la empresa decida utilizar.

Finalmente, la Tc corresponde al total de personas que responden a un anuncio y que luego compran el producto o servicio. Este dato se calcula dividiendo el número de personas que respondieron y compraron la oferta por el número de personas que respondieron el anuncio. De esta manera, la tasa de conversión podría proporcionar información respecto del nivel de atractivo del mensaje como mecanismo para poder conseguir una respuesta y una orden de compra. Una adecuada tasa de conversión dependerá no sólo de la correcta elección que realice la empresa en relación a los atributos y beneficios de la oferta, sino también de la adecuada forma de comunicar dichos beneficios a los potenciales clientes. El aporte de esta métrica, además de representar una apropiada forma de control presupuestario, permite pronosticar si la campaña de marketing directo será capaz de generar el nivel de beneficios requerido por los objetivos de la empresa.

[Aplicación]:

La empresa Alfa desea conocer cuántas piezas de correo postal debe enviar al segmento definido como mercado objetivo a fin de lograr alcanzar las metas de beneficio esperadas por la campaña publicitaria. Se tienen los siguientes datos: las ventas promedio por contacto históricamente han alcanzado un volumen —monetario— promedio de U$800 por campaña. El 20% de los envíos de correo directo es respondido por el mercado objetivo. El 60% de los envíos de correo directo que son respondidos por el mercado objetivo, finalmente concluye en el cierre de una venta. La empresa trabaja con una tasa marginal de contribución del 40% para todos los productos que comercializa y, por último, se sabe que el objetivo de beneficios definido para la campaña es de MMU$1.

La empresa deberá enviar 26.042 piezas de correo postal, para poder alcanzar las metas de beneficio esperado.

Direct Mailshot Point (DMP)

The DMP metric is highly used in analyzing direct marketing campaigns. It measures the effectiveness of advertising messages, establishing an incomes objective by determining the number of advertising messages that need to be sent so as to reach the benefits goal previously defined by the marketing department. The number of messages needed for the campaign is calculated by dividing the total number of expected benefits by the multiplication of four factors: average sales, response rate, conversion rate, and the marginal rate of contribution. This metric can be expressed as follows:

$$DMP = \frac{B(E)}{As * Rr * Cr * MRC}$$ →[Metric | 22]

Where,

DMP: Direct mailshot point.

B(E): Expected benefit.

As: Average sales.

Rr: Rate of response.

Cr: Conversion rate.

MRC: Marginal rate of contribution.

The factor known as As is the company's estimate for the volume of sales that can be generated at each close of business. The MRC corresponds to the average margin that can be obtained in each sales operation done by the company. Furthermore, the Rr corresponds to the percentage of people who responded to the company offer with respect to the number of people who received the company offer. This piece of information is calculated by dividing the number of people who responded to the advertisement by the number of people who were exposed to the advertising. Although the DMP sheds light on the sales potential that a company could reach, it doesn't offer any real guarantees because the audience response could be a request for additional information regarding the offer and not necessarily a sale. The response rate obtained will vary depending on the direct marketing vehicle that the company decides to use.

Finally, the Cr corresponds to the total number of people who respond to an advertisement and then purchase the product or service. This piece of information is calculated by dividing the number of people who responded and purchased the offer by the number of people who only responded to the advertisement. Thus, the conversion rate could provide information on the message's level of attraction as a mechanism to obtain a response and a purchase order. An adequate conversion rate not only depends on how the company selects the attributes and benefits of the offer, but also on how it communicates those benefits to potential customers. Besides representing an appropriate budgetary control system, this metric also helps predict if a direct marketing campaign will be able to generate the level of benefits required for the company's objectives.

[Application]:

Company A wishes to know how many pieces of mail it should send to the segment defined as a target market so as to reach the benefit level expected from the advertising campaign. The following information is available: average sales through contact have historically reached an average (monetary) volume of US$800 per campaign. Of the direct mail sent, 20% is answered by the target market. Of this percentage, 60% finally concludes in a sale. The company works with a 40% marginal rate of contribution for all of the products it commercializes. Finally, the benefits target defined by the campaign is US$1 million.

The company will have to send 26,042 pieces of mail so as to be able to reach the expected benefits goals.

Sources:

- Davis, J., *Measuring marketing*, Singapore, Wiley, 2007.

- Farris, P., Bendle, N., Pfeifer, P., Reibstein, D., *Marketing metrics*, New Jersey, Pearson Education, 2010.

- Flores, L., *How to measure digital marketing: metrics for assessing impact and designing success*, London, UK, Palgrave Macmillan, 2014.

Click Rate (CR)

El CR es una métrica muy utilizada en campañas de marketing online ya que permite conocer en forma instantánea la evolución de acceso a los banners específicos de la campaña por parte de los potenciales consumidores de la oferta. La expresión que adquiere esta métrica es la siguiente:

$$CR = \frac{TC(i)}{TV(i)}$$ →[Métrica | 23]

Donde,

CR: Click rate[6].

TC(i): Total de clicks realizados sobre el aviso –banner de campaña–, alojado en la página web, en el período "i".

TV(i): Total de visitas realizadas a la página web donde se aloja el aviso –banner de campaña–, en el período "i".

En complemento a la métrica de CR, se torna importante poder determinar el costo por click, ya que el pago efectuado al medio digital es realizado normalmente en forma anticipada por la empresa oferente. Un problema de orden práctico que ha enfrentado la contabilidad de este mecanismo dice relación con el desafortunado efecto secundario que es generado por parte de algunos competidores que en forma reiterada clickean el anuncio, con el fin de incrementar el costo de la campaña online.

En respuesta a la situación anterior, la mayoría de los sitios web cuentan con herramientas de software que les permite tener estimaciones estadísticas sobre el tipo de audiencia que visita el anuncio a partir del análisis del patrón que sigue la generación de los clicks. Si bien la presente métrica permite determinar si el anuncio de la campaña logra

---

[6]   Tasa de cliqueo.

alcanzar las audiencias deseadas, nada dice respecto de las ventas concretadas a partir de dicho mecanismo.

[Aplicación]:

La empresa Alfa está realizando una campaña de marketing online cuyo costo está determinado por el número de veces que un banner es clickeado. Los clicks se venden a U$0.02 por cada uno que es efectuado sobre el anuncio. En dicha campaña, cuya duración es de seis semanas, se han enviado 200.000 mails semanales a potenciales clientes, logrando alcanzar un total de 19.000 cliks por semana. A partir de los datos señalados la campaña registró un CR del 9,5% y un costo total de U$2.280.

Click Rate (CR)

The CR metric is frequently used in online marketing campaigns to help us instantly know how potential consumers' access to specific campaign banners evolves. This metric can be expressed as follows:

$$CR = \frac{TC(i)}{TV(i)}$$

→[Metric | 23]

Where,

CR: Click rate.

TC(i): Total clicks made on the advertisement (campaign banner) located on the website for time period "i".

TV(i): Total number of visits to the website where the advertisement (campaign banner) is located –during time period "i".

Supplementing the CR metric, the cost per click is worth noting because companies normally pay for digital media before the advertisement appears. A practical problem that the accounting for this mechanism has faced is the unfortunate secondary effect generated by some competitors who repeatedly click on the advertisement to increase the cost of the online campaign. In answer to this situation, most websites have software tools that create statistical estimates about the type of audience that visits the advertisement by analyzing click patterns. Although this metric helps to determine if the campaign advertisement is able to reach the desired audiences, it says nothing about sales generation and closures reached with this mechanism.

[Application]:

Company A is carrying out an online marketing campaign whose cost is determined by the number of times that a banner is clicked. Each click on the banner in question is sold at US$0.02. During the six week duration of this campaign, 200,000 emails have been sent weekly to potential customers, reaching a total of 19,000 clicks per week. From this information, we can determine that the campaign registered a CR of 9.5% and a total cost of US$2,280.

Sources:

- Burby, J., Atchison, S., *Actionable web analytics*, Indiana, Wiley, 2007.
- Cliffton, B., *Advanced web metrics with google analytics*, New York, Wiley, 2012.
- Flores, L., *How to measure digital marketing: metrics for assessing impact and designing success*, London, UK, Palgrave Macmillan, 2014.

Métricas de los Precios Internos (MPI)

La siguiente selección de métricas pertenecientes al campo del análisis de precios en contribución al marketing, colabora en la determinación de la estructura de precios de la compañía a partir de los costos de esta, sin tomar como referencia explícita los datos del mercado. Dicho análisis permite identificar tres tipo de métricas de precios internos: el precio umbral, el precio técnico y el precio objetivo. La expresión que adquieren las métricas de precios internos son las siguientes:

$$PU = C_{du,i}$$ →[Métrica | 24]

$$PT = C_{du,i} + \frac{Cf}{E(Q)}$$ →[Métrica | 25]

$$PO = C_{du,i} + \frac{Cf}{E(Q)} + \frac{rC}{E(Q)}$$ →[Métrica | 26]

Donde,

PU: Precio umbral.

$C_{du,i}$: Costo directo unitario del producto en el período "i".

PT: Precio técnico.

Cf: Costo fijo.

E(Q): Hipótesis de actividad.

PO: Precio objetivo.

rC: Tasa de retorno del capital.

El PU es aquel precio que sólo permite recuperar el valor de reemplazo del producto. En tal sentido, es interesante constatar que algunas empresas operan temporalmente con el precio umbral cuando requieren dar salida a una mayor cantidad de producción y/o mantener economías de escala en compra, en producción y/o en comercialización. El PT es diferente, ya que este precio además de asegurar el valor de reemplazo del producto asegura la cobertura de las cargas de estructura sujeto a una hipótesis de actividad (precio muerto). Finalmente, el PO es aquel precio que además de asegurar el valor de reemplazo del producto y asegurar la cobertura de las cargas de estructura sujeto a una hipótesis de actividad, considera un nivel de retorno sobre el capital también sujeto a una hipótesis de actividad. En definitiva, se pueden tener tantos precios técnicos o precios objetivos como tantas hipótesis de actividad sean formuladas por la empresa.

Internal Price Metrics (IPM)

This family of metrics, from the price analysis field helps to determine a company's price structure from its costs, without taking market information as an explicit reference. This analysis helps identify three types of internal price metrics: the threshold price, the technical price, and the target price. These metrics can be expressed as follows:

$$\boxed{TP = Cdu,i} \quad \rightarrow [\text{Metric} \mid 24]$$

$$\boxed{TEP = Cdu,i + \frac{Cf}{E(Q)}} \quad \rightarrow [\text{Metric} \mid 25]$$

$$\boxed{OP = Cdu,i + \frac{Cf}{E(Q)} + \frac{rC}{E(Q)}} \quad \rightarrow [\text{Metric} \mid 26]$$

Where,

TP: Threshold price.

Cdu,i: Direct unit cost of the product during time period "i".

TEP: Technical price.

Cf: Fixed cost.

E(Q): Hypothesis of activity.

OP: Objective price.

rC: Capital rate of return.

Note that TP is the price that only helps to recover the value of replacing the product. Some companies temporarily operate with a threshold price when they need to develop higher levels of production and/or they need to maintain scale economies for purchasing, production and/or commercialization. The case of TEP is different because besides guaranteeing the replacement value of the product, it also guarantees coverage of the structural loads subject to an activities hypothesis (dead price). Finally, the OP is a price that, besides guaranteeing the replacement value of the product and guaranteeing the coverage of the structural loads subject to an activities hypothesis, also considers a level of return higher than the capital, which is also subject to an activities hypothesis. Ultimately, you can have as many technical prices or target prices as the activities hypotheses that the company can formulate.

Sources:

- Goñi, N., *El precio: variable clave en el marketing*, México, Pearson Educación, 2008.
- Rothenberger, S., Siems, F., *Pricing Perspectives*, London, UK, Palgrave Macmillan, 2008.

MARKUP (MUP)

Las métricas del MUP, pertenecientes al campo del análisis de precios, permiten la determinación del margen porcentual de ganancias de un producto a partir de su costo de venta unitario o alternativamente a partir de su precio de venta unitario –Markup de costos o Markup de ventas, respectivamente–. La expresión que adquieren estas métricas es la siguiente:

$$MUPc = \frac{Pv\text{-}Cv}{Cv}$$ →[Métrica | 27]

$$MUPv = \frac{Pv\text{-}Cv}{Pv}$$ →[Métrica | 28]

Donde,

MUPc: Markup de costos.

MUPv: Markup de ventas.

Pv: Precio de venta.

Cv: Costo de venta.

Desde la perspectiva del marketing, estas métricas son de gran utilidad, ya que en combinación con otros indicadores de mercado y clientes, es posible efectuar el discernimiento necesario respecto de la mejor estrategia de productos que la empresa puede llevar a cabo.

Cabe hacer notar que, en el ejercicio más habitual de la gestión comercial, se tiende a considerar al MUPv como un indicador de mayor usabilidad y frecuencia que el MUPc, ya que en términos prácticos, el primero representa la tasa marginal de contribución con la cual la empresa opera en forma regular cada una de sus líneas de negocios.

En el caso de aquellos negocios que han definido su estrategia genérica bajo el esquema denominado "liderazgo en costos", es factible observar tasas marginales de contribución inferiores al promedio de mercado. Esto como consecuencia del énfasis prioritario que la empresa ha decidido colocar en la rotación y velocidad de ventas de sus productos, en absoluto contraste con la opción de mayores niveles de tasa marginal de contribución al cual propende la estrategia genérica inversa, denominada "liderazgo en diferenciación".

Otra variante para el cálculo del MUPv viene dado por la elasticidad precio de la demanda, la cual permite determinar la tasa marginal de contribución relativa a la cual puede operar una empresa a partir del conocimiento que esta tenga respecto de la sensibilidad precio que enfrenta su demanda. Lo anterior permite a la empresa encontrar el nivel óptimo de precios de venta al cual le conviene comercializar su oferta en el mercado.

Es particularmente claro que aquellos segmentos de mercado que registran un mayor nivel de sensibilidad al precio deberán ser atendidos por las empresas con políticas de precios menos expansivas, ya que el impacto esperado sobre la cantidad demandada podría ser mayor.

La expresión que adquieren estas dos variantes de las métricas del MUPv es la siguiente:

$$\boxed{MUPv = \frac{1}{1+|\epsilon|}} \quad \rightarrow [\text{Métrica} \mid 29]$$

$$\boxed{Pv = \frac{Cv}{1-MUPv}} \quad \rightarrow [\text{Métrica} \mid 30]$$

Donde,

MUPv: Markup de ventas.

|ϵ|: Elasticidad precio de la demanda.

Pv: Precio de venta.

Cv: Costo de venta.

Markup (MUP)

MUP metrics, from the price analysis field help determine the product's profit percentage margin from its direct sales cost, or alternatively from the product's unit sales price, Markup of costs, or Markup of sales, respectively. These metrics can be expressed as follows:

$$MUPc = \frac{Sp-Sc}{Sc}$$ →[Metric | 27]

$$MUPs = \frac{Sp-Sc}{Sp}$$ →[Metric | 28]

Where,

MUPc: Markup of costs.

MUPs: Markup of sales.

Sp: Sales price.

Sc: Sales cost.

From a marketing perspective, these metrics are very useful because when combined with other market and customer indicators, they help a company choose the best product strategy.

It's worth noting that the most pragmatic exercise in commercial management considers MUPs a more useful and more frequently used operational indicator than MUPc. This is because in practical terms the former represents the marginal rate of contribution with which the company regularly works in each of its business transactions.

In the case of business transactions whose generic strategy was defined under the as "cost leadership" framework , it's feasible to observe lower marginal rates of contribution than the market average. This is due to the priority emphasis that the company has decided to place on the sales rotation and speed of its products. This contrasts completely with the inverse generic strategy, known as "leadership in differentiation", which tends toward higher marginal rates of contribution.

Another variable for calculating the MUPs is the price elasticity of demand, which helps determine the marginal rate of contribution at which a company can operate based on its knowledge of the price sensitivity of demand that it faces. This allows the company to find the optimal sales price at which it should commercialize its offer in the market.

It's particularly clear that market segments that register higher levels of price sensitivity to demand should be dealt with by companies with less expansive price policies because the expected impact on the demanded amount could be higher.

These two versions of MUPs metrics are expressed in the following manner:

$$\boxed{\text{MUPs} = \frac{1}{1+|\epsilon|}} \qquad \rightarrow[\text{Metric} \mid 29]$$

$$\boxed{\text{Sp} = \frac{\text{Sc}}{1-\text{MUPs}}} \qquad \rightarrow[\text{Metric} \mid 30]$$

Where

MUPs: Markup of sales.

I𝜖I: Price elasticity of the demand.

Sp: Sales price.

Sc: Sales cost.

Sources:

- Davis, J., *Measuring marketing*, Singapore, Wiley, 2007.

- Goñi, N., *El precio, variable clave en el marketing*, México, Pearson Educación, 2008.

- Kerzner, H., *Project management metrics, kpls, and dashboards: A guide to measuring and monitoring project performance*, New York, Wiley, 2013.

- Rothenberger, S., Siems, F., *Pricing Perspectives*, London, UK, Palgrave Macmillan, 2008.

Política de Remarque (PR)

Una variante relacionada con el tema revisado en el punto anterior, es la métrica denominada PR. Este es un indicador comúnmente utilizado por pequeñas y medianas empresas, muy influenciado por convenciones y prácticas habituales de la actividad comercial. La expresión que adquieren estas métricas es la siguiente:

$$\boxed{PR = \frac{Pv - 1}{Cv}} \qquad \rightarrow [\text{Métrica} \mid 31]$$

Siendo,

$$\boxed{MUPv = 1 - \frac{1}{1+PR}} \qquad \rightarrow [\text{Métrica} \mid 32]$$

Donde,

PR: Política de remarque.

MUPv: Markup de ventas.

Pv: Precio de venta.

Cv: Costo de venta.

El PR refleja el margen incremental que es generado en la venta de un producto o servicio, expresado como un aumento porcentual sobre el costo de venta directo. Dicho de otra manera, para determinar los precios que cobran los diferentes intermediarios pertenecientes al canal de distribución, el PR lleva implícito la utilización del método de precios basado en el margen de ganancias denominado MUPv. De esta forma, el precio de un producto cobrado por un mayorista a un detallista, es simplemente el costo directo unitario que pagará el detallista por dicho producto, el cual se convertirá en el precio del consumidor final, previo incremento del mismo de acuerdo a la política de remarque que utilice el detallista. Desde esta perspectiva, la política de remarque de una empresa siempre llevará implícita –aunque no oficialmente declarada– una política de MUPv.

Policy of Remark-up (PR)

The PR metric is related to the topic reviewed in the previous point. This indicator is commonly used in the world of small and medium sized companies and is influenced by common business experiences and practices. This metric can be expressed as follows:

$$PR = \frac{Sp - 1}{Sc}$$ →[Metric | 31]

Being,

$$MUPs = 1 - \frac{1}{1+PR}$$ →[Metric | 32]

Where,

PR: Policy of remark-up.

MUPs: Markup of sales.

Sp: Sales price.

Sc: Sales cost.

The PR reflects the incremental margin generated in the sale of a product or service, expressed as a percentage increase over the direct sales cost. In other words, to determine the prices charged by the different intermediaries belonging to the distribution channel, we use a price method based on the profit margin known as markup of sales. In this regard, the price charged by a wholesaler to a retailer is simply the direct variable cost that the retailer will pay for said product, which in turn will become the final price for the consumer, based on the prior increase in said price according to the retailer's markup policy. From this perspective, a company's markup policy always implicitly includes –even if it does not officially declares– an MUPs policy.

Sources:

- Flores, L., *How to measure digital marketing: metrics for assessing impact and designing success*, London, UK, Palgrave Macmillan, 2014.

- Macdivitt, H., Wilkinson, M., *The challenge of value*, Suffolk, UK, Arima Publishing, 2010.

- Rothenberger, S., Siems, F., *Pricing Perspectives*, London, UK, Palgrave Macmillan, 2008.

Tasa Porcentual del Minorista (TPM)

La TPM es una métrica perteneciente a la categoría de distribución y ventas, que permite conocer la tasa marginal de contribución a la cual opera el comerciante minorista. Dicha tasa permite asegurar el costo de reemplazo del producto, la estructura de cargas del minorista y la utilidad esperada por este. Una vez determinada la TPM, es posible calcular el precio de venta al cliente final que refleje la máxima disposición a pagar que este tiene por alguna de las ofertas específicas de la empresa. La expresión que adquieren estas métricas es la siguiente:

$$TPM = \frac{1}{1+|\eta|}$$ →[Métrica | 33]

Siendo,

$$PVc = \frac{PCm}{1-TPM}$$ →[Métrica | 34]

Donde,

TPM: Tasa porcentual del minorista.

PVc: Precio de venta al cliente final.

PCm: Precio de compra al mayorista.

$|\eta|$: Valor absoluto de la elasticidad precio de la demanda.

En términos prácticos, la TPM corresponde al MUPv del minorista, el cual a su vez, se encuentra condicionado por la elasticidad precio de la demanda del cliente final. En tal sentido y dependiendo del nivel de sensibilidad precio que exhiban los distintos tipos de segmentos de clientes, será posible determinar el precio –o los precios– del minorista así como la TPM más adecuada para operar en cada caso.

Retailer's Percentage Rate (RPR)

The RPR, a metric that belongs to the sales and distribution category, helps us know the marginal rate of contribution at which a retailer operates. This rate helps a company insure the replacement cost of a product, the retailer's load structure, and the profits expected by said retailer. Once the RPR is determined, it's possible to calculate the maximum amount that a customer (or group of customers) is willing to pay for a product. These metrics can be expressed as follows:

$$RPR = \frac{1}{1+|\eta|}$$ →[Metric | 33]

Being,

$$FCp = \frac{WPp}{1-RPR}$$ →[Metric | 34]

Where,

RPR: Retailer's percentage rate.

FCp: Final customer price.

WPp: Wholesaler's purchase price.

$|\eta|$: Absolute value of the price elasticity of the demand.

In practical terms, the RPR corresponds to the retailer's sales Markup, which is conditioned by the price elasticity of demand for the end customer. This necessarily occurs because the maximum sales price that the retailer can charge the end customer is a direct function of the end customer's sensitivity to price. Thus, depending on the level of price sensitivity shown by the end customer, it's possible to determine the retailer's price as well as the most adequate RPR so that the retailer can operate with his customers.

Sources:

- Kerzner, H., *Project management metrics, kpls, and dashboards: A guide to measuring and monitoring project performance*, New York, Wiley, 2013.

- Laursen, G., *Business analytics for sales and marketing managers*, New York, Wiley, 2011.

- Randall, C., *Sales analytics guide*, New York, Tradexec, 2007.

GROSS MARGIN RETURN (GMR)

El GMR es otro indicador perteneciente a la categoría de distribución y ventas, de recurrente y periódica utilización en el ámbito de las empresas del sector retail. Este permite evaluar el desempeño que registra la mercadería dispuesta para la comercialización por parte del retailer, al ser contrastada con parámetros de velocidad de ventas y margen de contribución, integrados en un solo índice. La expresión que adquiere este indicador es la siguiente:

$$GMR = Tmc*Ri$$ →[Métrica | 35]

Donde,

GMR: Gross margin return[7].

Tmc: Tasa marginal de contribución.

Ri: Rotación de inventarios.

Siendo,

$$Tmc = \frac{Pvu(i,t)-Cvu(i,t)}{Pvu(i,t)}$$ →[Métrica | 36]

$$Ri = \frac{Vn(i,t)}{Spc(i,t)}$$ →[Métrica | 37]

Donde,

Pvu(i,t): Precio de venta unitario del producto "i" en el período "t".

Cvu(i,t): Costo de venta unitario del producto "i" en el período "t".

Vn(i,t): Ventas netas en valores monetarios del producto "i" en el período "t".

---

[7]   Retorno del margen bruto.

Spc(i,t): Stock del producto "i" en el período "t", valorizado a su costo de adquisición indexado. Este dato se calcula sumando el stock inicial con el stock final y dividiéndolo luego por la cantidad de períodos más uno.

Si bien cada tipo de producto que es comercializado por un detallista es capaz de registrar su particular GMR, es perfectamente razonable considerar indicadores de rendimiento por categoría de productos. Por ejemplo, el GMR esperado para la categoría de productos perecibles podría ser distinto que el de la categoría de productos de abarrotes o el de la categoría *non-food-items* de un supermercado. En razón de lo anterior, el parámetro dispuesto para comparar el desempeño de cada una de las categorías comercializadas debe necesariamente ser capaz de recoger dichas diferencias.

Gross Margin Return (GMR)

The GMR, an indicator that belongs in the distribution and sales category, is used recurrently and periodically in the sphere of retail companies. This metric allows a company to evaluate the performance of the merchandise that the retailer has made available for commercialization by contrasting the sales speed and marginal rate of contribution, integrated into one index. This metric can be expressed as follows:

$$GMR = Mrc*It$$ →[Metric | 35]

Where,

GMR: Gross marginal return.

Mrc: Marginal rate of contribution.

It: Inventory turnover.

And,

$$Mrc = \frac{SPu(i,t) - SCu(i,t)}{SPu(i,t)}$$ →[Metric | 36]

$$It = \frac{Sn(i,t)}{Spc(i,t)}$$ →[Metric | 37]

Where,

Spu(i,t): Unit sales price of product "i" during time period "t".

Scu(i,t): Unit sales cost of product "i" during time period "t".

Sn(i,t): Net sales in monetary values of product "i" during time period "t".

Spc(i,t): Product "i" in stock during time period "t", valued at its indexed acquisition cost. This piece of information is calculated by adding the initial stock to the final stock, and then dividing the result by the number of periods plus one.

Although each type of product commercialized by a retailer is capable of registering its own GMR, it's perfectly reasonable to consider performance indicators for each product category. For example, the GMR expected for the perishable products category could be different from that of the grocery products category, or that of the non-food-items category at a supermarket. Because of this, the parameter for the performance comparison between each commercialized category must necessarily be capable of detecting these differences.

Sources:

- Johnston, M. y Marshall, G., *Administración de ventas*, México DF, McGraw Hill, 2009.
- Laursen, G., *Business analytics for sales and marketing managers*, New York, Wiley, 2011.

Análisis de Variación de Ventas (AVV)

El modelo de Análisis de Variación de Ventas (AVV) incorporado en esta sección corresponde a una familia de métricas pertenecientes a la categoría de gestión de ventas.

La primera métrica específica que conforma el AVV –cuyo acrónimo es VVt–, es aquella que mide la variación de las ventas totales. Esta permite identificar las diferencias existentes entre las ventas monetarias reales que fueron generadas por la empresa –unidad estratégica de negocio, producto– durante un período determinado y las ventas monetarias que fueron planificadas para igual período. La diferencia que pudiera existir entre ambos indicadores es representada por la siguiente métrica:

$$\boxed{VVt = VRt\text{-}VPt} \qquad \rightarrow[\text{Métrica} \mid 38]$$

Donde,

VVt: Variación de las ventas monetarias durante el período "t".

VRt: Ventas monetarias reales durante el período "t".

VPt: Ventas monetarias presupuestadas para el período "t".

La segunda métrica específica ligada al AVV –cuyo acrónimo es VPVt–, es aquella que mide la variación de las ventas monetarias de la empresa a partir de las variaciones experimentadas por los precios de los productos vendidos. El impacto financiero generado a partir de la diferencia en los precios de los productos, se refleja en forma directa en los ingresos generados por la venta así como en los márgenes de contribución de la empresa o de la unidad estratégica de negocio.

Si bien la determinación de la política de precios que realiza una empresa o un negocio dice relación con aspectos tales como su estructura de costos y la disposición a pagar que tienen los consumidores por el producto ofertado, también juega un rol significativo la competencia directa del producto ofertado así como la competencia potencial que podría llegar a enfrentar dicho producto. La expresión que adquiere la métrica indicada es la siguiente:

$$VPVt = QAt(PAt-PBt)$$ →[Métrica | 39]

Donde,

VPVt: Variación de las ventas monetarias, a partir de la variación experimentada por el precio de ventas durante el período "t".

QAt: Cantidad real de productos vendidos en el período "t".

PAt: Precio de venta real por unidad de producto durante el período "t".

PBt: Precio de venta presupuestado por unidad de producto para el período "t".

La tercera métrica específica ligada al AVV –cuyo acrónimo es VQVt–, es aquella que mide la variación de las ventas monetarias de la empresa –unidad estratégica de negocio, producto– a partir de las variaciones experimentadas por la cantidad de productos vendidos. La diferencia generada entre la cantidad de productos efectivamente vendidos respecto de la cantidad planificada, podría ser explicada a partir de factores tan diversos como retrasos en las entregas, cambios en las tendencias de mercado, promociones y descuentos de la competencia. La expresión que adquiere la métrica indicada es la siguiente:

$$VQVt = PAt(QAt-QBt)$$ →[Métrica | 40]

Donde,

VQVt: Variación de las ventas monetarias, a partir de la variación experimentada por la cantidad vendida durante el período "t".

PAt: Precio de venta real por unidad de producto durante el período "t".

QAt: Cantidad real de productos vendidos durante el período "t".

QBt: Cantidad presupuestada de productos a vender en el período "t".

Sales Variation Analysis (SVA)

The Sales Variation Analysis (SVA) model included in this section corresponds to a metrics family that belongs to the sales management category.

The first specific metric that makes up the SVA, known as VMs, measures the variation in total sales. This helps a company identify existing differences between actual monetary sales generated by the company –strategic business unit or product– during a given time period, and the monetary sales planned for the same time period. The difference that could exist between these indicators is represented by the following metric:

$$VMs = AMs-MSb$$ →[Metric | 38]

Where,

VMs: Variation of monetary sales during time period "t".

AMs: Actual monetary sales during time period "t".

MSb: Monetary sales budgeted for time period "t".

The second specific metric related to the SVA, known as VPMs, measures the variation of a company's monetary sales based on variations in product prices. The financial impact of the difference in the product prices is directly reflected in the incomes generated by sales as well as in the company's contribution margins, or the strategic unit of the business.

Although a company's determination of a price policy relates to aspects such as cost structure and consumers' willingness to pay for the offered product, the product's direct and potential competition also plays a significant role. This metric can be expressed as follows:

$$VPMs = AAp(ASp-BSp)$$ →[Metric | 39]

Where,

VPMs: The variation in monetary sales determined from the variation experienced by the sales price, during the period of time "t".

AAp: Actual amount of products sold, during the period of time "t".

ASp: Actual unit sales price of the product, during the period of time "t".

BSp: Budgeted unit sales price of the product, for the period of time "t".

The third metric specifically related to the SVA –known as VQMs– measures the variation of the monetary sales of a company –strategic business unit or product–, determined from the variation experienced by the number of products sold. The difference generated between the number of products actually sold compared to the number planned could be explained by diverse factors such as delivery delays, change in market tendencies, promotions and discounts offered by the competition. This metric can be expressed as follows:

$$\boxed{VQMs = ASp(AAp\text{-}APb)} \qquad \rightarrow [\text{Metric} \mid 40]$$

Where,

VQMs: Variation in monetary sales based on variation in the amount sold during time period "t."

ASp: The product's actual unit sales price during time period "t".

AAp: Actual amount of products sold during time period "t".

APb: Amount of products budgeted to be sold during time period "t".

Sources:

- Johnston, M. y Marshall, G., *Administración de ventas*, México DF, McGraw Hill, 2009.
- Laursen, G., *Business analytics for sales and marketing managers*, New York, Wiley, 2011.

Tasa Media de Transacción (TMT)

La TMT es una métrica de uso frecuente en el ámbito comercial, perteneciente a la categoría de control y gestión de ventas. Esta permite determinar el tamaño promedio de las ventas –en valores monetarios– registradas por una empresa en un período determinado. La expresión que adquiere este indicador es la siguiente:

$$TMT = \frac{VT(i)}{TT(i)}$$

→[Métrica | 41]

Donde,

TMT: Tasa media de transacción.

VT(i): Ventas totales de la compañía en el período "i", expresado en valores monetarios.

TT(i): Totalidad de las transacciones de venta realizadas por la empresa en el período "i".

La TMT colabora en la determinación del tamaño de las transacciones que efectúa la fuerza de ventas así como en la verificación de la productividad que es generada a partir de dicha gestión de ventas. Desde el punto de vista de los detallistas, la presente métrica permite desagrupar información de ventas de acuerdo a las distintas categorías de clientes, facilitando el diseño de estrategias promocionales específicas que permiten estimular las ventas de acuerdo a las características particulares de cada perfil de cliente.

Una variante complementaria de la TMT es la métrica denominada Ítems Promedio por Transacción (IPT). La desagregación de esta métrica permite el análisis de la canasta de compras de cada cliente, tomando en consideración sus gustos, preferencias y tendencias de consumo. El número de ítems vendidos –unidades físicas– por transacción puede ser incrementado por medio de estrategias promocionales que apunten en dirección de motivar y estimular la tasa de consumo de los distintos segmentos de clientes. La expresión que adquiere esta métrica es la siguiente:

$$IPT = \frac{QT(i)}{TT(i)}$$

→[Métrica | 42]

Donde,

IPT: Ítems promedio por transacción.

QT(i): Cantidad total de ítems vendidos por la empresa en el período "i", expresado en unidades físicas.

TT(i): Totalidad de transacciones de venta realizadas por la empresa en el período "i".

Average Rate of Transaction (ART)

The ART metric belongs to the distribution and sales management category. It helps determine the average size of sales (in monetary values) that a company registers during a determined period of time. This metric can be expressed as follows:

$$ART = \frac{TS(i)}{TT(i)}$$

→[Metric | 41]

Where,

ART: Average rate of transaction.

TS(i): Total company sales, expressed in monetary values, during time period "i".

TT(i): Total number of sales transactions done by the company during time period "i".

The ART metric helps analyze the size of the transactions performed by the sales force, as well as verify the productivity generated by this sales management. From a retailer's point of view, this metric helps separate sales information according to different customer categories, facilitating the design of specific promotional strategies and thus stimulating sales according to the specific characteristics of each customer profile. A supplementary variant of the ART is the metric known as Average Items per Transaction (AIT). The desegregation of this metric analyzes each customer's shopping basket, considering their tastes, preferences, and consumer tendencies. The number of items (physical units) sold per transaction can be increased through promotional strategies aimed at motivating and stimulating the consumption rate among various customer segments. This metric can be expressed as follows:

$$\boxed{AIT = \frac{QT(i)}{TT(i)}} \quad \rightarrow [\text{Metric} \mid 42]$$

Where,

AIT: Average items per transaction.

QT(i): Total number of items sold by the company, expressed in physical units, during time period "i".

TT(i): Total number of sales transactions done by the company, during time period "i".

Sources:

- Davis, J., *Measuring marketing*, Singapore, Wiley, 2007.
- Laursen, G., *Business analytics for sales and marketing managers,* New York, Wiley, 2011.
- Malthouse, E., *Segmentation and lifetime value models using*, Cary, NC, SAS, 2013.
- Randall, C., *Sales analytics guide*, New York, Tradexec, 2007.

Rotación de la Fuerza de Ventas (ROF)

No obstante, el volumen de métricas existentes en el campo de la gestión de ventas es diverso y muy variado, el ROF es uno de los indicadores más utilizados por aquellas empresas que cuentan con una dotación de vendedores de cierta amplitud. La expresión que adquiere este indicador es la siguiente:

$$ROF = \frac{Vi}{Ti}$$

→[Métrica | 43]

Donde,

ROF: Rotación de la fuerza de ventas.

Vi: Cantidad total de vendedores que se marginó de la fuerza de ventas en el período "i".

Ti: Total de vendedores pertenecientes a la fuerza de ventas en el período "i".

Si bien la rotación de personal es inevitable en cualquier empresa, esta debe ser constantemente examinada para evitar afectar los objetivos estratégicos de la empresa. En tal sentido, el análisis del ROF cobra relevancia por cuanto una empresa que invierte recursos de tiempo y dinero en la selección, capacitación y retención de su recurso humano, al momento de la partida de un vendedor, termina cediendo a su competencia los beneficios de dicha inversión, conocimientos, preparación, experiencia y *know how*, además del conocimiento respecto de aspectos estratégicos de la empresa tales como productos y clientes.

El impacto generado a partir de la rotación de la fuerza de ventas, puede medirse en una serie de costos directos para la empresa tales como costos de separación de la compañía, costos de la vacante, costos de la sustitución, costos de la capacitación y de la orientación. De igual manera, es posible identificar costos indirectos tales como la pérdida de productividad mientras se entrena al reemplazante, los costos causados por el empeoramiento de la calidad del servicio, los costos causados por la pérdida de clientes debido al deterioro de la imagen de la empresa y los costos causados por el deterioro moral de los empleados, pudiendo este último potenciar aún más la rotación de la fuerza de ventas al interior de la empresa.

SALESFORCE TURNOVER RATIO (STR)

However, in the field of sales there are many different metrics. STR is one of the most highly used indicators in this field, especially among companies that have large numbers of sales personnel. This metric can be expressed as follows:

$$STR = \frac{Ei}{Fi}$$ →[Metric | 43]

Where,

STR: Salesforce turnover ratio.

Ei: Total number of sales personnel sidelined from the salesforce during time period "i".

Fi: Total number of sales personnel belonging to the salesforce during time period "i".

Although personnel turnover is inevitable in any company, this fact should be constantly examined so that it doesn't affecting the company's strategic objectives. In this sense, the STR analysis becomes relevant because a company that invests time and money in selection, training, and retention knows that when a salesperson leaves the company, it yields the benefits of that investment, knowledge, preparation, experience, and know how, to the competition, as well as any knowledge regarding the company's strategic aspects, such as products and customers.

The impact of salesforce turnover can be measured as a series of direct costs for the company, such as the costs of separation from the company, vacancy costs, substitution costs, and training and orientation costs. Furthermore, it's possible to identify indirect costs such as loss of productivity during the time in which a replacement is trained, the costs of losing customers due to a deterioration of the company image, and the costs of a deterioration in employee morale; this last cost can increase salesforce turnover within the company.

Sources:

- Laursen, G., *Business analytics for sales and marketing managers*, New York, Wiley, 2011.
- Randall, C., *Sales analytics guide*, New York, Tradexec, 2007.
- Rosen, K., *Coaching salespeople into sales champions: a tactical playbook for managers and executives*, New Jersey, Wiley & Son, 2008.

Reclutamiento de la Fuerza de Ventas (RFV)

El RFV es una métrica de alta relevancia y usabilidad en el campo de la gestión de ventas, debido a la necesidad que tienen las empresas de contar con equipos de venta de tamaño adecuado así como de disponer de prospectos idóneos para conformar dichos equipos. La expresión de la presente métrica es la siguiente:

$$RFV = \frac{VS}{Tc*Ta}$$

→[Métrica | 44]

Donde.

RFV: Reclutamiento de la fuerza de ventas.

VS: Cantidad de vendedores requeridos por el *staff* de ventas de la empresa.

Tc: Tasa de candidatos seleccionados por la empresa.

Ta: Tasa de aceptación del cargo ofrecido por la empresa.

[Aplicación]:

La empresa Alfa desea saber cuántas personas debería reclutar para el cargo de vendedor que esta ofrece, para poder cubrir los cincuenta cupos que requiere para sus necesidades de gestión de ventas. La experiencia pasada indica que sólo al 10% de las personas que postulan al cargo de vendedor se les ofrece dicho cargo y que el 80% de los postulantes a quienes se les ofrece el cargo termina por aceptarlo. Haciendo uso de la métrica anterior, tenemos que RFV: 50/(0,10 x 0,80) = 625.

Sobre la base de los datos anteriores, un mínimo de 625 personas tendrían que ser reclutadas por la empresa para llenar los cincuenta puestos vacantes requeridos por su equipo de ventas.

Salesforce Recruiting Ratio (SRR)

The Salesforce Recruiting Ratio (SRR) is a highly relevant and usable metric in the sales management field because companies need adequately sized sales staff and need to have ideal prospects available so as to be able to build that staff. This metric can be expressed as follows:

$$SRR = \frac{SR}{Sr*Ar}$$ →[Metric | 44]

Where,

SRR: Salesforce recruiting ratio.

SR: Number of salespeople required for the staff of the company.

Sr: Rate of candidates selected by the company.

Ar: Rate of acceptance of the position offered by the company.

[Application]:

Company A needs to know how many people should apply for the position of salesperson so as to recruit the 50 executives required for its sales management needs. Past experience indicates that only 10% of the people that apply for the position of salesperson are actually offered the position, and 80% of the applicants that are offered the position end up accepting the position. By using the present metric we have that SRR: 50 / (0.10 x 0.80) = 625.

Based on the previous information, a minimum of 625 people would have to apply for the position offered by the company if the 50 vacant positions are to be filled.

Sources:

- Chriqui, J., *Smart sales manager*, New York, AMA, Press, 2013.

- Laursen, G., *Business analytics for sales and marketing managers*, New York, Wiley, 2011.

- Stern, J., *Dirección, gestión de marketing y ventas*, Buenos Aires, Pluma Ediciones, 2012.

Compensación de la Fuerza de Ventas (CFV)

El indicador de CFV es otra métrica de uso frecuente en el campo de la gestión de ventas, debido a que administrar un equipo de ventas supone, por una parte, evaluar su desempeño con el fin de retribuirlo y por otra parte, efectuar las modificaciones necesarias que ayuden a corregir eventuales desviaciones respecto del plan inicial. La expresión que adquiere la métrica indicada es la siguiente:

$$CFV = St + (Ct*Qt)*Bt$$ →[Métrica | 45]

Donde,

CFV: Compensación de la fuerza de ventas.

St: Sueldo base en el período "t".

Ct: Tasa de comisión por ventas en el período "t".

Qt: Ventas totales realizadas en el período "t".

Bt: Bono por meta en el período "t".

La variable St corresponde a un pago fijo que es efectuado a cada componente de la fuerza de ventas, independiente del desempeño exhibido en su gestión durante el período t. El St se torna de gran utilidad cuando la empresa requiere que el vendedor preste algún tipo de servicio de pre y post venta o cuando la venta del producto requiere de un período prolongado de negociación. Por otra parte, el componente definido como (Ct*Qt) representa el pago vinculado a un nivel de desempeño previamente definido, correspondiente a un porcentaje del total de las ventas efectuadas en el período t. Finalmente, el Bt corresponde a un pago específico consistente en un monto fijo, vinculado a un nivel de desempeño previamente definido.

Una variante del CFV es la métrica de Compensación por Margen de Ventas (CMV). Esta tiene por finalidad retribuir a la fuerza de ventas en directa relación con el aporte efectivo realizado al margen de ventas del negocio. La expresión que adquiere la métrica indicada es la siguiente:

$$CMV = (IVt-CVt)*Ct$$ →[Métrica | 46]

Donde:

CMV: Compensación por margen de ventas.

IVt: Ingreso por venta en el período "t".

CVt: Costo por venta en el período "t".

Ct: Tasa de comisión por margen de ventas en el período "t".

Cabe señalar –como criterio general– que el proceso de compensación de la gestión de ventas debe considerar la revisión de los factores cuantitativos y cualitativos inherentes a dicha gestión.

Los aspectos cuantitativos deben incluir la revisión de los términos de input –esfuerzos– y los términos de output –resultados–. En tal sentido, las mediciones del input consideradas en una evaluación objetiva, debieran incorporar aspectos tales como el número de visitas realizadas por un vendedor, el número de propuestas formales desarrolladas, el número de exhibiciones y demostraciones efectuadas a sus clientes.

Por otra parte, las medidas de output debieran considerar aspectos tales como el volumen de ventas generado por cada producto o líneas de producto, el volumen de ventas generado por cliente o grupos de clientes, el volumen de ventas generado por territorio o zonas de venta, el volumen de ventas como porcentaje de las cuotas o potencial de territorio y las utilidades brutas devengadas por las diferentes líneas de productos. De igual manera, debiera considerarse el valor monetario promedio generado por cada transacción de venta, el número de pedidos obtenidos en las visitas realizadas –tasa de cierre de venta efectiva–, el porcentaje de clientes retenidos, la generación de nuevos clientes y la tasa de clientes perdidos.

Los criterios de evaluación cualitativos a ser incorporados en el análisis de la gestión de ventas, deben considerar aspectos tales como el nivel de conocimiento que el vendedor tiene respecto de la empresa, de los productos, de los clientes e incluso de la competencia.

Es del todo recomendable evaluar el nivel de preparación de la fuerza de ventas en cuanto al plan de visitas de los potenciales prospectos, la administración que se realiza del tiempo, la calidad de los informes de venta, las relaciones que se establecen con los clientes e incluso la apariencia personal del vendedor.

Salesforce Compensation (SC)

The SC metric is another highly relevant and useful indicator within the sales management field because managing a sales force implies making performance evaluations so as to reward good performance, as well as making the modifications needed to correct possible deviations. This metric is expressed as follows:

$$\boxed{SC = St+(Ct*Qt)*Bt} \qquad \rightarrow[\text{Metric} \mid 45]$$

Where,

SC: Salesforce compensation.

St: Base salary for period "t".

Ct: Sales commission rate in period "t".

Qt: Total sales in period "t".

Bt: Performance-based bonus for time period "t".

Note that the St variable corresponds to a fixed payment verified in the period during which the subject is part of the salesforce. The St method becomes highly useful when the company needs the salesperson to provide some type of pre and post sales service, or when the sale of a product requires a prolonged period of negotiation. Furthermore, the component defined as (Ct * Qt) represents a payment linked to a previously defined level of performance, equal to a percentage of the price of each product sold, which is paid to the subject that made the sale. Finally, the Bt is a specific payment made up of a fixed amount, linked to a previously defined specific level of performance.

A variant of the SC is the Sales Margin Compensation (SMC). The purpose of this metric is to compensate the salesforce according to its actual contribution to the sales margin of the company. This metric is expressed as follows:

$$SMC = (ISt-CSt)*Ct$$ →[Metric | 46]

Where,

SMC: Sales margin compensation.

ISt: Income per sale in time period "t".

CSt: Cost per sale in time period "t".

Ct: Commissions rate per sold product in time period "t".

It should be noted as a general criterion that sales management compensation should always involve a review of quantitative and qualitative factors.

The quantitative aspects imply a revision of the input terms (efforts) and the output terms (results). In this sense, an objective input evaluation should include aspects such as: the number of visits made by a salesperson per day, week, or month; the number of formal proposals made by a salesperson per day, week, or month; the number of presentations and demonstrations made by a salesperson per day, week, or month.

Furthermore, the output measurements should consider aspects such as: the volume of sales generated for each product or product line; the volume of sales generated per customer or groups of customers; the volume of sales generated per sales territory or zone; the volume of sales as a percentage of the quotas or potential of a territory; the gross profits accrued by the different product lines per group of customers and/or territories. In the same manner, it is important to consider the average monetary value of each sale, the number of orders received during visits (rate of actual sales closures), the percentage of customers retained, the generation of new customers, the rate of customers lost should be considered.

The qualitative evaluation criterion that needs to be incorporated into sales management analysis should consider aspects such as: the salesperson's level of knowledge regarding the company, products, customers, and even the competition.

Additionally, it is highly recommended to evaluate the preparedness level demonstrated by the salesforce regarding the visit plan, time management, the quality of sales reports, the relationships established with customers, and personal appearance.

Sources:

- Chriqui, J., *Smart sales manager*, New York, AMA, Press, 2013.
- Davis, J., *Measuring marketing*, Singapore, Wiley, 2007.
- Johnston, M., Marshall, G., *Administración de ventas*, México DF, McGraw Hill, 2009.
- Laursen, G., *Business analytics for sales and marketing managers*, New York, Wiley, 2011.
- Stern, J., *Dirección, gestión de marketing y ventas*, Buenos Aires, Pluma Ediciones, 2012.

CAPÍTULO 3
CHAPTER 3

Métricas Financieras del Marketing

FINANCIAL METRICS OF MARKETING

ANÁLISIS FINANCIERO DEL MARKETING (AFM)

Toda empresa requiere medir la existencia de beneficios económicos, ya que es de la esencia de cualquier negocio generar utilidades que permitan seguir desarrollando la actividad empresarial así como generar el pago correspondiente al capital aportado.

El set de indicadores de Análisis Financiero del Marketing (AFM), incorporado en esta sección, corresponde más bien a una familia de métricas pertenecientes a la categoría de gestión financiera de la empresa, que busca reflejar el desempeño de la gestión de marketing así como del resto de las áreas funcionales de la empresa. En tal sentido, la mirada panorámica de cualquier análisis financiero requiere como punto de partida considerar el flujo de ingresos que es generado a partir del ejercicio operacional de la empresa por medio de la venta de sus productos y/o servicios. La primera métrica específica que conforma el AFM –cuyo acrónimo es ING– tiene la siguiente expresión:

$$ING = PVu*Q$$ →[Métrica | 47]

Donde,

ING: Ingresos totales.

PVu: Precio de venta unitario del producto o servicio comercializado.

Q: Cantidad de unidades de productos o servicios comercializados.

El ING es calculado a partir de la multiplicación del PVu por la cantidad total de unidades vendidas. En el caso de los servicios, el PVu podría corresponder a una tarifa determinada por el tiempo que toma generar la prestación del servicio. En dicho caso, el ingreso total sería función del total de tiempo requerido por cada prestación de servicios, multiplicado por el total de prestaciones comercializadas.

La segunda métrica específica ligada al AFM –cuyo acrónimo es BEB–, permite conocer el margen que es generado a partir de la diferencia entre los ingresos totales y los costos totales involucrados en la actividad empresarial. La expresión que adquiere es la siguiente:

$$\boxed{BEB = ING\text{-}(Cvu^*Q)\text{-}CF} \qquad \rightarrow[\text{Métrica} \mid 48]$$

El Beneficio Bruto (BEB) está representado por el ING, menos la suma de los costos fijos (CF) y los costos variables totales, los que a su vez corresponden a los costos variables unitarios multiplicados por la cantidad de productos efectivamente comercializados (CVu*Q).

La tercera métrica específica ligada al AFM –cuyo acrónimo es RSV–, permite medir la rentabilidad generada por los esfuerzos comerciales. Probablemente, este es uno de los indicadores globales más utilizados en materia de análisis de la gestión de ventas cuando en dichos análisis han sido considerados series de tiempo que revisan el comportamiento histórico de las empresas o análisis de corte transversal sobre referentes de mercado y sectores industriales. La fórmula de esta métrica es la siguiente:

$$\boxed{RSV = \frac{MC}{VTAS}} \qquad \rightarrow[\text{Métrica} \mid 49]$$

Donde,

RSV: Retorno sobre las ventas.

MC: Margen de contribución.

VTAS: Ventas totales.

Se debe hacer notar que el RSV puede variar significativamente de una industria a otra, incluso dentro de subsegmentos de la misma industria. Este puede ser un indicador muy útil para medir la capacidad de respuesta que tiene una empresa a las condiciones generales del mercado. Por ejemplo, un aumento del RSV puede ser consecuencia de mejoras en la eficiencia operativa de la empresa o bien el reflejo de un cambio en la estrategia de precios. Notar que un incremento en precios puede generar un mayor margen de contribución –temporal– y paralelamente una caída en el volumen de las ventas. En tal sentido, es posible formular reflexiones tales como ¿pueden ser sostenibles en el tiempo estructuras de precios más altos?, ¿es el segmento de mercado relevante lo suficientemente insensible al cambio en precios de la oferta? Sin importar la razón, los resultados de la RSV deberían generar curiosidad por parte de la dirección de la empresa que la llevaran a profundizar en las causas detrás de las cifras.

La cuarta métrica específica ligada al AFM –cuyo acrónimo es RSC–, permite medir la rentabilidad que obtienen los accionistas a partir de los recursos que han sido invertidos en la empresa. El RSC mide la eficiencia de una empresa basada en la capacidad de generar beneficios a partir de su propio capital social. Esta métrica se utiliza para orientar a los propietarios así como a los directivos de las empresas respecto del beneficio potencial que es capaz de alcanzar la inversión. La expresión de esta métrica es la siguiente:

$$\boxed{RSC = \dfrac{BEB}{CAP}} \qquad \rightarrow[\text{Métrica} \mid 50]$$

Donde,

RSC: Retorno sobre el capital.

BEB: Beneficio bruto.

CAP: Capital social de la empresa.

El CAP representa la totalidad del aporte realizado por los accionistas para financiar los activos de la empresa. En tal sentido, un RSC discreto –en forma constante– respecto de la media del sector industrial en el cual la empresa participa, podría ofrecer motivos suficientes a la dirección de la empresa para intentar estimular la eficiencia operativa de sus procesos a fin de generar cambios significativos en la gestión de esta.

La quinta métrica específica ligada al AFM –cuyo acrónimo es RSA–, permite medir la capacidad que tiene la empresa para generar utilidades a partir del uso del total de sus activos. Este se calcula dividiendo el beneficio bruto de la empresa entre los activos totales de la misma. La fórmula de esta métrica es la siguiente:

$$RSA = \frac{BEB}{ACT}$$ →[Métrica | 51]

Donde,

RSA: Retorno sobre los activos.

BEB: Beneficio bruto.

ACT: Activos totales de la empresa.

Los ACT están representados por los activos corrientes –también denominados activos circulantes–, que son aquellos activos líquidos a la fecha de cierre del ejercicio, o convertibles en dinero dentro de los doce meses. Además, se consideran corrientes a aquellos activos aplicados para la cancelación de un pasivo corriente durante el ejercicio.

Por otra parte, se encuentran los activos no corrientes –también denominados activos fijos–. Estos son los activos que corresponden a bienes y derechos que no son convertibles en efectivo por una empresa dentro de los doce meses y que permanecen en ella durante más de un año. Son conocidos como aquellos que no varían durante el ciclo de explotación de la empresa –año fiscal–. Por ejemplo, el edificio donde una fábrica monta sus productos es un activo no corriente, ya que permanece en la empresa durante todo el proceso de fabricación y venta de los productos. Un contraejemplo sería el caso de una empresa inmobiliaria. Los edificios que la inmobiliaria compra para vender varían durante el ciclo de explotación y, por lo tanto, forman parte del activo circulante. Al mismo tiempo, las oficinas de la inmobiliaria son parte de su activo no corriente.

A las dos clasificaciones anteriores se deben agregar los activos intangibles, compuestos por las marcas, la identidad corporativa, la comunicación institucional, la imagen, la reputación de una organización, el conocimiento comercial, la propiedad intelectual, las patentes y derechos de comercialización, las licencias, concesiones y los derechos de autor, entre otros.

La última métrica específica ligada al AFM –cuyo acrónimo es RE– permite conocer la rentabilidad obtenida por cada unidad monetaria que es generada por la empresa. La fórmula de esta métrica es la siguiente:

$$RE = \frac{EBITDA}{VTAS}$$ →[Métrica | 52]

Donde,

RE: Razón ebitda.

EBITDA: Ganancias antes de intereses, impuestos, depreciación y amortización.

VTAS: Ventas totales.

Con el fin de poder efectuar la comercialización y venta de los productos o servicios, las empresas requieren de una infraestructura operativa y comercial que genera egresos. Estos son los denominados gastos de venta, generales y administrativos. Estas tres partidas consideran los egresos de la empresa, que son necesarios para producir la renta y que habitualmente no son imputables en forma directa a los costos de los productos –sueldos, arriendos, seguros, relaciones públicas y transporte, entre otros–.

Descontando desde el margen bruto los egresos indicados anteriormente, se obtiene el EBITDA (*Earnings Before Interest, Taxes, Depreciation and Amortization*). Este es uno de los indicadores más utilizados por la dirección comercial y financiera de una empresa y representa el numerador de la métrica de RE.

FINANCIAL ANALYSIS OF MARKETING (FAM)

Every company needs to measure the existence of economic benefits because the essence of any business is to generate profits that allow it to continue developing its business activity, as well as pay its injected capital. The Financial Analysis of Marketing (FAM) indicators included in this section belong to a family of metrics that are part of the company financial management category and seek to show marketing management performance as well as the rest of a company's areas. In this sense, financial analyses need to first consider the income flows generated by a company's operations through the sales of its products or services. The first specific metric that makes up the FAM, known as the INC, can be expressed as follows:

$$INC = Sp*Q \qquad \rightarrow [Metric \mid 47]$$

Where,

INC: Total incomes.

Sp: Unit sales price of the commercialized product (service).

Q: Amount of product (service) units commercialized.

The INC is calculated by multiplying the Sp by the total amount of units sold. In the case of services, the Sp could correspond to a specific rate for the time needed to generate the service offered. In this case, the total income would be a function of the total time required for each service offered, multiplied by the total amount of commercialized services.

The second specific metric related to the FAM, known as the BEB, lets a company see the margin that arises from the difference between the total income and the total cost of business activity. This metric can be expressed as follows:

$$BEB = INC\text{-}(Sc*Q)\text{-}CF \qquad \rightarrow [Metric \mid 48]$$

Where,

The Gross Benefit (BEB) is represented by the INC, subtracting the sum of the total fixed and variable cost. These in turn correspond to the unit variable cost multiplied by the number of products actually commercialized (Sc*Q).

The third specific metric related to the FAM, known as the ROS, lets a company measure the profitability of its commercial efforts. It is probably one of the most globally used indicators for sales management analysis when that analysis considers company behavior in different time periods, or when cross-section analyses are carried out based on market and industrial sector benchmarks. This metric can be expressed as follows:

$$ROS = \frac{CM}{TS}$$ →[Metric | 49]

Where,

ROS: Return on sales.

CM: Contribution margin.

TS: Total sales.

It must be noted that the ROS can vary significantly from one industry to another, even within sub-segments of the same industry. This can be a very useful indicator when measuring a company's capacity to respond to market conditions. For example, an increase in the ROS can result from improvements in operational efficiency –in other words, lower costs– or a change in the company's price fixing strategy. Note that a price increase can generate a (temporary) higher contribution margin and at the same time a drop in sales volume. In this sense, we can formulate the following reflections: Can higher price structures be sustainable through time? Is the relevant market segment insensitive enough to price changes? Whatever the reason may be, the ROS results should generate a sense of curiosity on behalf of management, which will lead it to delve deeper into the causes behind the numbers.

The fourth specific metric related to the FAM, known as the ROC, lets a company measure the profitability of the resources invested by stockholders in the company. The ROC measures a company's efficiency based on its capacity to generate benefits from its own shared capital. This metric is used to guide company owners as well as company board members and directors regarding the potential benefit of an investment. This metric can be expressed as follows:

$$ROC = \frac{BEB}{CAP}$$ →[Metric | 50]

Where,

ROC: Return on capital.

BEB: Gross benefit.

CAP: A company's shared capital.

The CAP represents the total contributions made by stockholders to finance the assets of a company. In this regard, an ROC that is constantly discrete with respect to the industrial sector in which the company participates could provide sufficient grounds for y the partners to try to improve the company's operational efficiency as a way to significantly change its management.

The fifth specific metric related to the FAM, known as the ROA, lets a company measure its capacity to obtain profits from the total use of its assets. This is calculated by dividing the company's gross benefit by its total assets. This metric can be expressed as follows:

$$\boxed{ROA = \frac{BEB}{AST}} \qquad \rightarrow [Metric \mid 51]$$

Where,

ROA: Return on assets.

BEB: Gross benefit.

AST: Total company assets.

The AST is represented by the current assets (also known as working capital). These are the net assets at the closing date of an exercise or those that can be converted into cash within twelve months. Also considered as current assets are those assets which are used to cancel a current liability during an exercise.

On the other hand are the non-current assets (also known as fixed assets). These are assets that correspond to goods and rights not converted into cash by the company during the year and that remain in the company during more than one exercise. They are known as assets that don't vary during a company's operational cycle (or during the fiscal year).

For example, the building where a factory manufactures its products is a non-current asset because it remains in the company during the entire manufacturing and sales process. A counter-example would be the case of a real estate development company. The buildings purchased by the company so that it can sell them vary during its operational cycle and are, therefore, part of the current assets. At the same time, the offices of the real estate development company are part of its non-current assets.

Intangible assets must be added to the previous two classifications. These are: brands, corporate identity, institutional communications, image, organizational reputation, commercial knowledge, intellectual property, patents and commercialization rights, licenses, concessions, and author rights.

The last specific metric related to the FAM, known as the ER, lets a company know the profitability of each monetary unit sold by the company. This metric can be expressed as follows:

$$ER = \frac{EBITDA}{TS}$$ →[Metric | 52]

ER: EBITDA ratio.

EBITDA: Earnings before interest, taxes, depreciation, and amortization.

TS: Total sales.

In order to commercialize and sell their products or services, companies need an operational and commercial infrastructure that generates expenditures. These are the general and administrative sales expenses. These items include practically all of the expenditures which are directly attributable to product cost —and are necessary for a company to produce income such as salaries, leases, insurance, public relations and transportation, among others–.

We obtain EBITDA (Earnings before interest, taxes, depreciation, and amortization) by subtracting the aforementioned expenditures from the gross margin. This indicator is one of the most frequently used by a company's commercial and financial management, and represents the numerator of the ER metric.

Sources:

- Blake, D., *Financial market analysis*, West Sussex, UK, Wiley & Son, 2000.

- Cavalcante, R., *Frequently asked questions about ebitda*, Brasil, Kolekto, 2011.

- Helfert, E., *Techniques of financial analysis*, New York, McGraw Hill, 2007.

- Walsh, C., *Key management ratios*, Edinburg, UK, Pearson Education, 2008.

Punto de Equilibrio Simple (PES)

El PES es una métrica de alta usabilidad en el campo operativo y comercial de una empresa. La definición general indica que el PES corresponde al punto en donde los ingresos totales generados por la empresa se igualan a los egresos totales generados por esta. Las ecuaciones que verifican la condición anterior son las siguientes:

(1) Utilidad (U) = IT-CT

(2) Ingreso total (IT) = PVu*Q

(3) Costos totales (CT) = CVt+Cf

(4) Costo variable total (CVt) = CVu*Q

Despejando la variable cantidad (Q), tenemos que el punto de equilibrio en cantidad, cuyo acrónimo es PES(Q*), adquiere la siguiente expresión:

$$\boxed{PES(Q^*) = \frac{CF+U}{PVu-CVu}}$$ →[Métrica | 53]

Donde,

PES(Q*): Punto de equilibrio simple en cantidad.

CF: Costo fijo.

U: Utilidad.

PVu: Precio variable unitario.

CVu: Costo variable unitario.

Notar que en la ecuación de PES(Q*), la utilidad (U) es igual a cero y la diferencia entre PVu y CVu corresponde al margen de contribución del producto. En tal sentido, el costo variable unitario (CVu) es la expresión contable que verifica el costo marginal y el PVu corresponde al precio de venta unitario del producto.

A partir del PES(Q*) es factible derivar el PES(Y*) o también denominado ingreso de equilibrio monetario. Esta es otra métrica de gran relevancia para la gestión del negocio, muchas veces de mayor usabilidad que el PES(Q*), por la muy arraigada costumbre de conciliar la caja antes del inventario.

El PES(Y*) se determina al operar la ecuación del PES(Q*), por el precio de venta unitario (PVu). Las ecuaciones que verifican la condición anterior son las siguientes:

(5) $(Q*PVu) = (PVu (Cf + U)) / (PVu-CVu)$

(6) $PES(Y*) = (Cf + U) / ((PVu-CVu) / PVu)$

Notar que el denominador en la ecuación del PES(Y*), corresponde precisamente a la Tasa Marginal de Contribución (TMC). De esta manera, el PES(Y*) adquiere la siguiente forma:

$$PES(Y*) = \frac{CF+U}{TMC}$$ →[Métrica | 54]

La gráfica siguiente permite observar que el punto de equilibrio que se genera en Q* ofrece una proyección en la función de utilidad que es igual a cero, cumpliendo con la condición del PES(Q*), donde IT=CT.

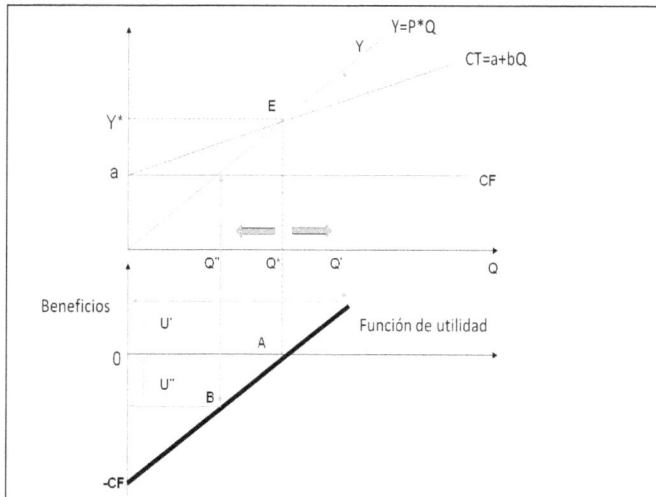

Notar que cuando la cantidad de equilibrio es incrementada en Q`-Q*, el nuevo nivel de utilidad (U') deja de ser cero y se torna equivalente a la siguiente expresión: U'= (Q`-Q*) (PVu * TMC) o dicho de otra manera, U'=(Q'-Q*)(PVu-CVu). Por el contrario, si la cantidad de producción y/o comercialización es menor que la cantidad de equilibrio –tal como se observa en la gráfica–, entonces el nuevo nivel de utilidad (U") deja de ser cero, generándose un detrimento equivalente a U" = (Q*-Q")(PVu-CVu).

SIMPLE BREAK-EVEN ANALYSIS (SBA)

The SBA is a highly useful metric within a company's operational and commercial fields. The general definition states that the SBA is the point in which a company's total income is equal to its total expenditure. The equations that verify this condition are the following:

(1) Profit (U) = TI-TC

(2) Total income (TI) = PVu*Q

(3) Total cost (TC) = CVt+Cf

(4) Total variable cost (CVt) = CVu*Q

Once the Q variable is isolated, we see that the balance point in terms of quantity, known as SBA(Q*), acquires the following expression:

$$SBA(Q^*) = \frac{CF+U}{PVu-CVu}$$

→[Metric | 53]

Where,

SBA(Q*): Simple Break-even Analysis of quantity.

CF: Fixed cost.

U: Profit.

PVu: Unit variable price.

CVu: Unit variable cost.

Note that in the SBA(Q*) equation the profit (U) is equal to zero, and the difference between PVu and CVu is the contribution margin of the product. Thus, the unit variable cost (CVu) is the accounting expression that verifies the marginal cost, and the PVu corresponds to the unit sales price of the product.

From SBA(Q*) it is feasible to derive SBA(Y*), otherwise known as simple break-even analysis of income. This is another highly relevant metric in business management, often more useful than the SBA(Q*) due to the ingrained custom of reconciling the cash drawer prior to inventory.

The SBA(Y*) is determined by multiplying the SBA(Q*) equation by the unit sales price (PVu). The equations that verify this condition are the following:

(5) (Q*PVu) = (PVu (Cf + U)) / (PVu-CVu)

(6) SBA(Y*) = (Cf + U) / ((PVu-CVu) / PVu)

Note that the denominator in the SBA(Y*) equation corresponds precisely to the Marginal Rate of Contribution (MRC). Thus, SBA(Y*) acquires the following form:

$$\boxed{SBA(Y^*) = \frac{CF+U}{MRC}} \quad \rightarrow [\text{Métrica} \mid 54]$$

The following graph shows that the balance point generated at Q* offers a projection in the profit function equal to zero, complying with the SBA(Q*) condition where TI=TC.

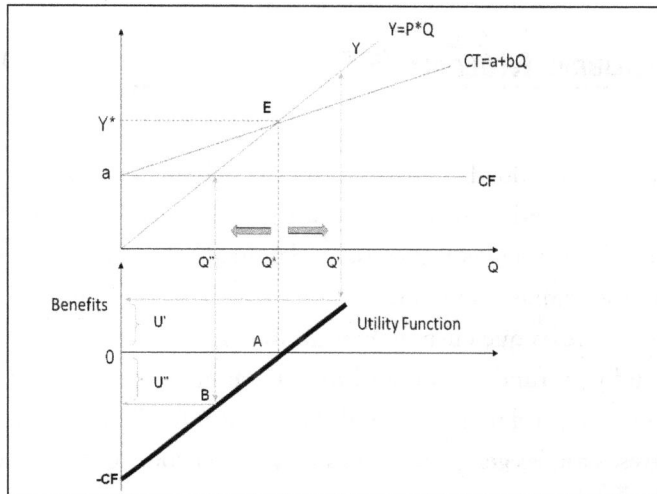

Note that when the balance amount is increased in Q' – Q*, the new profit level (U') is no longer zero and becomes equal to the following expression: U' = (Q' – Q*)(PVu * MRC), or U' = (Q' – Q*)(PVu – CVu). On the contrary, if the amount of production and/or commercialization is less than the balance amount, as observed in the graph, the new profit level (U") is no longer zero, generating a detriment equal to U" = (Q* - Q")(PVu – CVu).

Sources:

- Blake, D., *Financial market analysis*, West Sussex, UK, Wiley & Son, 2000.

- Helfert, E., *Techniques of financial analysis*, New York, McGraw Hill, 2007.

- Stanton, W., Etzel, M. y Walker, B., *Fundamentos de marketing*, México, McGraw Hill, 2007.

- Walsh, C., *Key management ratios*, Edinburg, UK, Pearson Education, 2008.

Punto de Equilibrio Múltiple (PEM)

El PEM –de discreta usabilidad a pesar de su alta relevancia– colabora en identificar el punto de equilibrio cuando existe más de un producto que es comercializado por la empresa. En el mundo real de los negocios, es claramente una excepción la existencia de compañías mono productoras o mono comercializadoras. Por el contrario, es mucho más frecuente observar empresas que cuentan con un importante mix de productos surgidos a partir de la amplitud y profundidad de sus líneas así como de sus categorías de productos.

El PEM se define como el punto en donde los ingresos totales generados por la empresa se igualan a los egresos totales generados por esta. Las ecuaciones que verifican la condición anterior son las siguientes:

$$PEM(Q^*) = \frac{CF + U}{\sum i(MC)^*(\%VTAS)}$$ →[Métrica | 55]

$$PEM(Y^*) = \frac{CF + U}{\sum i(TMC)^*(\%VTAS)}$$ →[Métrica | 56]

Donde,

PEM(Q*): Punto de equilibrio múltiple en cantidad.

PEM(Y*): Punto de equilibrio múltiple en ingreso.

CF: Costo fijo.

U: Utilidad.

MC: Margen de contribución.

TMC: Tasa marginal de contribución.

%VTAS: Porcentaje de las ventas totales de la empresa.

En la ecuación del PEM(Q*), el término $\sum i(MC)^*(\%Vtas)$ representa la sumatoria de los márgenes de contribución de los distintos productos, multiplicado por la proporción de ventas que cada producto representa respecto del total de ventas de la empresa. Notar que, en términos prácticos, el término $\sum_i(MC)*(\%Vtas)$ corresponde al margen de contribución global de la compañía, necesario de ser calculado para determinar el punto de equilibrio físico de los distintos productos ofertados por la empresa.

En la ecuación del PEM(Y*), el término $\sum_i(TMC)*(\%Vtas)$ representa la sumatoria de las tasas marginales de contribución de los distintos productos, multiplicado por la proporción de ventas que cada producto representa respecto del total de ventas de la empresa. Notar que, en términos prácticos, la $\sum_i(TMC)*(\%Vtas)$ representa la tasa marginal de contribución global de la compañía, necesaria de ser calculada para determinar el punto de equilibrio monetario de los distintos productos ofertados por la empresa.

[Aplicación]:

El restaurante Mr. Jack vende hamburguesas, completos (hot dogs) y bebidas en su nuevo local de Santiago. Este pequeño negocio de barrio tiene costos fijos mensuales por concepto de sueldos del personal y arriendo del local de $400.000 y $300.000, respectivamente, más un 15% adicional por concepto de gastos generales.

Se sabe que las hamburguesas de Mr. Jack representan dos tercios de la venta anual del local y que el saldo de estas está representado por la venta de los completos y bebidas, los que se venden en una relación de 2:1, respectivamente. Se sabe, además, que la tasa marginal de contribución de las bebidas es el doble que la de los completos y el triple que la de las hamburguesas. Por último, se sabe que las bebidas se venden en el local a $500 cada vaso de 250 cc y que el proveedor le vende a Mr. Jack a un precio de $800 cada litro de bebida (se asume que no hay IVA y no hay mermas).

Interesa determinar cuánto debe vender Mr. Jack al año en valores monetarios de hamburguesas para quedar en equilibrio así como cuánto debe vender Mr. Jack al año en unidades físicas de bebidas para quedar en equilibro. Adicionalmente interesa conocer cuál es la tasa marginal de contribución global del negocio de Mr. Jack así como la utilidad bruta anual a la que puede acceder Mr. Jack si logra quintuplicar su venta de equilibrio.

De los datos anteriores se concluye que Mr. Jack debe alcanzar un total de $24.150.000 en venta de hamburguesas y 8.050 unidades físicas de bebida (vasos de bebida). La tasa marginal de contribución global del negocio es equivalente al 26,7%

y la utilidad bruta que la empresa puede alcanzar al quintuplicar su venta de equilibrio es de $38.640.000, respectivamente.

MULTI-PRODUCT BREAK-EVEN ANALYSIS (MBA)

The MBA metric, used infrequently despite its relevance, helps identify the balance point when there is more than one product being commercialized by a company. In the real business world, the existence of companies that only produce or commercialize one product is clearly an exception to the overall rule. It is much more frequent to see companies with many product lines and categories.

The MBA is defined as the point where a company's total income is equal to its total expenditure. The equations that verify this condition are the following:

$$MBA(Q^*) = \frac{CF+U}{\sum i(CM)^*(\%TS)}$$ →[Metric | 55]

$$MBA(Y^*) = \frac{CF+U}{\sum i(MRC)^*(\%TS)}$$ →[Metric | 56]

Where,

MBA(Q*): Multi-product break-even analysis of quantity.

MBA(Y*): Multi-product break-even analysis of income.

CF: Fixed cost.

U: Profit.

CM: Contribution margin.

MRC: Marginal rate of contribution.

% TS: Percentage of the total sales of the company.

In the MBA(Q*) equation, the term $\sum i(CM)^*(\%TS)$ represents the sum of the contribution margins of the different products, multiplied by the proportion of sales that each product represents regarding a company's total sales. Note that in practical terms the term $\sum i(CM)^*(\%TS)$ corresponds to the global contribution margin of the company, which needs to be calculated to determine the physical balance point of the different products offered by the company.

In the MBA(Y*) equation, the term $\sum i(MRC)^*(\%TS)$ represents the sum of all the marginal rates of contribution of all the different products, multiplied by the proportion of sales that each product represents regarding the company's total sales. Note that in practical terms, the term $\sum i(MRC)^*(\%TS)$ corresponds to the company's global marginal rate of contribution, which needs to calculated to determine the monetary balance point of the different products offered by the company.

[Application]:

The Mr. Jack restaurant sells hamburgers, hot dogs, and sodas at its new location in Santiago. This small neighborhood business has monthly fixed costs, including staff salaries and the store lease, that equal CLP$400,000 and CLP$300,000 respectively, plus an additional 15% for general expenses.

It is well known that the hamburgers served by Mr. Jack represent two thirds of annual store sales, and that the balance is represented by the sale of hot dogs and soda; these are sold at a 2:1 ratio, respectively. It is also known that the marginal rate of contribution of the sodas is double that of the hot dogs, and triple that of the hamburgers. Lastly, it is known that the sodas are sold at CLP$500 per 250cc glass, and that the supplier sells the soda to Mr. Jack at CLP$800 per liter of soda (it is assumed that there is no VAT and no losses).

How many hamburgers must Mr. Jack sell every year in monetary terms to reach a balance?, How many physical units of soda must he sell every year to reach a balance? What is the global marginal rate of contribution for Mr. Jack's, as well as the gross annual profits to which he can aspire if the restaurant is able to increase its sales balance fivefold?

Mr. Jack must sell CLP$24,150,000 in hamburger sales and 8,050 physical units of soda (glasses of soda). The global marginal rate of contribution is equal to 26.7%

and Mr. Jack must sell CLP$24,150,000 in hamburger sales and 8,050 physical units of soda (glasses of soda). The global marginal rate of contribution is equal to 26.7% and the gross profits that the company can aspire to by increasing its sales balance fivefold is CLP$ 38,640,000, respectively.

Sources:

- Blake, D., *Financial market analysis*, West Sussex, UK, Wiley & Son, 2000.

- Helfert, E., *Techniques of financial analysis,* New York, McGraw Hill, 2007.

- Stanton, W., Etzel, M., Walker, B., *Fundamentos de marketing*, México, McGraw Hill, 2007.

- Walsh, C., *Key management ratios*, Edinburg, UK, Pearson Education, 2008.

Tasa Marginal de Contribución (TMC)

La TMC es una métrica perteneciente al campo del análisis financiero en contribución al marketing. Desde la perspectiva de la utilidad que reporta para el análisis comercial, esta permite orientar el tipo de estrategia a seguir para cada categoría de negocios. En el caso de categorías de negocios que han centrado su estrategia genérica en el esquema del "liderazgo en costos", es factible observar una tasa marginal de contribución menor que el promedio del mercado relevante, con un fuerte acento en la velocidad de ventas y la alta rotación del producto. Por el contrario, en el caso de negocios que han centrado su estrategia genérica en el esquema del "liderazgo en diferenciación", es factible observar una tasa marginal de contribución por sobre el promedio del mercado relevante, con un fuerte acento en la generación de margen por unidad de producto comercializado en desmedro de la velocidad de ventas y la alta rotación. La expresión de esta métrica es la siguiente:

$$TMC = \frac{MCu}{PVu}$$ →[Métrica | 57]

Donde,

TMC: Tasa marginal de contribución.

MCu: Margen de contribución unitario.

PVu: Precio de venta unitario.

CVu: Costo de venta unitario.

Otra forma alternativa de expresar la métrica de la TMC es la siguiente:

$$TMC = \frac{PVu-CVu}{PVu}$$ →[Métrica | 58]

Se debe hacer notar que la TMC es derivada del margen de contribución unitario, el cual representa la diferencia entre el precio de venta unitario de un producto y su costo variable unitario. Esta relación también ofrece una equivalencia con la denominada Tasa del Costo Variable (TCV), la cual, al ser restada por la unidad, permite expresar nuevamente la TMC. La expresión que adquiere la TCV es la siguiente:

$$TCV = \frac{CVu}{PVu}$$

→[Métrica | 59]

$$TMC = 1 - TCV$$

→[Métrica | 60]

Marginal Rate of Contribution (MRC)

The MRC metric belongs to the field of financial analysis. This metric helps a company determine the types of strategies it should follow for each business category. In the case of business categories that have centered their generic strategy on "leadership through costs," it's feasible to observe a marginal rate of contribution lower than the relevant market average, with a strong accent on sales speed and high product rotation. On the contrary, in the case of businesses that have centered their generic strategies on the "leadership through differentiation" plan, it's feasible to observe a marginal rate of contribution higher than the relevant market average, with a strong accent on the margin generated by each unit of the commercialized product, ignoring sales speed and high product rotation. The MRC expression can be expressed as follows:

$$MRC = \frac{MCu}{SPu}$$

→[Metric | 57]

Where,

MRC: Marginal rate of contribution.

MCu: Margin of contribution per unit.

SPu: Sales price unit.

SCu: Sales cost unit.

Alternate ways of expressing the MRC metric are:

$$MRC = \frac{SPu\text{-}SCu}{SPu}$$ →[Metric | 58]

It must be noted that the MRC is derived from the margin of contribution per unit which represents the difference between the unit sales price of a product and its variable unit cost. This relationship is also equivalent to the so called Rate of Variable Cost (RVC), which, when subtracted from the unit, helps to express the MRC once again. The RVC can be expressed as follows:

$$RVC = \frac{SCu}{SPu}$$ →[Metric | 59]

$$MRC = 1 \text{ - } RVC$$ →[Metric | 60]

Sources:

- Davis, J., *Measuring marketing*, Singapore, Wiley, 2007.

- Goñi, N., *El precio, variable clave en el marketing*, México, Pearson Educación, 2008.

- Rothenberger, S., Siems, F., *Pricing Perspectives*, London, UK, Palgrave Macmillan, 2008.

Frameworks para el Marketing Estratégico

Frameworks para el Marketing Estratégico

"Sé que la mitad del dinero que invierto en marketing se desperdicia, el problema es que no sé qué mitad es".

John Wanamaker

Con el fin de complementar el trabajo que efectúan las métricas y los índices presentados anteriormente, me he propuesto en esta segunda parte del libro, revisar diferentes *frameworks* y modelos de análisis que colaboren en perfeccionar el proceso de reflexión estratégica que es necesario verificar al momento de resolver casos y problemas relacionados con el campo del marketing.

He incorporado, como primer *framework*, el modelo de resolución de casos de marketing estratégico denominado *Mkt*-1234. Este instrumento –de gran utilidad– propone al lector una estructura de análisis detallada y puntillosa que busca facilitar la generación de aproximaciones formales para trabajar de manera lógica y conexa, en el estudio de casos y resolución de problemas en el campo del marketing. Adicionalmente, he considerado la inclusión de algunos *frameworks* que me han parecido fundamentales en la bitácora de un especialista en marketing. En forma específica, he incluido el Modelo de Posicionamiento Estratégico, el Modelo de Innovación en Marketing de Productos, el Modelo de Ciclo de Vida del Producto, el Modelo de Plan Estratégico de Marketing, la Matriz de Evaluación de Marketing Internacional, el Modelo de *Design Thinking* en Marketing, la Matriz de *General Electric*, la Matriz de Boston *Consulting Group* y el modelo de discernimiento para dilemas éticos en el campo del marketing denominado *Markethics Dilemma Grid*.

Frameworks for Strategic Marketing

Frameworks for Strategic Marketing

"Half the money I spend on advertising is wasted;
the trouble is, I don't know which half".

John Wanamaker

In order to supplement the aforementioned metrics and indices, in this second part of the book I have set out to review different frameworks and analysis models that help to perfect the strategic reflection process necessary when solving cases and problems related to the field of marketing.

The first framework I have included is the model for resolving strategic marketing cases, known as Mkt-1234. This highly useful instrument offers the reader a detailed analysis structure meant to facilitate problem-solving in the field of marketing. I have also included some frameworks that are fundamental in a marketing specialist's toolbox. I have specifically included the Strategic Positioning Model, the Model of Innovation in Product Marketing, the Product Life Cycle Model, the Strategic Marketing Planning Model, the International Marketing Evaluation Model, the Design Thinking in Marketing Model, the GE-McKinsey Matrix, the Boston Consulting Group Matrix and the model for discerning ethical dilemmas in marketing, known as the Markethics Dilemma Grid.

MODELO DE ANÁLISIS Y RESOLUCIÓN DE CASOS (MKT-1234)

El primer *framework* incorporado en esta presentación, es el modelo de análisis y resolución de casos denominado Mkt-1234. Este *framework* plantea una estructura de análisis que busca facilitar la generación de aproximaciones formales para poder trabajar de manera organizada y conexa en el estudio de casos de marketing estratégico, tema central de este libro.

El modelo Mkt-1234 está compuesto por cuatro etapas. La primera etapa, denominada "Análisis de la Situación", plantea la realización de un examen profundo tanto de los factores micro y macro ambientales que se encuentran subyacentes a la problemática de un caso de marketing. La segunda etapa enfatiza en la búsqueda de los determinantes existentes en la problemática del caso de estudio, en tanto que la tercera etapa revisa y evalúa los cursos de acción alternativos que procuran resolver el problema identificado.

Finalmente, la cuarta etapa del modelo, aceptando una –o más de una– de las alternativas propuestas, colabora en la formulación de la recomendación respecto de los cursos de acción pertinentes para resolver el problema central planteado por el caso de estudio. Si bien esta estructura metodológica suele ser muy útil para el estudiante o directivo que se encuentra familiarizado con el método de casos, para el principiante, puede representar más de algún problema.

En consecuencia, se pretende por medio del modelo Mkt-1234, así como por las listas de verificación que acompañan al modelo, ayudar al estudiante a alcanzar la familiaridad y el *expertise* requerido para llevar a cabo un adecuado ejercicio de análisis de casos y resolución de problemas en el campo del marketing.

La siguiente ilustración muestra las distintas etapas contenidas por el modelo Mkt-1234.

[Figura 1a: Framework | Mkt-1234]

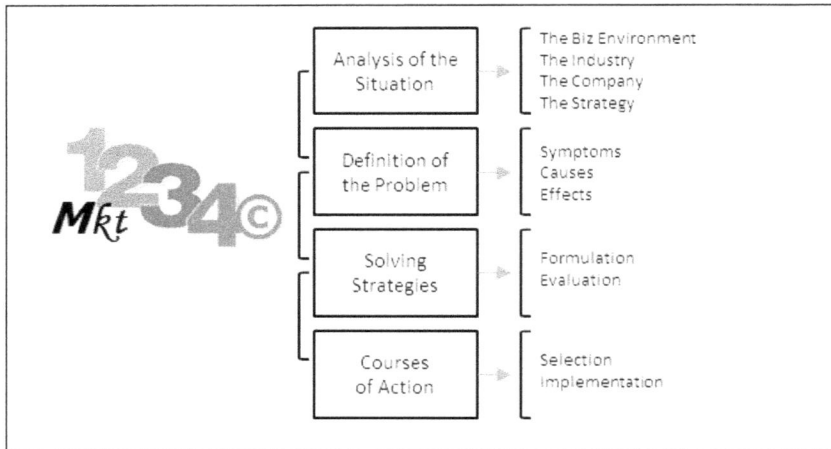

Las distintas etapas que comprende el modelo Mkt-1234 son las siguientes:

(A) Analizar y registrar la situación actual

La estructura propuesta por la metodología Mkt-1234 se inicia con la revisión y análisis de la situación actual a la cual es referida la experiencia de caso. Normalmente esta se encuentra ligada con la experiencia particular de una compañía al interior de un mercado e industria. Lo anterior no significa elaborar una historia de la firma, sino vincular los aspectos y materias relevantes de los distintos contextos del caso. Este acercamiento es útil para obtener un mejor control de la situación, así como para descubrir problemas reales y potenciales insertos en el contexto del caso.

Fase 1 [El medio]: La primera fase busca efectuar la revisión del medio en el cual opera la firma. Los distintos contextos que son sometidos a revisión, son el contexto económico, el social, el político, el legal y el tecnológico. Cualquiera de estos contextos puede ser fuente de amenazas o de oportunidades para las distintas firmas que operan en un mercado en particular.

Fase 2 [La industria]: La segunda fase involucra el análisis de la industria en la cual opera la firma. Una estructura de análisis provista por Michael Porter incluye la revisión y análisis de las cinco fuerzas participantes que se encuentran presentes en la dinámica competitiva de un sector industrial. Las cinco áreas consideradas en dicho análisis corresponden a los competidores existentes, los competidores potenciales, los productos sustitutos, los proveedores y los compradores o clientes. El peso relativo que finalmente adquieren las distintas fuerzas consideradas, puede amenazar la rentabilidad potencial de la industria y, por lo tanto, de las firmas que en ella participan.

Fase 3 [La firma]: La tercera fase involucra el análisis de la firma, no sólo en comparación con la industria y los promedios de la industria, sino también, internamente, en términos de datos cuantitativos y cualitativos. Los temas clave de preocupación en esta etapa vienen dados por aspectos tales como objetivos, restricciones, filosofía de dirección, condición financiera, estructura y cultura organizacional de la firma.

Fase 4 [La estrategia]: La cuarta fase busca analizar la consistencia existente entre la estrategia de marketing, la estrategia corporativa y los objetivos de la firma. Cada elemento de la mezcla de marketing es revisado en profundidad, de igual forma que los aspectos estratégicos y operativos son contrastados con las metas de la firma y los objetivos del departamento de marketing. Un capítulo aparte considera la revisión de los aspectos relativos a la estrategia de marketing internacional de la firma.

Al realizar el proceso de análisis de la situación actual –de cualquier caso de estudio–, se deben examinar los datos en forma cuidadosa con el fin de lograr extraer los aspectos relevantes y esenciales de su contenido. Muchos casos contienen información no siempre relevante. El trabajo del analista consiste en descartar esa información para obtener una visión más clara respecto de la verdadera situación que envuelve al caso. Mientras procede el análisis, se debe vigilar cada fase a fin de determinar: (1) los síntomas del problema, (2) la causa de los problemas, y (3) los efectos o potenciales efectos que se pueden generar a partir de los problemas identificados. Los síntomas de los problemas son indicadores de un problema, pero no representan el problema en sí. Por ejemplo, un síntoma de un problema puede ser el descenso en las ventas que experimenta una empresa en un territorio en particular. Sin embargo, la causa de este descenso puede ser generado porque el equipo de ventas asignado a dicho territorio desconoce las características y costumbres culturales del comercio en la zona o carece de contactos locales.

¿Qué significa "análisis" de un caso?

Una crítica común respecto de casos preparados dice algo como esto: "Se repitió el material del caso, pero no se analizó". Sin embargo, al mismo tiempo, es difícil definir exactamente qué se quiere decir con esto. Para disminuir la dispersión del punto, señalaremos que el análisis de un caso supone la revisión inteligente de la información dispuesta en el material de dicho caso de estudio. Esto implica realizar un proceso de análisis cuantitativo y cualitativo de la información, que permita la coexistencia de una etapa de síntesis, otra de generalizaciones y otra de implicancias.

Material del caso –ejemplo–:

"La alta tasa de crecimiento en las ventas de pizzas congeladas ha atraído –en el último tiempo– a un gran número de fabricantes de estos productos. Empresas como Dr. Oetker, Di Giorno, Buitoni, La Crianza, Pizza Pizza e incluso la gran cadena de supermercados Walmart han ingresado en este segmento de negocio a través del desarrollo de nuevos y variados tipos de productos".

"El competidor que más participación de mercado registra, es la marca La Crianza, con un 8% del mercado, en tanto que el resto de los participantes no supera el 4% en forma individual".

Síntesis: el mercado de pizza congelada es altamente competitivo y fragmentado.

Generalizaciones: en mercados tales como este, los intentos por ganar participación de mercado por medio de la fijación de precios menores o utilizando gran publicidad no son muy útiles, ya que es posible que sus competidores repliquen rápidamente disminuyendo su efectividad.

Repercusiones o implicancias: bajar los precios o gastar recursos en publicidad pueden no ser estrategias muy efectivas en este caso. Quizás aumentar el espacio de refrigeradores en los negocios minoristas y de retail podría ser más efectivo –esto se obtendría a través de descuentos comerciales– o de igual forma desarrollar un producto distinto, claramente diferenciado, así como aumentar en forma importante la cobertura geográfica del mercado podrían ser estrategias más adecuadas para obtener mayor participación de mercado.

Notar que, en el ejemplo anterior, ninguno de los tres pasos del análisis incluyó la repetición del material del caso. Por el contrario, la reflexión apuntó a extraer el significado de la información proporcionada, adecuándola a los principios del marketing.

La información relevante del análisis situacional está ahora formalizada y registrada. La siguiente etapa corresponde a la identificación del problema –o set de problemas– que enfrenta la compañía en el caso de estudio.

Un acercamiento útil para identificar el núcleo del problema –o set de problemas– es proporcionado por el análisis FODA. Este se refiere a la identificación de fortalezas, debilidades, oportunidades y amenazas que enfrenta una compañía.

Posibles fortalezas internas:

- Nivel adecuado de recursos financieros
- Prestigio en la industria
- Liderazgo en el mercado
- Estrategias funcionales bien concebidas
- Acceso a economías a escala
- Tecnología propia
- Ventaja en costos
- Adecuado nivel de comunicación externa
- Habilidades en la innovación de productos
- Dirección superior experimentada
- Curvas de experiencia
- Capacidad de fabricación
- Capacidad de comercialización
- Habilidades tecnológicas superiores

Posibles debilidades internas:
- Falta de dirección estratégica clara
- Instalaciones obsoletas
- Rentabilidad histórica menor
- Falta de profundidad y talento directivo
- Pérdida de habilidades clave o competencias
- Estrategias funcionales confusas
- Problemas internos de operación
- Lentitud en investigación y desarrollo
- Mix de productos insuficiente
- Débil imagen de mercado
- Débil red de distribución
- Débiles habilidades en marketing
- Capacidad financiera insuficiente
- Estructura de costos más alta que la competencia

Posibles oportunidades externas:

- Ingreso a nuevos segmentos de mercado
- Expansión de líneas de productos
- Diversificación de productos relacionados
- Decreciente poder de negociación de clientes y/o proveedores
- Posibilidades de integración vertical regresiva o progresiva
- Cambio en hábitos de consumo en favor de la oferta de la compañía
- Crecimiento dinámico del mercado

Posibles amenazas externas:

- Ingreso de competidores con estructura de costos menores
- Presencia de productos sustitutos
- Crecimiento rezagado del mercado
- Cambios adversos en términos de intercambio y políticas comerciales
- Requerimientos regulatorios costosos
- Depresiones externas
- Creciente poder de negociación de clientes y/o proveedores
- Cambio en hábitos de consumo en desmedro de la oferta de la compañía
- Cambios demográficos adversos

(B) Identificar los problemas y el núcleo de sus elementos

Si bien, encontrar y registrar problemas así como el núcleo de sus elementos puede ser dificultoso, después de un análisis cuidadoso, los problemas primarios y secundarios deberían quedar explícitamente establecidos y listados en orden de importancia. Es común para los estudiantes que leen un caso por primera vez verlo como una descripción situacional en la cual no existen problemas. Sin embargo, un análisis cuidadoso debería revelar los síntomas que conducen al reconocimiento del problema. Una lista de verificación para analizar los problemas y sus elementos centrales puede ser la siguiente:

¿Cuál es el problema principal y cuáles son los problemas secundarios del caso? ¿Qué límites existen en estos problemas centrales? ¿Qué cantidad de pruebas están basadas en los hechos, en las opiniones o en las suposiciones? ¿Qué síntomas sugieren los problemas identificados? ¿Cómo están relacionados los problemas? ¿Son independientes o provienen de una génesis común? ¿Cuáles son las ramificaciones que pueden tener estos problemas en el corto, mediano y largo plazo?

(C) Formular, evaluar y registrar estrategias de resolución alternativas

Esta etapa se preocupa de responder la siguiente pregunta:

¿Qué se puede hacer para resolver el problema o el set de problemas identificados en la etapa anterior?

Generalmente se dispone de una cantidad de cursos de acción alternativos que podrían ayudar potencialmente a aplacar la condición del problema. Un número razonable de alternativas con las cuales trabajar son de tres a siete. Otro acercamiento es el de generar tantas alternativas como sean posibles y luego reducir la lista hasta un número con el que se pueda trabajar.

El uso de una lógica maciza y razonable es muy importante en esta etapa. Es crítico evitar alternativas que pudieran inicialmente mitigar el problema, pero que posteriormente crean un problema más profundo o recurren a un mayor volumen de recursos para su eliminación. Después de generar una lista de alternativas, la siguiente tarea es evaluarlas en términos de costos y beneficios. Una lista de verificación para formular y evaluar cursos de acción alternativos puede ser la siguiente:

¿Qué posibles alternativas existen para resolver los problemas de la firma? ¿Qué límites existen en las posibles alternativas, competencia, recursos, preferencia directiva, responsabilidad social, restricciones legales? ¿Qué alternativas están actualmente disponibles para la firma y qué conceptos de marketing están involucrados? ¿Son razonables las alternativas señaladas dada la situación de la firma? ¿Son lógicas y consistentes las alternativas con las metas del programa de marketing? ¿Son consistentes con los objetivos de la firma? ¿Cuáles son los costos, los beneficios, las ventajas y las desventajas de cada alternativa? ¿Cuál es la alternativa que mejor resuelve el problema y minimiza la creación de nuevos problemas dado el set de restricciones identificadas?

(D) Seleccionar y registrar los cursos de acción y los detalles de la implementación

En función del análisis ya realizado, lo que corresponde ahora es seleccionar la alternativa que solucione en mejor forma el problema –o el set de problemas–. Ningún análisis está completo sin una decisión orientada a la acción y sin un plan para implementarla. La siguiente es una lista de verificación para esta etapa:

¿Qué se debe hacer para implementar la alternativa? ¿Dónde y cuándo se implementará la alternativa? ¿Cuál es el resultado estimado una vez implementada la alternativa? ¿Cómo se medirá el éxito o fracaso de la alternativa?

Algunas consideraciones que son necesarias de tener en cuenta al momento de analizar un caso son las siguientes:

1. Definir inadecuadamente el problema: Error muy común es el de intentar definir un curso de acción antes de haber definido claramente el problema.

2. Búsqueda de la respuesta: Notar que en marketing la única tautología plausible es que "no existen tautologías". En el análisis de un caso no existen soluciones inequívocas. Se debe tener en cuenta que el objeto de los estudios de caso es aprender por medio del debate y la exploración. No existe siempre una respuesta oficial o correcta para el caso. Más bien existen varias soluciones y alternativas.

3. No existe suficiente información: Al igual que en la vida real, pocas veces un consultor o un ejecutivo posee la información necesaria para efectuar una toma de decisiones; por lo tanto el proceso de formulación de supuestos "razonables" cobra lógica al instante de diseñar soluciones posibles para el problema planteado.

4. Uso de generalidades: Al analizar casos, se necesitan recomendaciones específicas y no generales. Una sugerencia de bajar el precio es una generalidad; sin embargo, una sugerencia de bajar el precio en un 15% bajo el promedio de mercado es específica.

5. Reducida visión de análisis: Aunque a menudo se etiquetan los casos como un tipo específico que presenta un problema único del tipo "fijación de precios" o "mix de productos" o "canales de distribución", en ningún caso esto significa que se deban ignorar las otras variables de marketing por cuanto estas podrían estar igualmente comprometidas en el núcleo del problema.

6. Realismo: Extremo cuidado se debe tener en la proposición de soluciones reales para una compañía. Por ejemplo, sugerir invertir altos montos de recursos en publicidad a una firma con estrecha rentabilidad y falta de liquidez, puede no ser del todo razonable.

7. Investigar el mercado: Siempre será mejor tener más y mejor calidad de información para decidir. En este sentido, plantear la idea de que "hay que investigar el mercado", sin duda, puede ayudar; sin embargo, es bueno recordar que dicho proceso puede suponer costos

relevantes que deben ser administrados con precaución. La recomendación general es no perder de vista la relación de costo vs. beneficio como en cualquier proceso de asignación de recursos.

8. Repetición del material del caso: Muy frecuente es el hecho de que los analistas insistan en reproducir la información que ya está disponible al momento de plantear soluciones. Lo anterior se torna innecesario, por cuanto el instructor y los otros analistas están de sobra familiarizados con el material y contenidos del caso.

9. Anticipación de conclusiones: En el análisis de un caso, el analista puede definir, a priori, su propia estrategia; sin embargo, es recomendable efectuar al menos una segunda lectura del caso con el fin de identificar la información que realmente es relevante y puede aportar para su análisis.

10. Aprendizaje: Finalmente debo señalar que el proceso de aprendizaje para transformarse en un experto en resolución de casos de marketing no es distinto al proceso de aprendizaje que debe experimentar un novato en cualquier otro campo de estudio. Lo anterior supone trabajar con cierta disciplina, constancia y, por sobre todo, con entusiasmo.

Las distintas etapas comprendidas por el modelo Mkt-1234 pueden ser desarrolladas y visualizadas de manera simple, por medio del panel de trabajo (lienzo) denominado: Mkt-1234-Canvas (ver figura 1b).

[Figura 1b: MKT - 1234 - Canvas]

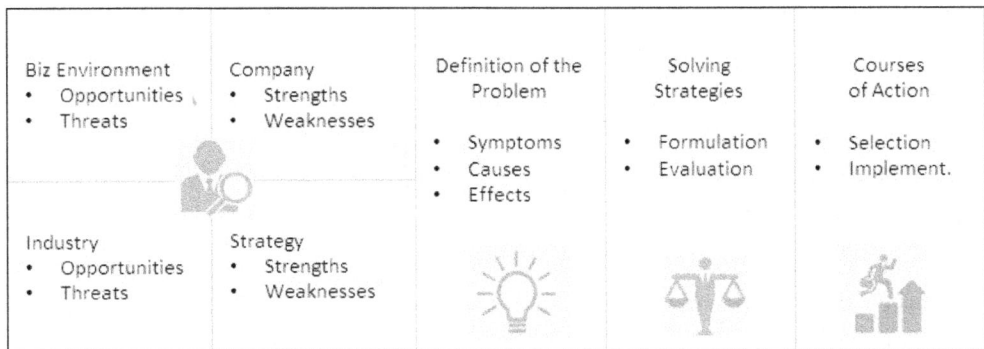

| Biz Environment • Opportunities • Threats | Company • Strengths • Weaknesses | Definition of the Problem • Symptoms • Causes • Effects | Solving Strategies • Formulation • Evaluation | Courses of Action • Selection • Implement. |
| Industry • Opportunities • Threats | Strategy • Strengths • Weaknesses | | | |

Analysis and Resolution Cases Model (Mkt-1234)

The first framework is the analysis and resolution of cases model known as Mkt-1234. This framework proposes an analysis structure meant to facilitate problem solving in the field of marketing, which is the central topic of this book.

The Mkt-1234 model consists of four stages. The first stage, known as "Analysis of Situation", is an in-depth examination of both the underlying micro and macro environmental factors related to a marketing case. The second stage is searching for the determinants present in the issues related to the case study, whereas the third stage reviews and evaluates the possible alternative courses of action for solving the problem. Lastly, after one or more of the proposed alternatives have been accepted, the fourth stage of the model helps to form a recommendation regarding the course of action necessary to solve the central problem of the case study. Although this methodological structure tends to be very useful for students or executives that are familiar with the case studies method, it may present more than one problem for the beginner. Therefore, my intention is to help students reach the expertise and familiarity required to carry out adequate case analysis exercises and solve marketing problems through the Mkt-1234 model, as well as through the verification lists that accompany it. See Figure 1a, with the different stages of the Framework | Mkt -1234 model.

The different stages of the Mkt-1234 model are the following:

(A) Analyze and register the current situation

The structure proposed by the Mkt-1234 methodology begins with reviewing the current situation to which the case experience refers. This case experience is normally related to the specific experiences of a company within a market and industry. This process does not mean creating a company history, but rather linking the various relevant aspects and contexts of the case. This allows us to obtain better control of the situation, as well as to discover the real and potential problems of the case.

Phase 1 [The biz environment]: The first phase seeks to review the environment in which the company operates. The different contexts reviewed are economic, social, political, legal, and technological. Any of these contexts can be a source of threats or opportunities for the different companies that operate in a given market.

Phase 2 [The industry]: The second phase is an analysis of the industry in which the company operates. An analysis structure provided by Michael Porter includes reviewing the five forces that participate in the competitive dynamic of an industrial sector. The five areas considered in that analysis are existing competitors, potential competitors, substitute products, suppliers, and customers or purchasers. The relative weights of the different forces considered can threaten the industry's potential profitability and therefore that of the companies that participate in it.

Phase 3 [The company]: The third phase is an analysis of the company, not only compared to the industry and industry averages, but also internally in terms of quantitative and qualitative information. The key areas of concern in this phase are aspects such as the company's objectives, restrictions, management philosophy, financial condition, organizational culture and structure.

Phase 4 [The strategy]: The fourth phase seeks to analyze the consistency between the company's marketing strategy, corporate strategy, and objectives. Each element of the marketing mix is reviewed in-depth; the strategic and operational aspects are also contrasted with the goals of the company and the objectives of the marketing department. A separate chapter reviews all the aspects related to the company's international marketing strategy.

The current situation of any case study, must be carefully analyzed so as to extract the relevant and essential aspects. Many cases contain information that is not always relevant. The job of the analyst is to discard this information so as to obtain a clearer view of the true situation surrounding the case. As the analysis proceeds, each phase must be scrutinized so as to determine: (1) the symptoms of the problem; (2) the cause of the problems; and (3) the effects, or potential effects, of the problems identified. The symptoms of the problems are indicators of a problem, but are not the problem itself. For example, a symptom of a problem may be the decline in sales experienced by a company in a given territory. However, the cause of the decline in sales can be that the salesforce assigned to the territory is not aware of the characteristics and cultural customs regarding commerce in the area, or because it lacks local contacts.

What does case "analysis" mean?

The following is a common criticism regarding prepared cases: "The case material was repeated, but not analyzed". At the same time, however, it's difficult to define what exactly this means. In order to avoid distraction, let us say that case analysis supposes an intelligent review of the information available in the case study. This means analyzing the information quantitatively and qualitatively, which allows for the coexistence of a summary stage, a generalizations stage, and an implications stage.

Case material (Example):

"In the recent past, the high rate of growth in frozen pizza sales has attracted a large number of manufacturers of this product. Companies such as Dr. Oetker, Di Giorno, Buitoni, La Crianza, Pizza Pizza, and even the large supermarket chain Walmart have entered this business segment by developing new and varied products".

"The competitor with the highest market share is La Crianza, with 8% of the market; the market share of the rest of the participants doesn't surpass 4% individually".

Summary: the frozen pizza market is highly competitive and fragmented.

Generalizations: in markets such as this one, attempts to earn market share by fixing lower prices or wide-scale advertising are not very useful because the rest of the competitors will quickly replicate this strategy, thus decreasing its effectiveness.

Repercussions or implications: in this case, lowering prices or spending resources on advertising may not be very effective strategies. What could be more effective is increasing refrigerator space in retailer businesses through commercial discounts; another possibly more effective measure could be developing a clearly differentiated product, as well as increasing geographical coverage of the market. All of the previous strategies could be more effective for obtaining a larger share of the market.

Note that in the previous example none of the three analysis steps included the repetition of case material. On the contrary, the reflection aimed to extract the meaning of the information provided, suiting it to marketing principles.

The relevant information is now formalized and registered. The next stage has to do with identifying the problem, or set of problems, that the company faces in the case study. A useful way to identify the nucleus of the problem, or set of problems, is provided by

SWOT analysis. This analysis identifies the strengths, weaknesses, opportunities, and threats that the company faces.

Possible internal strengths:

- Adequate level of financial resources
- Prestige within the industry
- Market leadership
- Well-conceived strategies
- Access to scale economies
- Own technology
- Cost advantages
- Adequate level of external communication
- Product innovation skills
- Experienced upper management
- Experience curves
- Manufacturing capacity
- Commercialization capacity
- Superior technological abilities

Possible internal weaknesses:

- Lack of clear strategic management
- Obsolete facilities
- Low historical profitability
- Lack of management depth and talent
- Loss of key skills and competencies
- Confusing strategies
- Internal operational problems
- Slowness regarding research and development
- Insufficient product mix
- Weak market image
- Weak distribution network
- Weak marketing skills
- Insufficient financial capacity
- Cost structure higher than the competition

Possible external opportunities:

- Access to new market segments
- Expansion of product lines
- Diversification of related products
- Decreasing bargaining power of clients and/or suppliers
- Possibilities for regressive or progressive vertical integration
- Change in consumer habits that favor the company's offerings
- Dynamic market growth

Possible external threats:

- Appearance of competitors with lower cost structures
- Presence of substitute products
- Delayed market growth
- Adverse changes in terms of commercial exchange and policies
- Costly regulatory requirements
- External depressions
- Increasing bargaining power of clients and/or suppliers
- Changes in consumer habits that are adverse to the company's offerings
- Adverse demographic changes

(B) Identify the problems and the nucleus of their elements

Even though finding and registering problems as well as their nuclei can be difficult, after careful analysis the primary and secondary problems must be explicitly established and listed in order of importance. Students that read a case study for the first time tend to see it as a situational description without any problems. However, careful analysis should reveal the symptoms that lead to the problem. A verification list for analyzing the problems and their central elements could be as follows:

What is the main problem and what are the secondary problems of the case? What limits exist in these central problems? Which evidence is based on facts, opinions, or suppositions? What symptoms are suggested by the problems? How are the problems related? Are they independent or do they have a common genesis? What are the ramifications that these problems could have in the short, medium, and long term?

(C) Formulate, evaluate, and register alternative resolution strategies

This stage is concerned with answering the following question:

What can be done to solve the problem, or the set of problems, identified in the previous stage?

Generally speaking, there are various courses of action that could potentially placate the condition generating the problem. A reasonable number of alternatives to work with is between three and seven. Another approach is to create as many alternatives as possible and then reduce this list to a number that you can work with.

Using solid logic is very important in this stage. It is important to avoiding alternatives that could initially mitigate the problem, but that could later create a deeper problem or that could later require a larger volume of resources to be eliminated. After generating a list of alternatives, the next task is to evaluate them in terms of costs and benefits. A verification list for formulating alternative courses of action could be as follows:

What possible alternatives are there for solving the company's problems? What are the limits for the possible alternatives: competition, resources, management preference, social responsibility, legal restrictions? What alternatives are currently available to the company, and what marketing concepts are involved?, Given the company's situation, are the alternatives reasonable, logical, consistent with the goals of the marketing program and the company as a whole? What are the costs, benefits, advantages, and disadvantages of each alternative? Which alternative best solves the problem and minimizes the creation of new problems due to the set of restrictions identified?

(D) Select and register the courses of action and the implementation details

Based on the analysis, next comes the selection of the alternative that best solves the problem, or set of problems. No analysis is complete without a decision aimed at action and without a plan to implement that decision. The following is a verification list for this stage:

What must be done to implement the alternative? Where and when will the alternative be implemented? What is the estimated result once the alternative has been implemented? How will the success or failure of the alternative be measured?

The following are some factors that need to be taken into account when analyzing a case:

1. Inadequate definition of the problem: A very common mistake is to try to identify a course of action before having clearly identified the problem.

2. Search for the answer: Note that in marketing the only plausible tautology is that "there are no tautologies". There are no unequivocal solutions in the analysis of a case. The fact that the objective of case studies is to learn through debate and exploration should be taken into account. There isn't always an official and correct answer for a case. On the contrary, there are usually a variety of solutions and alternatives.

3. There isn't sufficient information: Just like in real life, there are few times when a consultant or executive has the information necessary for the decision making process. Therefore, when designing possible solutions for the problem, the process of formulating "reasonable" suppositions becomes logical.

4. Use of generalities: Specific, not general, recommendations are needed when analyzing cases. The suggestion of lowering the price is a generality. Suggesting a 15% decrease in price below market average, however, is specific.

5. Reduced analysis vision: Although cases are very frequently labeled as specific cases that present a unique problem, such as price fixing, product mix, or distribution channels, in no case does this mean that the other marketing variables should be ignored, because these could also be present in the nucleus of the problem.

6. Realism: Extreme care must be taken when proposing real solutions for a company. For example, suggesting the investment of large amounts of resources in advertising to a company with narrow margins of profitability and lack of liquidity may not be very reasonable.

7. Investigate the market: It will always be better to have more and better quality information when making a decision. In this sense, stating that "the market must be investigated" can doubtlessly help. However, it's important to remember that investigative process may imply costs that must be managed with caution. The general recommendation is, as in any resource allocation process, to not lose sight of the costs vs. benefits relationship.

8. Repetition of case material: It is very frequent for analysts to reproduce the information already available when proposing solutions. This is unnecessary because the instructor and other analysts are well familiarized with the materials and contents of the case.

9. Anticipation of conclusions: In a case study analysis, the analyst may define his own strategy a priori. However, It is advisable to do at least a second reading/analysis of the case so as to identify information that is truly relevant and can contribute to the analysis.

10. Learning: I must lastly point out that the learning process of solving marketing cases is no different from any learning process in any field of study. This implies working in a disciplined, constant, and above all, enthusiastic manner.

The different stages involved in the Mkt-1234 model, can be developed and displayed in a simple way, through the Mkt1234-Canvas (see Figures 1a and 1b).

Sources:

- Liberman, S., *Marketing estratégico, casos latinoamericanos*, Santiago, Ed. LCA, 2011.

MODELO DE INNOVACIÓN EN MARKETING DE PRODUCTOS

Un *framework* que puede resultar interesante de utilizar para quienes trabajan en la gestión de carteras de productos, es el *Model of Innovation in Product Marketing* (MIPM).

El departamento de marketing, normalmente encargado de la coordinación del lanzamiento de nuevos productos, puede valerse del modelo de MIPM, para vigorizar la cartera de productos con el fin de incrementar las oportunidades comerciales de la empresa así como dotarla de mayores grados de competitividad.

La expresión que adquiere dicho *framework* es la siguiente:

[Figura 2: Framework | MIPM]

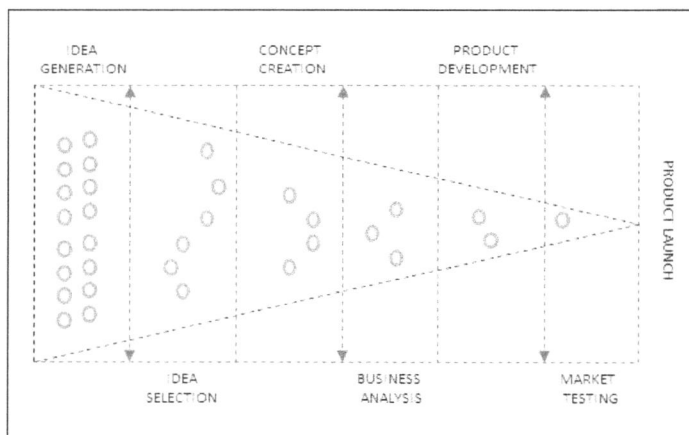

Las etapas contempladas por el MIPM son las siguientes:

Generación de ideas

En la primera etapa se busca generar alternativas e ideas nuevas para el mix de productos de la empresa, intentando favorecer la participación activa por parte de las diferentes unidades de la empresa por medio del uso de herramientas y técnicas del tipo "tormentas de ideas, generación de nuevos atributos y análisis morfológicos", entre otros.

Selección de ideas

En esta segunda etapa se procura evitar que las ideas más vulnerables o con menos oportunidades continúen en camino. Se torna relevante el análisis de aspectos tales como tamaño del mercado, perfil de los competidores, acceso a canales de distribución, rivalidad al interior del segmento industrial, tasa de crecimiento del mercado, oportunidades y amenazas.

Desarrollo del concepto y prueba

En esta etapa del proceso se busca definir los aspectos centrales que identifiquen conceptualmente al producto o servicio seleccionado en la etapa anterior. Por medio de generar una síntesis clara y coherente que le otorgue identidad al nuevo prospecto se intentará testear la posición que este podría llegar a ocupar en el espíritu de los potenciales clientes y consumidores, de manera de desestimar tempranamente aquellos prospectos que no logran la conectividad necesaria con los mercados meta definidos por la empresa.

Análisis del negocio

Aquellas ideas que hayan superado las tres primeras etapas del proceso de MIPM tienen la oportunidad de ser evaluadas desde una perspectiva financiera. En esta etapa se busca estimar, proyectar y evaluar, en forma cuantitativa, los flujos futuros que sería capaz de generar una eventual comercialización del nuevo producto. La revisión anterior supone proyectar las estructuras de costos, los niveles de ingreso, los niveles de gasto administrativos y de comercialización, para luego ser descontados y traídos a valor presente. Las ideas de productos que ofrezcan un mejor desempeño financiero en su evaluación, son las que tendrán mayor oportunidad de seguir en camino.

Desarrollo del producto

Hasta la fase anterior, todos los análisis y estudios realizados han sido efectuados sobre un pedazo de papel. En esta etapa, por primera vez la idea del producto es representada en forma física y morfológica por medio de un ejemplar o primer molde. El prototipo buscará eliminar las imprecisiones que se hubiesen generado a partir de los distintos análisis iniciales, por medio de definir aspectos técnicos y de ingeniería tales como el diseño, la materialidad, el empaque y la marca del producto. En esta etapa cobran importancia los estudios de imagen de marca, los test de medición de notoriedad, los análisis de mediciones de recordación publicitaria, los análisis dinámicos de memorización, los test de percepción de similitud, los análisis de *handling* y materialidad del producto.

Prueba de mercado

El objetivo de esta penúltima etapa es el de poder verificar –a un tamaño de escala menor– la viabilidad comercial del nuevo producto, antes de que la empresa determine la fecha y el lugar para su lanzamiento oficial. En tal sentido, la empresa que se encuentra evaluando el futuro lanzamiento de un producto a nivel global podrá seleccionar una localidad de tamaño menor cuya distribución demográfica sea similar a la del mercado geográfico donde espera realizar el lanzamiento oficial. La información que la empresa logre recabar a partir de esta experiencia acotada de comercialización le permitirá efectuar correcciones de gran utilidad previas al lanzamiento oficial del nuevo producto.

Lanzamiento del producto

La última etapa del modelo de MIPM es probablemente una de las más sensibles del proceso por cuanto considera decisiones que requieren grados importantes de experiencia por parte del director de marketing. Respuestas adecuadas para preguntas tales como ¿cuándo efectuar el lanzamiento? o ¿dónde iniciar el lanzamiento? pueden hacer la diferencia entre un lanzamiento de productos algo incierto y timorato, de uno verdaderamente exitoso.

Cabe señalar que una vez que el nuevo producto o servicio ha sido lanzado al mercado, este inicia su ciclo de vida regular, el cual podrá prolongarse en el tiempo, dependiendo de la estrategia de productos que defina la empresa, las condiciones de mercado que enfrente, la probabilidad de aparición de competidores directos y la presencia de productos sustitutos.

Un *framework* complementario al MIPM, que revisa las etapas inmediatamente siguientes al lanzamiento del nuevo producto o servicio, se denomina *Product Life Cycle Model* (PLCM). Este permite el monitoreo de las ventas y utilidades que genera el producto así como la información necesaria para la adecuación de las estrategias del marketing mix, de acuerdo al instante del ciclo de vida en el cual se encuentra. Las distintas fases que propone el PLCM se pueden observar en la siguiente figura:

[Figura 3: Framework | PLCM]

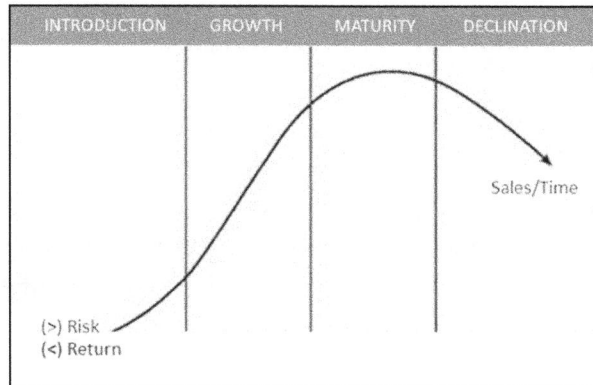

MODEL OF INNOVATION IN PRODUCT MARKETING

A framework that could possibly be interesting for those that work in the management of product portfolios is the Model of Innovation in Product Marketing (MIPM).

The marketing department, normally in charge of launching new products, can use the MIPM to invigorate the product portfolio so as to increase the company's commercial opportunities and give it a higher degree of competitiveness.

The stages of the MIPM are the following:

Idea generation

The first stage seeks to generate alternatives and new ideas for a company's product mix, encouraging the active participation of different company departments through tools and techniques such as brain storming, the creation of new attributes, and morphological analyses, among others.

Idea selection

This second stage is where the ideas that are more vulnerable or less likely to succeed must be discarded. Analyzing aspects such as market size, competition profiles, access to distribution channels, industrial segment rivalry, market rate of growth, opportunities, and threats, becomes very important.

Concept creation and testing

This stage of the process seeks to define the aspects that conceptually identify the product or service chosen in the previous stage. The position that the new prospect could eventually occupy in the hearts and souls of potential clients and is developed through a clear and coherent summary that gives the new prospect an identity. In this manner, the prospects that don't make a connection with the target markets defined by the company can be discarded early on.

Business analysis

The ideas that pass the first three stages of the MIPM process can be evaluated from a financial perspective. This stage seeks to quantitatively estimate, project, and evaluate the future flows that an eventual commercialization of the new product could generate.

This review implies projecting cost structures, income levels, and administrative and commercialization expense levels so that they can then be discounted and brought to their present values. The product ideas that promise better financial performance in their evaluations will have a better chance of continuing in the process.

Product development

Up until the previous stage, all of the analyses and studies have been carried out on a sheet of paper. In this stage, for the first time the product idea is represented in a physical and morphological manner through a model or first mold. The prototype will seek to eliminate imprecisions that may have resulted from the various initial analyses by defining technical and engineering aspects such as the design, materials, packaging, and brand of the product. In this stage it becomes very important to consider rand image studies, awareness measurement tests, advertising awareness measurement analyses, memorization dynamic analyses, perception of similarity tests, product handling and materials analyses.

Market testing

The goal of this penultimate stage is to verify on a lower scale the commercial viability of the new product before the company decides on the date and location for its official launch. In this sense, a company evaluating the future launch of a product on a global scale can select a small-scale location whose demographic distribution is similar to that of the geographical market where the official launch is to be carried out. The information that a company can collect from this commercial experience will allow it to make very useful corrections before the official launch of the new product.

Product launch

The last stage of the MIPM is probably one of the most sensitive in the entire process because it includes decisions that require important experience from the marketing management. Correct answers to questions such as when the launch should take place and where it should begin can make an enormous difference between a relatively uncertain and half-hearted product launch and a truly successful one. It's important to note that once the new product or service has been launched into the market, the regular life cycle of that product or service begins. This life cycle may continue over time depending on the product strategies defined by the company, the market conditions faced by the product or service, the probability that direct competitors will appear, and the presence of substitute products.

The supplementary framework of the MIPM that reviews the stages immediately following the launch of the new product or service is known as the Product Life Cycle Model (PLCM). This model monitors the sales and profits generated by the product, as well as the information necessary for any adjustments to the marketing mix strategies, depending on the particular moment of the life cycle where a product or service stands. The different stages proposed by the PLCM are: introduction, growth, maturity, and decline.

See Figure 2 and figure 3 for the different stages of the Framework | MIPM and Framework | PLCM, respectively.

Sources:

- Kotler, P., *Marketing management*, Mexico DF, Pearson Education, 2006.
- Levitt. T., "El ciclo de vida del producto: gran oportunidad de marketing", *Harvard-Deusto Business Review* (2), 1981, pp. 5-28.
- Pine II, J., Gilmore, J., *Creating customer-unique value through mass customization*, Boston, Mass, Harvard Business School Press, 2000.

Modelo de Planificación Estratégica de Marketing

El siguiente *framework* que he incorporado en la presente revisión corresponde al *Strategic Marketing Planning Model* (SMPM). Este es probablemente uno de los *frameworks* más utilizados por los departamentos de marketing de las empresas y corresponde al documento en el cual la empresa o unidad de negocio —haciendo uso de una forma estructurada—, especifica en forma detallada lo que en materia de negocio espera conseguir con dicho proyecto.

La elaboración pormenorizada del SMPM requiere de un proceso de estudio y análisis capaz de facilitar una reflexión profunda sobre los temas centrales del proyecto o negocio así como la formulación específica de las metas, acciones y tácticas del mismo. Los siguientes son algunos de los cuestionamientos que se tornan recomendables de realizar en la 1° etapa del SMPM, denominada fase de balance estratégico.

[Fase 1] Cuestionamientos para el balance estratégico:

¿Cuál es el estado de la economía? ¿Qué tendencias existen en cuanto a valores culturales y sociales? ¿Cómo estas afectan la industria, la firma o la estrategia de marketing? ¿Qué tendencias existen en cuanto a política? ¿Cómo estas afectan la industria, la firma o la estrategia de marketing? ¿Cómo afecta la legislación actual a la industria, la firma o la estrategia de marketing?

¿Qué amenazas u oportunidades existen en el medio que puedan influir en la industria, la firma o la estrategia de marketing? ¿En qué industria participa la firma? ¿Cuántos competidores directos existen al interior de la industria? ¿Qué participación de mercado tienen los competidores más importantes? ¿Qué tipos de comportamientos competitivos se observan por parte de las compañías rivales? ¿Qué estrategias han estado utilizando los competidores en la industria y cómo ha sido su desempeño? ¿Cuáles son las mayores fortalezas y debilidades de los competidores?

La segunda etapa del SMPM, denominada "Fase de diseño estratégico", es la de mayor especificación del proceso. En esta fase se definen aspectos tales como los objetivos del proyecto, las ventajas competitivas presentes en el mismo, el alcance del proyecto así como las variables estratégicas y operativas del marketing. Esta segunda fase podría asemejarse –haciendo un paralelo con la dramaturgia– al guion técnico de una obra de teatro, en la cual se definen, se organizan y se enumeran las escenas de la obra de la misma manera como se definen las distintas subetapas del SMPM. Los siguientes son algunos de los cuestionamientos que se tornan recomendables de realizar durante la etapa de diseño estratégico.

[Fase 2] Cuestionamientos para el diseño estratégico:

¿Cuáles son los objetivos de la estrategia de marketing? ¿Están claramente establecidos estos objetivos, son alcanzables y compatibles con los objetivos de la firma? ¿Qué ventajas competitivas ofrece la estrategia de marketing?

¿A qué grupo objetivo está dirigida la estrategia de marketing? ¿Cuál es el tamaño del mercado en cuanto a volumen y en cuanto a valor? ¿Cuántos segmentos de mercado es factible identificar? ¿Qué tendencias existen al interior de cada segmento de mercado? ¿Cuál es el consumo promedio para los productos que ofrece la compañía, por persona y por hogar? ¿En qué nivel de consumo promedio se satura cada segmento del mercado? ¿Cuál es el perfil socio económico de los potenciales consumidores? ¿Quién decide la compra de los productos? ¿Quién influye en la compra de los productos? ¿Quién es el usuario final de los productos? ¿Cuáles son los factores críticos que determinan la decisión de compra del producto? ¿Qué usos dan al producto los consumidores? ¿Qué necesidades de los consumidores se espera que sean satisfechas por los productos de la compañía? ¿Cuál es la frecuencia de compra de los productos? ¿Cuáles son las causas de satisfacción e insatisfacción por parte de los consumidores del producto?

La tercera etapa del SMPM, denominada "Fase de implementación", permite definir en forma específica las acciones de marketing y ventas delineadas en la fase anterior. Estas deberán alcanzar un nivel de detalle a nivel operacional capaz de explicitar cronogramas, presupuestos, metas intermedias, indicadores, responsables, así como las políticas necesarias para llevar a cabo el proceso de evaluación y control del plan. Las distintas fases del SMPM se pueden observar en la siguiente figura:

[Figura 4: Framework | SMPM]

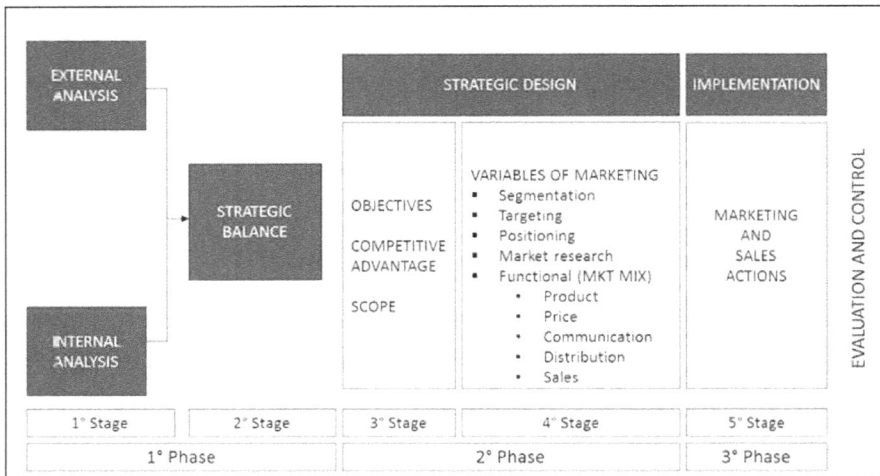

STRATEGIC MARKETING PLANNING MODEL

The next framework is the Strategic Marketing Planning Model (SMPM). This is probably the framework most often used by marketing departments and corresponds to the document in which a company, or business unit specifies what it expects to achieve from the project in business terms.

The detailed preparation of the SMPM requires studying the central topics of the project or business, as well as the formulating its goals, actions, and tactics. The following are some of the questions that should be answered during the first stage of the SMPM, known as the strategic balance phase.

[Phase 1] Strategic balance questions:

What is the state of the economy? What are the existing tendencies in terms of cultural and social values, and how do these affect the industry, the company, or the marketing strategy? What are the existing tendencies in terms of politics, and how do these affect the industry, the company, or the marketing strategy? How does current local, legislation affect the industry, the company, or the marketing strategy? What threats or opportunities could influence the industry, the company, or the marketing strategy? In which industry does the company participate? How many direct competitors are there within the industry? What are the market shares of the most important competitors? What kinds of competitive behaviors can be observed by rival companies? What strategies have industry competitors been using, and how have they performed? What are the competitors' greatest strengths and weaknesses?

The second stage of the SMPM, known as the "Strategic Design Phase", is the most specific in the process. We define aspects such as the goals, competitive advantages, and scope of the project, as well as the strategic and operational marketing variables. If we could draw a parallel with the theater, this second stage might resemble the technical script of a theatrical play, where the scenes of the play are defined, organized, and listed just like the different sub-stages of the SMPM. The following are some of the questions that should be answered during the strategic design stage:

[Phase 2] Strategic design questions:

What are the marketing strategy objectives? Are these objectives clearly established, are they achievable, and are they compatible with the objectives of the company? What competitive advantages does the marketing strategy offer? What target group is the market strategy aimed at? What is the size of the market in terms of volume and value? How many market segments can be identified feasibly? What tendencies are present within each of the market segments? What is the average product consumption, per person and per household, of the products offered by the company? At which level of average consumption does each market segment become saturated? What is the socio-economic profile of potential consumers? Who decides to purchase the products? Who influences the purchase of the products? Who is the end user of the products? What are the critical factors that determine the decision to purchase the product? What use do consumers make of the product? What consumer needs are expected to be satisfied by the products? What is the purchase frequency of the products? What are the causes of consumer satisfaction or dissatisfaction with the product?

The third stage of the SMPM, known as the "Implementation Phase", specifically defines the marketing and sales actions outlined in the previous phase. These should reach such a level of operational specificity that they are capable of explaining chronograms, budgets, intermediate goals, indicators, and responsible parties, as well as the policies necessary for the evaluation process and control of the plan.

See Figure 4, with the different stages of the Framework | SMPM.

Sources:

- Aaker, D. y Day, G., *Investigación de mercados*, México, McGraw Hill, 2003.

- Kotler, P., *Marketing management*, Mexico DF, Pearson Education, 2006.

- Stanton, W., Etzel, M. y Walker, B., *Fundamentos de marketing*, México DF, McGraw Hill, 2007.

Modelo de Posicionamiento Estratégico

Hablar de marketing es hablar de posicionamiento para abrir, capturar y generar espacios en la mente de los consumidores con el fin de permitir el aterrizaje de una oferta de mercado. En tal sentido, un *framework* de gran relevancia que es capaz de dotar de lógica a toda la dinámica del marketing, es el *Strategic Positioning Model* (SPM). Este modelo de reflexión estratégica permite a las organizaciones responder a la pregunta: ¿cómo asegurar la obtención de un adecuado posicionamiento para los productos y/o marcas de una empresa?

Estudios realizados por Martin Lindstrtoim en el campo del neuromarketing, plantean la idea de que es posible identificar la existencia de marcas y productos que, además de haber desarrollado un muy adecuado posicionamiento de mercado, han logrado instalarse en la mente del consumidor, generando una serie de sentimientos y recuerdos favorables que determinan la respuesta de compra de los consumidores. Esto contrasta con la voluminosa experiencia de otras marcas cuya imagen se diluye con gran facilidad al interior de la turbulencia comunicacional a la que está expuesto el consumidor.

Es interesante observar cómo algunas experiencias de marcas han desarrollado tal nivel de presencia e identificación en los mercados que incluso han logrado, en el tiempo, apoderarse de la denominación genérica del producto. El caso de marcas como Confort, Jeep, Gillette, Aspirina, Chiclets, Scotch, Quaker, Post-it y otras, han penetrado con rapidez en el consciente colectivo, permitiendo la evocación de experiencias y recuerdos que facilitan la construcción de un poderoso vínculo entre la marca y el consumidor.

El SPM presenta una fisonomía semi estructurada con los pasos necesarios que son requeridos para determinar la estrategia de posicionamiento para un producto y/o marca de una empresa. Las distintas etapas que comprende el SPM son las siguientes:

Strategic Balance: La línea de partida

Fundamental, es responder la pregunta dónde estoy y dónde está mi competencia, identificando con mucha precisión cómo es percibida en la actualidad nuestra marca así como las marcas competidoras. En esta fase es importante desarrollar estudios de imagen de marca que aseguren un diagnóstico muy preciso. Aparece como recomendable incluir mediciones de respuesta cognitiva –tales como mediciones de notoriedad, mediciones de recordación publicitaria, análisis dinámicos de memorización y análisis de percepción de similitud–, mediciones de respuesta afectiva –tales como análisis de actitudes y cambios de actitudes–, mediciones de la respuesta comportamental –tales como análisis de hábitos de compra, análisis de comportamiento pos compra y análisis de fidelidad de marca– y mediciones del grado de satisfacción e insatisfacción de los clientes –tales como el comportamiento de los compradores insatisfechos y el análisis de disonancia cognoscitiva–.

Dreaming Biz & Proposal Value: La línea de meta

Tan importante como la pregunta inicial es la pregunta dónde quiero estar en el futuro. En esta etapa el aspecto determinante es el de identificar –por una parte– la máxima aspiración o anhelo posible como propuesta de valor plausible para la marca o producto, para luego seleccionar el argumento más adecuado y creíble que justifique el posicionamiento deseado, cuidando que el argumento sustentatorio considere las expectativas de los consumidores potenciales así como las posiciones ya ocupadas por la competencia. Extremadamente importante es evaluar la rentabilidad potencial del posicionamiento seleccionado, intentando desechar falsos nichos de mercado o aspectos que no han sido validados técnicamente.

The Mirror Mix: Consideraciones antes de la largada

Una vez determinada la posición inicial –donde estamos– y la posición de llegada –donde queremos estar–, debemos asegurarnos de que en términos prácticos y precisos la marca o producto efectivamente sea capaz de detentar la personalidad requerida para lograr ocupar la posición deseada. Para llevar a cabo el análisis anterior, se debe verificar el volumen de recursos que es necesario disponer para poder ocupar y luego para poder defender la posición que es pretendida, así como asegurar la absoluta coherencia y consistencia entre el posicionamiento seleccionado y el resto de las variables del marketing mix –precio, producto, comunicación y distribución–, de forma tal que estas se conviertan en un verdadero espejo del planteamiento estratégico inicial.

Las distintas etapas del SPM se pueden observar en la siguiente figura:

Figura 5: Framework | SPM]

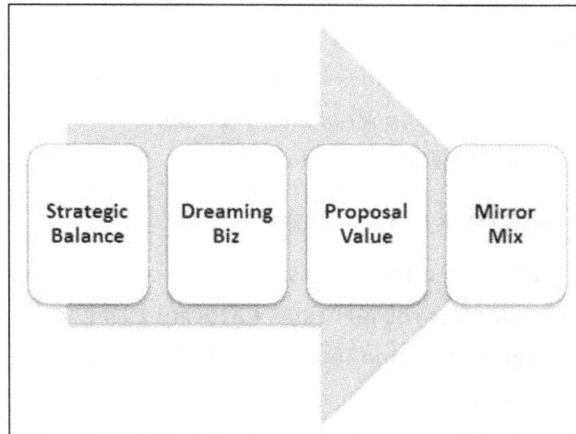

STRATEGIC POSITIONING MODEL

To speak of marketing is to speak of opening capturing, and generating space in consumers' minds to introduce a market offering. In this sense, a highly relevant framework than can give sense to the entire marketing dynamic is the Strategic Positioning Model (SPM). This marketing reflection model allows organizations to answer the question: how can we ensure adequate positioning for the company's products and/or brands?

Studies done by Martin Lindstrtoim in the field of neuromarketing state that we can identify brands and products that, besides developing adequate market positions, have also managed to place themselves in the minds of the consumer, generating a series of favorable feelings and memories that determine the consumer's purchase answer. This contrasts with the extensive experience of other brands whose images easily fade away within the turbulent communicational reality to which consumers are exposed.

It's interesting that some brand experiences have developed such a level of market presence and identification that over time they have even adopted the generic name of the product. In Chile, this is the case of brands such as Confort, Jeep, Gillette, Aspirin,

Chiclets, Scotch, Quaker, Post-It, and others that have quickly penetrated the collective conscience, thus creating experiences and memories that make it very easy to build a powerful bond between the brand and the consumer.

The SPM is a semi-structured form with the necessary steps required to determine the positioning strategy for a company product and/or brand.

The different stages of the SPM are the following:

Strategic Balance: The starting line

In order to precisely identify how our brand, as well as the competition's brands, is currently perceived, it is essential to answer the question: where am I and where is the competition? It is important in this stage to do brand image studies that ensure a precise diagnosis.

It is advisable to include cognitive answer measurements, such as awareness measurements, advertising awareness measurements, dynamic memorization analyses, perception of similarity analyses; behavioral answer measurements such as purchase habit analyses, post-purchase behavior analyses, and brand loyalty analyses; and customer satisfaction or dissatisfaction measurements, such as dissatisfied customer behavior, and cognitive dissonance analysis.

Dreaming Biz & Proposal Value: The finish line

The following question is as important as the first one: where do I want to be in the future? The determining aspect in this stage is, on the one hand, identifying the maximum possible ambition or dream as a plausible value proposal for the brand or product. Next, we must choose the most adequate and believable argument to justify the desired position, ensuring that the argument considers the expectations of potential consumers as well as the positions already held by the competition. It is also extremely important to evaluate the potential profitability of the chosen position, and try to eliminate false market niches or aspects that have not been technically validated.

The Mirror Mix: Considerations prior to starting

Once the initial position –where we are– and the finishing position –where we want to be– have been determined, we must ensure in practical and precise terms that the brand or product is indeed capable of wielding the personality needed to occupy the desired position. In order to carry out the previous analysis, it is necessary to verify the volume of available resources that are necessary to occupy and defend the desired position, as well as to ensure an absolute coherence between the chosen position and the rest of the marketing mix variables, such as price, product, communications, and distribution. This way the variables will become a veritable mirror image of the initial strategic proposal.

See Figure 5 with the different stages of the Framework | SPM.

Sources:

- Ghemawat, P., *Strategy and the business landscape: text and cases, reading*, MA, Addison-Wesley, 1999.

- Ries, A., Trout. J., *Positioning: the battle for your mind*, NewYork, W-Book, Edition, 2000.

- Stanton, W., Etzel, M. y Walker, B., *Fundamentos de marketing*, México, McGraw Hill, 2007.

Modelo de Design Thinking en Marketing

Un *framework* alternativo al MIPM –revisado en páginas anteriores– que colabora también en el tema de investigación y desarrollo de nuevos productos, es el denominado *Design Thinking in Marketing Model* (DTMM). Este modelo de reflexión y de acción para la innovación, que fue planteado en forma genérica por Rolf Faste, como una forma de aproximación a soluciones de diseño para la ingeniería, colabora en la creación de soluciones para problemas de negocios por medio del uso del diseño y la creatividad tanto a niveles estratégicos como a niveles operativos de la organización.

El *framework* de DTMM difiere del método científico –que se inicia con la definición de todos los parámetros del problema con el fin de crear una solución– por cuanto no plantea definiciones preconcebidas y posibles soluciones, sino que favorece el descubrimiento de parámetros ocultos al interior de los problemas, permitiendo múltiples trayectorias y alternativas que terminan por optimizar la búsqueda de la solución.

Una condición necesaria para comprender el alcance del DTMM, pasa por entender la forma de pensar del diseñador en relación con la dinámica de los negocios y el marketing. De acuerdo con Santambrosio; "El diseñador tiene que inventar una solución que no existe para un problema que irá cambiando a medida que vaya encontrando la solución. El proceso de diseño obligará al diseñador a experimentar, a equivocarse y aprender sobre la marcha. Este deberá desarrollar su instinto tanto como su capacidad de observación, confiando en su intuición aunque, de momento, no tenga claro a dónde lo llevará. El diseñador no busca soluciones, las crea y esto lo cambia todo. Algunas no parecerán adecuadas, pero no teme descartarlas y seguir intentando. No tendrá que acertar a la primera y no se frustrará por ello. El proceso de diseño libera al diseñador de los prejuicios de la razón, y le permite llegar allí donde la razón no ha llegado todavía"[1].

Desde esta perspectiva, el enfoque de *Design Thinking* representa –sin duda alguna– una interesante colaboración al campo del marketing. El DTMM está compuesto por una fase divergente y otra convergente. La fase divergente se plantea preguntas, genera

---

[1]   Santambrosio, M. (2013). "Design thinking y la estrategia de marketing" en http://www.wide-marketing.com/design-thinking-y-la-estrategia-de-marketing/

observaciones e identificación con los problemas y busca inspiración para la creación de alternativas de solución.

Por otra parte, la fase convergente procura sintetizar los hallazgos, evaluarlos, desarrollarlos, someterlos a pruebas y finalmente ejecutar soluciones definitivas.

El detalle de las distintas etapas del DTMM se puede observar en la siguiente figura:

[Figura 6: Framework | DTMM]

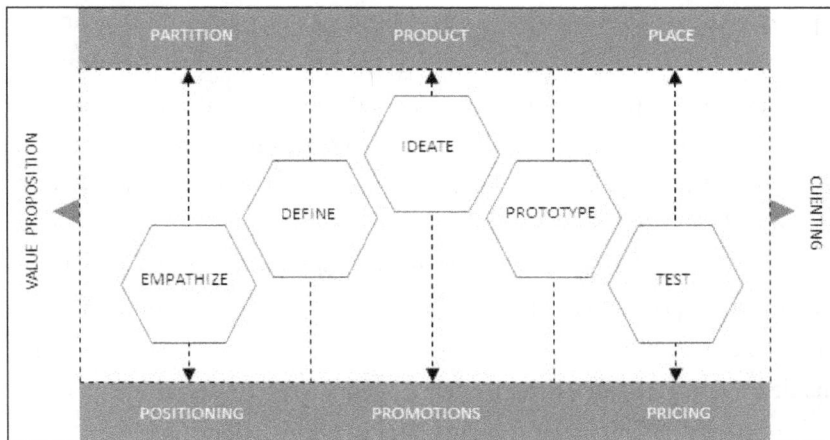

La primera etapa del DTMM, denominada etapa de Empatía (*Empathize*), representa la base del proceso de diseño centrado en el cliente. Esta etapa permite aprender acerca de lo que la persona realmente requiere o necesita a partir de su experiencia de consumo. Para alcanzar esta empatía, el modelo sugiere observar a los clientes y su comportamiento en el contexto de su vida diaria. La interacción con estos surge de la aproximación que la empresa realiza en forma regular a través de medios de interacción tales como: boletines, *newsletters,* redes sociales, telemarketing, *direct* marketing, departamento de fuerza de ventas y departamento de post venta entre otros. La sumatoria de aproximaciones que en el tiempo se puedan establecer, permitirá un verdadero acercamiento entre la empresa y su mercado objetivo, facilitándose con ello, un mejor nivel de comprensión y de entendimiento por parte de la empresa respecto de la problemática específica que pudiera enfrentar cada cliente.

La segunda etapa, de Definición (*Define*), apunta en dirección de lograr desembalar y sintetizar los hallazgos generados en la etapa anterior, de modo de poder definir en forma exacta el problema central que se pretende resolver. Después de un análisis cuidadoso, los problemas y el núcleo de sus elementos deberían quedar manifiestamente establecidos y listados en orden de importancia.

La tercera etapa, de Ideación (*Ideate*), representa la instancia en la cual se explora un vasto espacio de soluciones posibles para resolver el problema definido en la etapa anterior, en tanto que la etapa de Prototipo (*Prototype*) buscará por medio de la generación de un arquetipo, eliminar la ambigüedad generada a lo largo del proceso de ideación. "Si una imagen vale más que mil palabras, un prototipo vale más que mil imágenes". El prototipo no tendrá que ser perfecto la primera vez, ya que en líneas generales se buscará demostrar cómo este primer diseño puede representar una interesante aproximación para resolver el problema planteado inicialmente.

Finalmente, la etapa de Prueba (*Test*) es la oportunidad de depurar las soluciones ofrecidas por el prototipo y hacerlas mejor. El uso de una lógica razonable es muy importante en esta etapa. Es crítico evitar alternativas –prototipos– que pudieran inicialmente mitigar el problema de origen, pero que posteriormente pueden generar un problema más profundo o requerir de un mayor volumen de recursos para su eliminación.

Design Thinking in Marketing Model

An alternate framework to the MIPM that also collaborates in new product investigation and development is the model known as the Design Thinking in Marketing Model (DTMM). This model, which was generically proposed by Rolf Faste as a means to find design solutions for engineering, helps create solutions to business problems through the use of design and creativity at the strategic as well as at the operational levels of an organization.

The DTMM framework differs from the scientific method, which begins with the definition of all of the parameters of the problem so as to reach a solution, because it does not propose preconceived definitions and possible solutions, but rather favors the discovery of parameters hidden within the problems, thus allowing for multiple and alternative trajectories that end up optimizing the search for a solution.

In order to understand the scope of the DTMM, we need to understand how a designer thinks about marketing and business dynamics. According to Santambrosio, "The designer must invent a solution that doesn't exist for a problem that will change as the solution is being found. The design process forces the designer to experiment, to make mistakes, and to learn on the fly. The designer must develop his instincts as well as his capabilities of observation, trusting in his intuition although he isn't sure where it will lead him at the time. The designer doesn't search for solutions, he creates them and that changes everything. Some of these solutions may not seem adequate, but he is not afraid to discard them and keep trying. He won't have to get it right the first time, and he won't become frustrated because of this. The design process frees the designer from reason based prejudices, allowing him to arrive where reason has not arrived yet"[2]. Without a doubt the Design Thinking focus represents, from this perspective, an interesting contribution to the field of marketing.

The DTMM is made up of a divergent stage and a convergent stage. The divergent stage asks questions, observes and identifies the problems, and seeks inspiration to create solution alternatives. On the other hand, the convergent stage seeks to summarize the findings, evaluate, develop and test them, and finally execute definitive solutions.

The first stage of the DTMM, known as the Empathize stage, represents the basis of the client-centered design process. This stage shows what the person really requires or needs, based on his consumer experience. To reach this empathy, the model suggests observing clients and their behaviors within the context of their daily lives. Interaction with clients occurs through interaction media such as: bulletins, newsletters, social media, telemarketing, direct marketing, the sales force department and the post-sales department, among others. The sum of the approximations established over time will create a true approximation between the company and its target market, giving the company a better understanding of the specific problems that each client could face.

The second stage, the Define stage, is aimed at unpacking and summarizing the findings generated in the previous stage, thus paving the way to an exact definition of the

---

2   Santambrosio, M. (2013). "Design thinking and the marketing strategy". http://www.wide-marketing. com/design-thinking-y-la-estrategia-de-marketing/.

central problem that needs to be resolved. After a careful analysis of the problems, these should be clearly established and listed in order of importance.

The third stage, known as the Ideate stage, represents the moment in which a vast array of possible solutions are explored. The Prototype stage seeks to eliminate any ambiguity that may have arisen during the long ideation process with the creation of an archetype. "If a picture is worth more than a thousand words, a prototype is worth more than a thousand pictures". The prototype doesn't have to be perfect the first time; generally speaking, what this first design can represent is an interesting approach to solving the initially stated problem.

Lastly, the final stage, known as the Test stage, is the opportunity to purify the solutions offered by the prototype and improve them. The use of logic is very important during this stage. It is important to avoid alternatives (prototypes) that could initially mitigate the original problem, but that could in the long run generate a deeper problem or require a larger volume of resources for its elimination.

See Figure 6 with the different stages of the Framework | DTMM.

Sources:

- Osterwalder, A., Pigneur, Y., *Business model generation*, Amsterdam, Private Edition, 2009.

- Ricart. J., Casadesus-Masanell, R., *Competing through business models*, Barcelona, IESE Business School Press, 2007.

Modelo de Evaluación de Marketing Internacional

El siguiente *framework* incorporado en esta selección, lo he denominado *International Marketing Evaluation Model* (IMEM). Antes de presentarlo conviene aclarar que la actividad de marketing internacional distingue entre los procesos de formulación y los procesos de implementación de la estrategia. Respecto de los primeros, cabe señalar que aparecen como determinantes de un adecuado proceso de planificación, tanto la correcta selección de los mercados de destino como la adecuada formulación de las vías de acceso a estos mercados de destino. Para llevar a cabo ambas acciones –las cuales representan el ingrediente básico para efectuar la implementación de la estrategia de marketing internacional–, surge la necesidad de poder contar con niveles de información adecuados en cuanto a cantidad y calidad.

Las alternativas de desarrollo de la estrategia de marketing internacional, pueden variar entre concentrarse en una acotada cantidad de destinos o, en caso contrario, abrirse a una mayor cantidad de mercados. Algunas investigaciones respaldan la idea de que concentrarse en menos destinos favorece la obtención de cuotas mayores de mercado con una mejor rentabilidad en el tiempo. Sin embargo, otro grupo de investigaciones respaldan un proceso de expansión internacional más dinámico para empresas que requieren gestionarse en contextos de mayor diversidad cultural. En cualquier caso, la idea de "evaluar antes de actuar" se transforma en el requerimiento fundamental sobre el cual el IMEM efectúa su mayor contribución.

El IMEM permite a la empresa aproximarse en forma estructurada a la revisión de la decisión de internacionalizar –o no– la oferta de la empresa. Dicha revisión considera los siguientes cuatro cuestionamientos: ¿por qué expandirse internacionalmente?, ¿hacia qué destinos expandirse internacionalmente?, ¿cómo alcanzar los destinos seleccionados? y ¿cómo calibrar el mix de marketing en los destinos seleccionados? Cada una de estas reflexiones supone un análisis meticuloso por parte de la dirección superior de la empresa, entendiéndose que la lógica de precedencia es fundamental para el adecuado logro de los objetivos del IMEM. La expresión gráfica del IMEM se puede observar en la siguiente figura:

[Figura 7: Framework | IMEM]

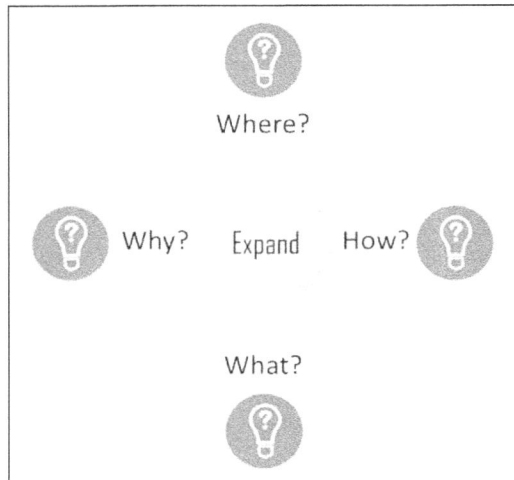

En el primer cuestionamiento del IMEM –¿por qué?–, se busca explorar de qué forma la estrategia de expansión internacional es capaz de agregar valor a la gestión de la empresa, más allá del beneficio puntual que podría reportar la realización de un negocio tras frontera.

El segundo cuestionamiento –¿dónde?– busca identificar qué destinos son los más adecuados para dar curso a la estrategia de expansión internacional de la oferta de la empresa. Este punto considera la revisión de aspectos tales como el nivel de riesgo país que ofrece cada alternativa, la revisión de las ventajas competitivas que es factible generar y el nivel de atractivo del mercado que es factible encontrar en cada uno de los destinos que han sido previamente seleccionados para el análisis. Dicho punto es contrastado con la predisposición al riesgo existente por parte de la empresa, aspecto que permite –ex ante– una mejor selección de los mercados de destino.

El tercer cuestionamiento –¿cómo?– plantea la reflexión respecto de los criterios que son necesarios de tener en cuenta, al momento de decidir el ingreso de la oferta de la empresa en cada uno de los destinos seleccionados en la etapa anterior. Las posibilidades de acceso hablan de al menos seis estrategias de penetración distintas: exportación pasiva, exportación directa, formatos contractuales, formatos participativos, filiales de comercialización y filiales de producción, las dos últimas en un formato mixto o como inversión directa autónoma.

La elección de la "mejor forma" de entrada a los distintos destinos seleccionados, sería función de los grados de riesgo, grados de control, compromiso de recursos y retorno esperado que la empresa desea obtener. En tal sentido, dicha elección bajo un planteamiento gradualista supondría iniciar la estrategia de internacionalización de la empresa, involucrando en una primera etapa, menores niveles de riesgo y recursos aunque ello implicara menores grados de control de la oferta en los mercados de destino y menores expectativas de retorno financiero.

La última reflexión que ofrece el IMEM —¿qué?— busca explorar de qué forma se debe calibrar el mix de marketing en los mercados de destino que fueron seleccionados en las etapas anteriores. Dicho análisis se moviliza entre los extremos de la total adaptación y de la total estandarización. La estandarización total implica exactitud en la oferta exportable para ser conducida a todos los países de destino donde actúa la empresa, es decir, comercializar los mismos productos en todos los mercados. Por otra parte, la adaptación total supone la calibración de la oferta exportable por medio de la realización de los ajustes tanto del núcleo como de la dimensión ampliada de la oferta, la cual es realizada en función de las características de los mercados de destino.

Con el propósito de dar con el justo nivel de calibración en cuanto a la relación —adaptación vs. estandarización—, el IMEM sugiere la revisión exhaustiva de la intensidad y magnitud de los fenómenos culturales, sociales y demográficos que son susceptibles de ser observados en los mercados de destino. A este respecto, el IMEM plantea la idea de que un mayor volumen de señales en favor del fenómeno globalizador daría mayor cabida a ofertas internacionales más estandarizadas y, al revés, un mayor volumen de señales en favor del fenómeno local daría mayor cabida a ofertas con mayores grados de adaptación. En este sentido, el problema fundamental que enfrenta la empresa en el desarrollo de su actividad internacional —a la hora de adoptar este tipo de decisiones—, está referido primero a reconocer y distinguir las diferencias existentes en los mercados de destino y luego a implementar la estrategia más adecuada para poder acceder y capturar cada uno de los destinos que fueron previamente seleccionados.

INTERNATIONAL MARKETING EVALUATION MODEL

I have named the next framework included in this selection the International Marketing Evaluation Matrix (IMEM). Before I present the framework is convenient to say that international marketing distinguishes between the formulation processes and the strategy implementation processes. It's worth noting that choosing the destination markets and creating access routes to them is essential for an adequate planning process. In order to carry out these actions, which are the basic ingredients for implementing the international marketing strategy, it's important to have adequate information in terms of quality and quantity.

Alternatives for developing an international marketing strategy range from concentrating on a reduced number of destinations to by contrast opening up to a larger number of markets. Some research backs the idea that concentrating on fewer destinations favors the obtainment of larger market quotas with higher profitability over time. However, another group of research backs a more dynamic international expansion process for companies that need to be managed within a culturally diverse context. In any case, the idea of "evaluation before action" becomes the fundamental requirement for the IMEM to make a greater contribution.

The IMEM helps a company decide whether or not to internationalize the offering. This decision process considers the following four questions: Why expand internationally? Where should we expand internationally? How do we reach the chosen destinations? And how do we calibrate the marketing mix in the chosen destinations? Each of these questions implies meticulous analysis by a company's upper management, with the understanding that precedence logic is fundamental for achieving the IMEM objectives.

The first question of the IMEM —why?— seeks to explore how the international expansion strategy is capable of adding value to the management of the company, beyond the specific benefits of an international business venture.

The next question —where?— seeks to identify the most adequate destinations for carrying out the international expansion strategy of the company offering. This point includes a review of aspects such as the risk level per country, the competitive advantages that can feasibly be generated, and the level of market attraction that can feasibly be found in each destination. This point is contrasted with the predisposition to risk that exists within the company; this aspect allows the company, ex ante, to make a better selection of destination markets.

The third question –how?– addresses the criteria that must be considered when deciding whether or not to start offering products in each of the destinations chosen in the previous stage. Access possibilities consider at least six different penetration strategies: passive exports, direct exports, contractual formats, participative formats, commercialization subsidiaries, and production subsidiaries. These last two can be considered both in mixed format and as direct autonomous investment.

"The best way" to penetrate the different destinations selected is related to the risk, control, commitment of resources, and expected return that the company wishes to receive. In this sense, choosing gradual penetration would imply beginning the company's internalization strategy with low levels of risk and resources, even though this would mean lower supply control in the destination markets and lower expectations in terms of financial returns.

The final question brought up by the IMEM –what?– explores the different ways to calibrate the marketing mix in the destination markets. This analysis moves between the extremes of total adaptation and total standardization. Total standardization implies exactness in the exportable offering to be introduced into the destination countries; in other words, to commercialize the same products in every market. On the other hand, total adaptation implies calibrating the exportable offering by adjusting both the nucleus and the wider dimension of the offering; this is done according to the characteristics of the destination markets.

In order to reach perfect calibration in terms adaptation vs. standardization, the IMEM suggests reviewing the intensity of the cultural, social, and demographic phenomena observable in the destination markets. In this regard, the IMEM proposes that when there are many signals favoring the globalization phenomenon, there should be greater acceptance of more standardized international offerings. In the opposite sense, when there are many signals favoring the local phenomenon there should be greater acceptance of offerings with higher levels of adaptation.

See Figure 7 with the different stages of the Framework | IMEM.

Sources:

- Cateora, P., Graham, J., *Marketing internacional*, México DF, McGraw Hill, 2006.

- Chetty, S., Hamilton, R., "Firm level determinants of export performance a media analysis", *International Marketing Review*, 10 (3), 1999, pp. 26-344.

- Czinkota, M., Ronkainen, I., *Marketing internacional*, México DF, McGraw Hill, 2004.

- Liberman, S., *Marketing internacional del vino,* Madrid, Editorial Académica Española, 2011.

- Reid, S., "The decision-maker and export entry and expansion", *Journal of International Business*, 12 (2), 1981, pp. 101-112.

- Zou, S., Stan, S., "The Determinants of Export Performance: A Review of the Empirical Literature", *International Marketing Review*, 15 (5), 1998, pp. 333-356.

Matriz de GE-McKinsey

Un *framework* en el cual resulta interesante la aplicación de la métrica de *Market Share* (MS) –revisada en páginas anteriores–, corresponde al modelo de análisis denominado *GE-McKinsey Matrix* (GEMM). Este es un método gráfico de análisis que fue desarrollado por la consultora internacional McKinsey, para su cliente General Electric. Después de algunos años de su formulación, esta herramienta sigue siendo uno de los instrumentos más utilizados, al momento de evaluar el conjunto de actividades estratégicas de una empresa. En términos generales, la GEMM plantea un modelo de reflexión estratégica que relaciona el nivel de atractivo de la industria con las fortalezas de las diferentes unidades estratégicas de negocio (UEN). Ambas dimensiones se dividen en tres zonas (alto, medio, bajo), generándose por consiguiente nueve zonas de distinto desempeño.

Para asignar adecuadamente las UEN en las distintas zonas, la empresa matriz debe evaluar el atractivo de la industria y las fortalezas de cada UEN. El atractivo de la industria viene dado por la rentabilidad potencial que ofrece la industria de la referencia en tanto que las fortalezas (activas) de la UEN vienen dadas a partir de las capacidades que esta detenta y que, además, es capaz de desplegar en favor del negocio. Una distinción práctica en este punto nos indica que solamente aquellos activos que la empresa logre poner en "acción competitiva", tendrán alguna probabilidad de transformarse en fortalezas activas y útiles para esta.

Si bien existen distintas variantes de la GEMM, y cada una suele ordenar los ejes de diferentes maneras, los círculos que representan a cada una de las UEN en la cartera de empresas se dibujan en la matriz, considerando el tamaño del mercado (cuanto mayor sea el mercado, mayor será el círculo) y, por otro lado, el círculo se convierte en un gráfico de torta donde es posible representar la cuota de mercado que detenta cada UEN. En términos específicos, la GEMM plantea líneas estratégicas tales como la posibilidad de expandirse, de innovar en cuanto a producto, de innovar en cuanto a mercado, de diversificarse, de reestructurarse o simplemente de liquidar su operación en el negocio, como podría ocurrir en el caso de que alguna de las UEN no detentara las fortalezas activas necesarias o en su defecto estuviera participando en una industria con un atractivo de bajo potencial. La forma que adquiere este *framework* es la siguiente:

[Figura 8: Framework | GEMM]

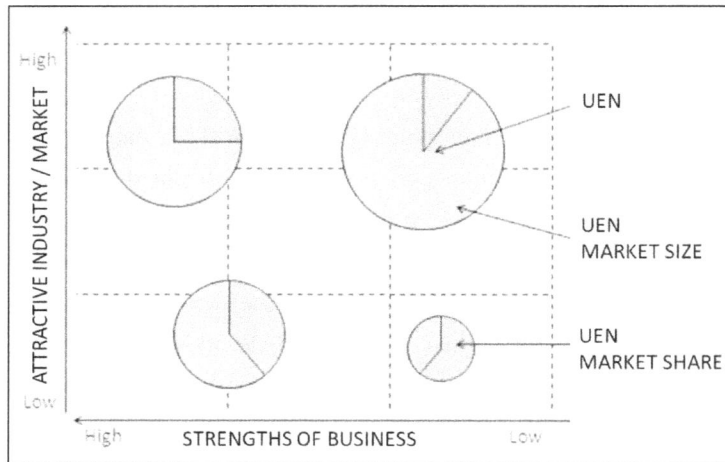

GE-McKinsey Matrix

An interesting framework in which we can apply the Market Share metric (MS), which was previously reviewed, is the analysis model named the GE-McKinsey Matrix (GEMM). This is a graphic analysis model that was developed by the McKinsey international consulting firm of for its client, General Electric. Years after its formulation, this tool remains one of the most highly used instruments when evaluating a company's strategic activities. In general, the GEMM proposes a strategic reflection model that relates the level of industry attraction to the strengths of the different Strategic Business Units (SBU). Both of these dimensions are divided into three zones (high, middle, low), therefore generating nine different performance zones.

In order to assign the SBUs to the different zones, the parent company must evaluate the level of industry attraction and the strengths of each SBU. The level of industry attraction is determined by the potential profitability that the industry has to offer, while the (active) strengths of the SBUs are determined by the capacities that they have and are able to use in favor of the business. A practical difference here indicates that only those assets which the company can place in "competitive action" will have any possibility of changing into active and useful strengths for that company.

Although there are different variations of the GEMM, and each of these variations tends to organize its axes in different manners, in company portfolios the circles representing each SBU are drawn in the matrix according to the size of the market (the bigger the size, the larger the circle). On the other hand, the circle becomes a pie chart where it is possible to represent the market quota of each SBU. In specific terms, the GEMM proposes strategic lines such as the possibility of expansion, product innovation, market innovation, diversification, restructuring itself, or simply settling its operations within the market, as would be the case if one of the BUs didn't have the necessary active strengths, or if one of the SBUs were participating in an industry with low levels of potential.

See Figure 8 with the different stages of the Framework | GEMM.

Sources:

- Aaker, D., Kumar, V., *Marketing research*, New York, Wiley & Sons, 2012.

- Best, R., *Market-based management*, Upper Saddle River, NJ, Prentice Hall, 2000.

- Jain, S., *Marketing: Planning & strategy*, Cincinnati, OH, South-Western College Publishing, 2000.

- Kotler, P., *Marketing management*, Mexico DF, Pearson Education, 2006.

- Stanton, W., Etzel, M. y Walker, B., *Fundamentos de marketing*, México DF, McGraw Hill, 2007.

Matriz de BCG

De igual manera que en el caso anterior, otro framework en el cual resulta interesante la aplicación de la métrica de *Relative Market Share* (RMS) –revisada en páginas anteriores–, corresponde al modelo de análisis de crecimiento y participación, conocido como la *BCG Matrix* (BCGM). Este es un método gráfico de análisis de cartera de negocios que fue desarrollado por The Boston Consulting Group algunos años atrás. Si bien este instrumento corresponde a una herramienta de análisis estratégico –específicamente a la temática de planificación estratégica corporativa–, por su estrecha relación con el marketing estratégico, es siempre considerada una herramienta de alta usabilidad en cualquier proceso de planeación ligada a esta disciplina.

El objetivo central de esta herramienta es el de colaborar en las decisiones de inversión que debe enfrentar una empresa que administra una matriz de proyectos o negocios de diversas características. Preguntas tales como dónde invertir o dónde desinvertir o cuestionamientos tales como dónde priorizar o incluso qué negocios desatender, corresponden al set de reflexiones regulares y frecuentes que plantea el modelo.

En términos gráficos, la BCGM se vale de una matriz de doble entrada como forma de agrupar a los distintos tipos de negocios que una empresa posee.

El eje vertical de la matriz define el crecimiento en el mercado, y el eje horizontal define la cuota de mercado relativa.

La simbología utilizada por la BCGM para identificar los tipos de negocios considera la forma gráfica de la Vaca, del Perro, el signo de Interrogación y la Estrella. Cada uno de estos símbolos supone un perfil específico de negocio que conforma la matriz de crecimiento y participación de cada empresa.

De acuerdo a la BCGM, el perfil Estrella supone gran tasa de crecimiento y gran participación de mercado. Se recomienda potenciar al máximo dicha área de negocio hasta que el mercado se vuelva maduro y así la unidad estratégica de negocio pueda mutar en dirección del perfil de Vaca.

El perfil signo de Interrogación supone gran tasa de crecimiento pero con un débil nivel de participación de mercado relativa. Se sugiere reevaluar concienzudamente la estrategia en esta categoría, ya que eventualmente podría mutar en dirección del perfil Estrella o en su defecto en dirección del perfil Perro.

El perfil Vaca supone bajo crecimiento y alta participación de mercado relativa, lo que podría implicar una cierta capacidad de generación de efectivo, muy necesaria al momento de apoyar la creación de nuevas Estrellas.

Finalmente, el perfil Perro supone ausencia de crecimiento –o crecimiento discreto– y participación de mercado relativa baja. En el caso de áreas de negocio con baja rentabilidad o incluso ausencia de rentabilidad se recomienda su desestimación temprana cuando esto fuera posible de realizar. Normalmente corresponden a negocios que recorren sus últimas etapas de vida y muy ocasionalmente se recomienda su mantención en el portafolio de la empresa.

La forma que adquiere el modelo BCGM es la siguiente:

[Figura 9: Framework | BCGM]

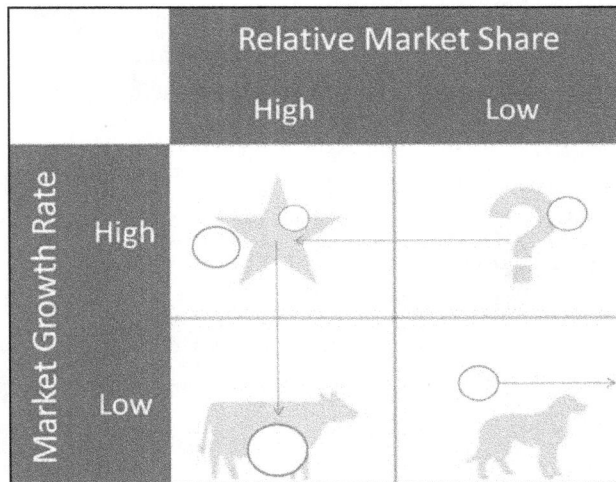

BCG Matrix

Just as in the previous case, another framework in which it is interesting to implement the Relative Market Share (RMS) metric is the growth and participation analysis known as the BCG Matrix (BCGM). Although this instrument is a strategic analysis tool –and more specifically a tool to analyze corporate strategic planning– it's considered a highly useful tool for any planning process in this discipline because of its close relationship with strategic marketing. The central goal of this tool is to aid the investment decisions of a company that manages projects or a business matrix with a variety of characteristics. Questions such as where to invest, where to stop investing, where to prioritize, or even which business activities can be ignored, are part of the regular and frequent reflections posed by this model.

In graphical terms, the BCGM uses a double entry matrix as a way to group together the different types of business activities that a company manages.

The vertical axis of the matrix defines market growth, while the horizontal axis defines the relative market quota. The symbols used by the BCGM to identify the types of business activities are a Cow, a Dog, a Question mark, and a Star. Each symbol represents a specific business activity profile that makes up the growth and participation matrix of the company. The form that this model takes is the following:

According to the BCGM, the Star profile represents high levels of growth and relative market share. It is advisable to maximize this business area until the market is mature, at which point the strategic business unit can change take on the Cow profile.

The Question mark profile represents high levels of growth but low levels of relative market share. It is advisable to conscientiously reevaluate this category's strategy because it could eventually change to the Star profile or, if it fails, to the Dog profile.

The Cow profile represents low growth and high relative market share. This is a business area that can generate the cash necessary to support the creation of new Stars.

Lastly, the Dog profile represents an absence of growth –or minimal growth– as well as low relative market share. Early elimination of business areas with low or even null profitability is recommended whenever possible. These are usually businesses in the final stages of their life cycles and it is very rarely recommended that they remain part of the company portfolio.

See Figure 9 with the different stages of the Framework | BCGM.

Sources:

- Davis, J., *Measuring marketing*, Singapore, Wiley, 2007.

- Kotler, P., *Marketing management*, México, DF, Pearson Education, 2006.

- Schnaars, S., *Marketing strategy: Customers & competition*, New York, Free Press, 2005.

Herramienta de Análisis para Dilemas Éticos en Marketing

El último *framework* incorporado en esta sección, corresponde a la herramienta de discernimiento para dilemas éticos en el campo del marketing, que he denominado *Markethics Dilemma Grid* (MDG). En mi opinión, este marco de análisis debiera ser uno de los que mayor interés debiera despertar en el mundo de los negocios; sin embargo es incipiente aun el nivel de atención e interés que reciben los temas de ética, de parte no sólo de los equipos de marketing, sino que de parte de todo el contexto funcional de la empresa moderna.

El MDG tiene por objeto ofrecer un marco de reflexión y análisis para administrar la siempre compleja relación existente entre los conceptos de marketing y ética, para quienes enfrentan en forma permanente disyuntivas y dilemas éticos al momento de tomar decisiones en el campo del marketing.

Hablar de ética implica hablar de un conjunto de principios o valores morales que guían el comportamiento de las personas. En tal sentido, la conducta ética es un comportamiento que se ajusta a un estándar de lo que es correcto y bueno. Desde esta perspectiva, la conducta ética trasciende el comportamiento determinado por el cumplimiento de la ley, ya que bajo este último sólo "debemos hacer lo que se está obligado a hacer"; sin embargo, bajo el alero de la conducta ética, "debemos hacer lo que se debe hacer". Un acto no será ético sólo porque es legal; de lo contrario, bastaría con legalizar el aborto para que este fuera considerado ético.

El problema surge cuando hacer lo correcto se torna no del todo conveniente. Bajo este permanente dilema, se mueven las decisiones en el campo del marketing. Diferenciar lo correcto de lo incorrecto no siempre resulta una tarea fácil. En forma recurrente, las personas estamos enfrentando dilemas éticos que sitúan en contraposición el actuar bien del actuar mal. En tal sentido, la pregunta que cabría hacerse para iniciar una reflexión en torno al tema de ética y marketing podría ser la siguiente: ¿Se puede hablar de un marketing ético o un marketing antiético?

Para tratar de contestar esta pregunta, voy a presentar algunas de las ideas que parecen poner en tela de juicio el correcto comportamiento del marketing hoy en día.

De acuerdo con William Stanton, "Al marketing se le ha considerado en algunas circunstancias, explotador de los consumidores, ineficiente, ilegal y muchas veces estimulador de una demanda nociva". En tal sentido, algunos críticos señalan que las empresas utilizan como consecuencia del uso de un marketing exageradamente agresivo, más recursos de los necesarios para lograr sus objetivos, generando costos mucho mayores que redundan en menores utilidades para las corporaciones. Según Ries y Trout, en la Euro Zona un niño promedio recibe 3.000 mensajes comunicacionales por día; sin embargo, a las 24 horas olvidó totalmente el 80% de estos y un 15% es recordado con altos grados de dificultad. Esto deja entrever el enorme caudal de recursos que las corporaciones gastan anualmente en publicidad por medio de campañas que no alcanzan las metas propuestas ni en materia de ventas ni de posicionamiento.

La categoría de argumentos en contra del marketing atraviesa e impacta transversalmente las conocidas "4P". Algunos de estos argumentos planteados por expertos del marketing –Stanton, Etzel y Walker– son los siguientes:

[**Producto**]: Se critica en materia de desarrollo de productos aspectos tales como la mala calidad, inseguridad, excesivo uso de conservadores químicos, saborizantes, y colorantes en el caso de los productos alimenticios. Productos con garantías confusas, servicios de reparación poco satisfactorios, contenido inferior al señalado en los envases, etiquetas con información engañosa e insuficiente, excesiva proliferación de marcas, alto fomento al desuso de productos con una vida útil que normalmente es forzada a través de la obsolescencia planificada.

[**Precio**]: Las críticas en materia de precio apuntan principalmente a señalar la existencia de "precios manejados" por las grandes corporaciones de la industria. Se acusa al comercio detallista de inventar cargos y comisiones o de anunciar descuentos falsos. Se señala que la competencia de precios ha sido reemplazada en gran medida por una competencia desleal basada en características superfluas del producto, las cuales no aumentan el valor del producto sino simplemente su costo.

[**Distribución**]: En materia de distribución, la crítica fundamental apunta a señalar que los canales de distribución cuentan con un excesivo nivel de intermediarios, lo que se traduce en mayores costos que finalmente son traspasados a los consumidores. Un ejemplo derivado del modelo de regulación alternativa de la teoría del Comercio Justo, plantea que, un par de zapatillas de una marca altamente reconocida en el mercado, llega a la isla de Hong Kong proveniente de China continental a un precio de U$5,5, el cual es comercializado semanas más tarde en grandes tiendas de Norte América en torno a un precio equivalente a los U$190 –el mismo par de zapatillas–.

[**Promoción**]: Este punto es definitivamente el más damnificado de las cuatro categorías. Desde un punto de vista social, se acusa a la publicidad de exagerar los niveles materiales de vida y dar poca importancia a los valores culturales y morales. Se la acusa también de manipular personas impresionables, dar poca importancia a los valores culturales y morales, hacer afirmaciones falsas, engañosas o de mal gusto, afirmar cosas exageradas de los productos y de abusar de los mensajes de carácter sexual.

Finalmente, los más ácidos señalan que el propósito de la publicidad no es informar sino persuadir, favoreciendo el materialismo, la invasión, la manipulación, la explotación de la ingenuidad de los niños, el mal gusto, el deterioro de las normas de decencia, la desconfianza y el cinismo.

¿Es ético el marketing?

Al igual que en la medicina, la arquitectura y otras disciplinas y quehaceres que ocupan al ser humano, no es posible juzgar estas actividades por la aplicación que hagan de ellas las personas. Así como no es ético intentar obtener ventajas de la relación médico-paciente, tampoco es ético obtener ventajas a partir de la manipulación del consumidor.

El marketing definitivamente constituye una disciplina instrumental creada por el ser humano cuyo fin es el de establecer una relación "fluida" y "útil" entre oferentes y demandantes.

Desde este punto de vista, la ética del marketing sólo puede ser evaluada según la utilización y valor que los agentes económicos le concedan. Así como otras creaciones humanas, su naturaleza es neutral en lo que respecta a su génesis; su aplicación enlaza con los principios y valores individuales y colectivos de sus actores. En este sentido, sólo es factible relacionar una conducta ética o antiética en el campo del marketing con algún comportamiento generado a partir del correcto o incorrecto uso de esta herramienta.

Un simple y útil "chequeo ético" factible de poner en práctica por quienes en forma permanente enfrentamos dilemas éticos y tomamos decisiones en el campo del marketing, puede partir de la reflexión en torno a las siguientes tres preguntas:

1. "La decisión que estoy por tomar en el campo del marketing...": ¿se ajusta a la ley? (La decisión se enmarca dentro de la ley así como dentro de las políticas de la empresa).

2. "La decisión que estoy por tomar en el campo del marketing...": ¿es justa? (La decisión promueve relaciones donde todos ganan).

3. "La decisión que estoy por tomar en el campo del marketing...": ¿me satisface y me enorgullece?

Si bien estas tres preguntas pueden tener respuestas diversas e interpretables –aspecto que acrecienta el riesgo de caer en relativismos morales–, pienso que una forma de establecer un límite a la acción del director de marketing, puede iniciarse con la idea de fijar una frontera que impida que la decisión que se está evaluando tomar, en ningún caso afecte los grados de libertad que un individuo tiene para poder decidir por sí mismo –nadie podría apoderarse de la libertad de decisión de otro–. Por lo tanto, si un comprador se decide de manera verdaderamente libre por la oferta de una empresa, la actividad del marketing se habrá mantenido dentro de las fronteras de la ética.

No obstante lo anterior, considero que es fundamental extremar el cuidado que debe tener la actividad del marketing cuando el foco de la estrategia corresponda a un target muy sugestionable dada su particular naturaleza, como podría ser el caso de estrategias dirigidas a niños o personas con escaso capital cultural o social.

Las distintas etapas del MDG se pueden observar en la siguiente figura:

[Figura 10: Framework | MDG]

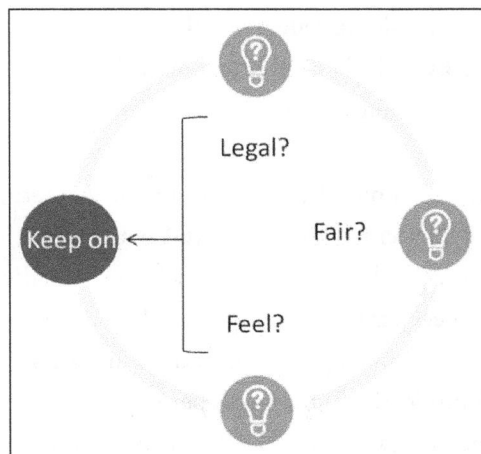

Markethics Dilemma Grid

The last framework included in this selection is a tool that helps to discern ethical dilemmas in the field of marketing which I have dubbed the Markethics Dilemma Grid (MDG). In my opinion, this analysis framework should generate high interest in the business world. However and unfortunately, this framework has still not received all the attention and interest that it should, not only from marketing teams but also from the entire context of the modern company.

The purpose of the MDG is to offer a framework to reflect upon and analyze the always complex relationship that exists between marketing and ethics. This is geared toward those who permanently face ethical dilemmas and choices when making marketing decisions.

To speak of ethics implies speaking about a set of principles or moral values that guide people's behavior. In this sense, ethical conduct is a behavior that is adjusted to a standard of what is correct and good. From this perspective, ethical conduct transcends compliance with the law because this compliance implies that "we must do what we are obligated to do," while ethical behavior implies that "we must do what is ethical". An act is not ethical merely because it is legal. If this were the case, legalizing abortion would make it ethical.

The problem arises when doing the right thing becomes inconvenient. Marketing decisions are constantly affected by this dilemma. Differentiating right from wrong is not always easy. People are constantly faced with ethical dilemmas that juxtapose good and bad behavior. In this sense, in order to reflect on ethics and marketing, the first question to ask is: is there such a thing as ethical or unethical marketing?

To try to answer this question I'm going to present some ideas that question today's marketing behavior.

According to William Stanton, "In some instances, marketing has been considered an inefficient and illegal exploiter of consumers and many times a stimulator of noxious demand". Some critics indicate that companies use exaggeratedly aggressive marketing, using more resources than necessary to reach their goals and generating much higher costs that result in lower profits. According to Ries and Trout, an average child in the Euro Zone receives 3,000 communicational messages per day; within 24 hours, however, 80% of these messages have been forgotten, while 15% of these messages are remembered with high degrees of difficulty. This gives us a glimpse of the enormous amount of resources that corporations spend each year on advertising campaigns that don't reach their proposed goals in terms of sales or positioning.

These arguments against marketing also touch upon the so called "4Ps." Marketing experts like Stanton, Etzel, and Walker make some of the following arguments:

[Product]: In terms of product development, critics target the following aspects: poor quality, low levels of safety, and excessive use of chemical preservatives, flavoring, and coloring in the case of food products, products with confusing warranties, unsatisfactory repair services, poorer content than what is indicated on the packages, labels with confusing and insufficient information, excessive proliferation of brands, promoting the disuse of products with a life cycle that is normally based on planned obsolescence.

[Price]: Criticism regarding price is generally aimed at the "managed prices" of large industrial corporations. Retailers are accused of inventing surcharges and commissions, or of announcing false discounts. Price competition has been largely replaced by disloyal competition based on superfluous characteristics that don't increase product value, but do increase cost.

[Distribution]: The fundamental criticism in terms of distribution indicates that distribution channels have excessive intermediaries, which translates into higher costs that are passed on to the consumers. An example from the alternative regulation model of the Fair Commerce theory states that a pair of athletic shoes from a highly recognized brand arrives at the island of Hong Kong from continental China at a price of US$5.5. Weeks later, this same pair of shoes is commercialized in large North American stores at an approximate price of US$190.

[Promotion]: Of the four categories, this one is definitely the most criticized. From a social point of view, people accuse advertising of exaggerating life's material aspects and giving little importance to cultural and moral values. It is also accused of manipulating impressionable people, making false, misleading, or vulgar statements, making exaggerated claims about products, and overusing sexual messages.

Lastly, the most acidic proponents of advertising indicate that the purpose of advertising is not to inform, but to persuade, favoring materialism, the invasion, manipulation, and exploitation of children's naiveté, poor taste, the deterioration of all norms of decency, distrust, and cynicism.

Is marketing ethical?

Just as in medicine, architecture, and other disciplines developed by humans, we cannot judge these activities by how people have applied them. Just as it's unethical to try to take advantage of the doctor-patient relationship, it's also unethical to benefit from consumer manipulation.

Marketing is definitely an instrumental discipline created by man for the purpose of establishing a "fluid" and "useful" relationship between suppliers and consumers. From this point of view, marketing can only be evaluated in ethical terms according to the use and value given to it by economic agents. Just like other human creations, it is neutral in terms of its genesis; its application is meshed with the individual and collective principles and values of its actors. In this sense, we can only speak of ethical or unethical marketing behavior when we refer to behavior stemming from the correct or incorrect use of this tool.

Finally, I believe that those of us who permanently face ethical marketing dilemmas can do a simple and useful "ethical check" by considering the following three questions:

1. "Is the marketing decision I'm about to make legal?" (The decision falls within the law, as well as within company policies).

2. "Is the marketing decision I'm about to make fair?" (The decision promotes relationships where everybody wins).

3. "Am I satisfied and proud of the marketing decision I'm about to make?".

Although these three questions can have a variety of answers and are open to interpretation, which increases the risk of falling into moral relativities, I believe that one way to limit the marketing director's scope of action is to set a boundary that prevents the decisions being evaluated from ever affecting an individual's liberty to make decisions; nobody can take over the decision-making liberties of others. Therefore, if the purchaser decides in a truly free way to choose what a company has to offer, the marketing activities will have remained within ethical boundaries. Nonetheless, I believe that it is essential to take extreme care when the target group strategy is very impressionable, as could be the case for strategies aimed at children or people with low levels of cultural or social capital.

See Figure 10 with the different stages of the Framework | MDG.

Sources:

- Abascal, F., *Marketing social y ética empresarial*, Madrid, Esic, 2005.

- Arnol, C., *Ethical marketing and the new consumer*, Cornwall, UK, TJ International, 2009.

- Cortina, A., *Por una ética del consumo, la ciudadanía del consumidor en un mundo global*, Madrid, Editorial Taurus, 2002.

- Liberman, S., *Marketica, ¿es ético el marketing?*, Publimark, Comunicación y Publicidad, número 34. Santiago, Chile, Editorial Holanda, 2002.

- Stanton, W., Etzel, M. y Walker, B., *Fundamentos de marketing*, México, McGraw Hill, 2007.

Casos Latinoamericanos de Marketing

Casos Latinoamericanos de Marketing

"Elija el color que quiera siempre que sea el negro".

Henry Ford

Desde mi perspectiva, un adecuado ejercicio basado en el estudio de casos, supone no solamente la revisión y análisis de experiencias de empresas siempre exitosas –hacerlo supondría intentar aprender sólo a partir de la vida ejemplar de los santos– sino, por el contrario, exige adentrarse y constatar que el mundo real de los negocios es, por cierto, diverso, heterogéneo y no siempre pletórico de éxito.

En esta tercera parte del libro, he incorporado la presentación de ocho casos latinoamericanos de marketing, pertenecientes a diversos ámbitos de negocios y contextos culturales, los cuales he desarrollado a partir de mi experiencia como consultor, como ejecutivo y, en algunos casos, como director de algunas de las empresas y proyectos seleccionados. Los ocho casos de estudio han sido estructurados con el fin de facilitar al estudiante una adecuada aproximación y análisis de estos, a partir de la utilización de las métricas y *frameworks* que fueron incluidas en la primera y segunda parte del libro, respectivamente.

Presentación de los casos

Ofogo

La compañía Ofogo, fundada en la zona sur del Brasil por inmigrantes holandeses, se dedica a la fabricación y comercialización de productos de consumo doméstico y de cuidado infantil en diversas categorías. En el instante del tiempo en el cual se sitúa el caso, la empresa se encuentra revisando su estrategia de precios para Latinoamérica con el fin de eliminar las distorsiones generadas a partir de las diferencias observadas en los diferentes mercados de la región. El caso permite una adecuada reflexión en torno a temas relacionados con la estrategia de marketing internacional así como el análisis de los aspectos de demanda y *markup* para los distintos mercados en los cuales participa la compañía.

Tico Bazar

Tico Bazar, una empresa costarricense de tamaño medio, productora y comercializadora de una amplia variedad de productos de consumo masivo, pone de manifiesto la situación que enfrenta a partir de la fuerte competencia generada como consecuencia de la llegada de marcas blancas pertenecientes a los grandes retails, así como otras marcas que lideran la distribución minorista en el mercado local. El caso ofrece un buen ejemplo de integración de herramientas de marketing así como de diseño estratégico de distribución, el cual permite categorizar cada UEN –unidad estratégica de negocio– para luego por medio de la metodología de la BCGM permitir un diagnóstico sobre el estado de salud de la compañía.

Xcaret

En este caso se analiza el desarrollo de uno de los parques de atracciones más importantes de la ciudad de Cancún en la península de Yucatán, México. El problema examinado aquí, dice relación con la forma de plantear el negocio de la entretención, directamente relacionado con el cada vez más competitivo negocio del turismo, en el estado de Quintana Ro. El parque Xcaret fue uno de los primeros centros recreativos de la ciudad de Cancún, aspecto que le permitió ganar una sólida reputación, imagen y gran afluencia de visitantes. La situación planteada en el momento en el cual se desarrolla el caso es algo distinta, por cuanto la enorme competencia generada en la zona de Cancún –que busca captar el flujo de turistas–, ha determinado la necesidad de revisar con mayor frecuencia y profundidad la oferta de atracciones que el parque Xcaret ofrece al mercado.

Arcotex

La compañía Arcotex es una empresa peruana especializada en la fabricación de cueros sintéticos que atiende principalmente a la industria del calzado. El caso plantea la reflexión que realiza el director de la compañía en torno a la posibilidad de introducir el concepto de marketing estratégico al interior de la misma; no obstante, el foco de la compañía había estado siempre puesto en la temática de producción así como en los procesos fabriles de la empresa.

Socks

Socks es una compañía de corte familiar dedicada a la fabricación y comercialización de calcetines, uno de los subsectores más rentables de la alicaída industria textil chilena. La compañía ocupa una buena posición en el mercado local, gracias al *know-how* adquirido por más de noventa años, así como al empuje generado por sus fundadores. La dirección de esta compañía se pregunta por la necesidad de reforzar la función estratégica de marketing, justamente cuando nuevos paradigmas y cambios en las reglas del juego de mercado, han comenzado a amenazar el correcto desenvolvimiento de las empresas del sector.

Lactoqueso

Lactoqueso es una compañía perteneciente al sector de alimentos lácteos, especializada en la fabricación y comercialización de quesos. En los últimos años, la compañía ha estado evaluando la factibilidad de comercializar una línea exclusiva de quesos de cabra. El caso revisa en profundidad todos los aspectos relativos a este particular segmento de mercado, permitiendo la reflexión en torno a temas tales como: consistencia de la estrategia de productos, coherencia entre las estrategias de precios de las diferentes líneas de productos y su impacto en la imagen y posicionamiento de la compañía en el mercado.

Legalty Biz

El crecimiento de la actividad económica en Chile durante las últimas décadas había conllevado necesariamente a que la asesoría legal en todas sus formas así como la intervención de los abogados, fuera considerada un aspecto necesario tanto para las personas como para las empresas. Bajo esta perspectiva, Legalty Biz se constituía como la primera compañía en ofrecer planes legales prepagados en el mercado nacional. El caso revisa en profundidad todos los aspectos del mercado de la asesoría jurídica en Chile, permitiendo al lector poder reflexionar en torno a la estrategia seguida por la compañía al poco tiempo del lanzamiento de su nuevo producto.

Southern Cross Wine

Este caso revisa la historia de una empresa del sector vitivinícola chileno perteneciente a la zona del Maule, cuya actividad se inicia algunas décadas atrás como un hobby de uno de los socios fundadores, con el único propósito de deleitar y agasajar a sus amistades y familiares con vinos producidos artesanalmente en sus propias instalaciones. Este interesante caso permite al lector reflexionar en torno a aspectos tales como: la necesidad de coherencia que debe existir entre el proceso de planificación estratégica y la definición de acciones específicas de marketing, así como la posibilidad de explorar en el diseño y estructuración de un plan operacional que permita a la empresa vitivinícola hacer frente al gran número de competidores existentes en el sector vitivinícola nacional.

Latin American Marketing Cases

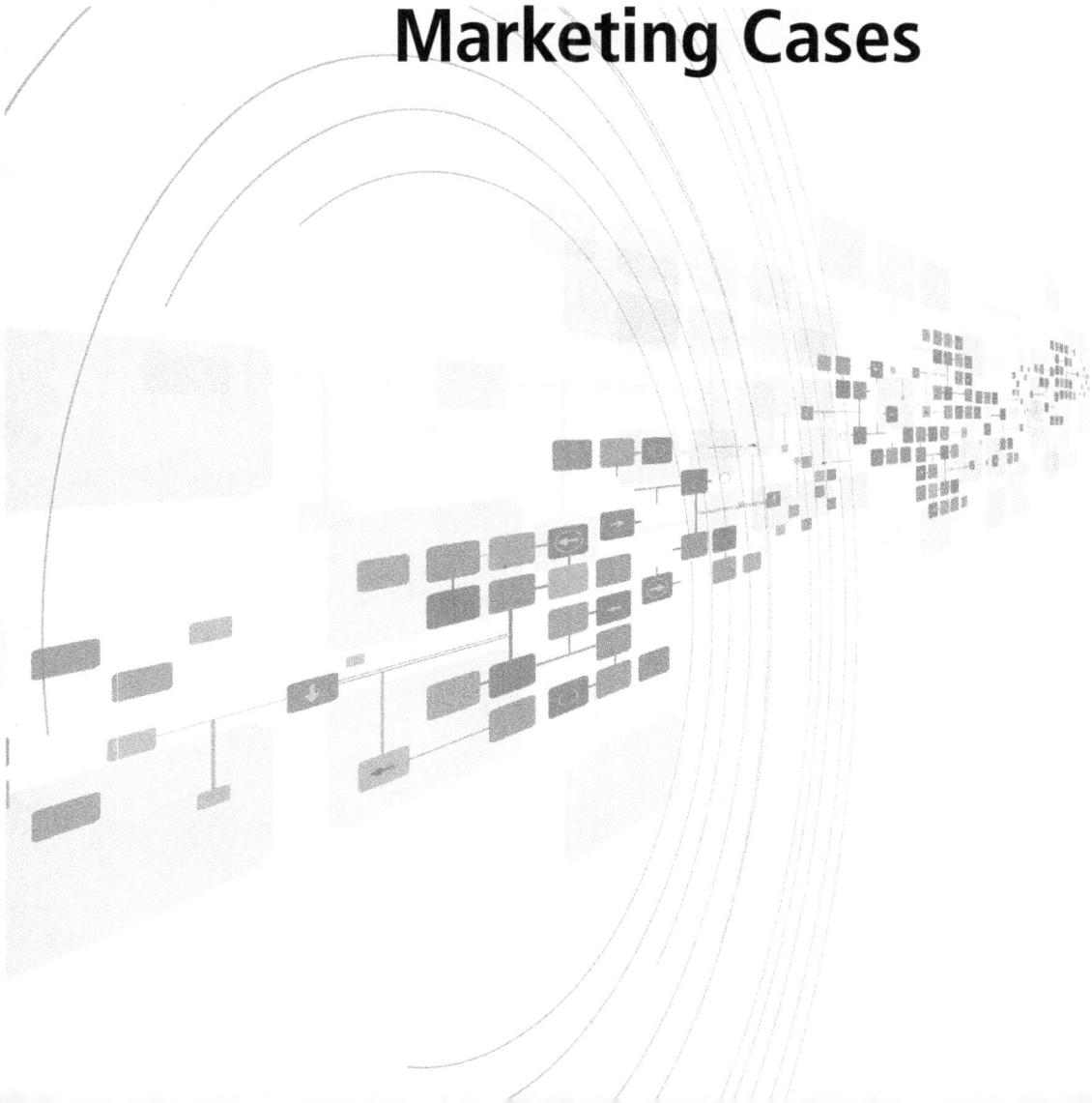

Latin American Marketing Cases

"Any color - so long as it's black".

Henry Ford

From my point of view, an adequate case studies exercise means not only reviewing and analyzing successful company experiences –that would imply learning about life only from the lives of saints– but also entering the real business world and acknowledging that this world is diverse and not always filled with success.

This third part of the book contains eight Latin American marketing cases. These examples belong to different business areas and to different cultural contexts. The cases have been developed based on my experience as a consultant, executive, and in some cases as a director of the companies and projects. In order to let students learn about and analyze these cases, they have been structured using the metrics and frameworks included in the first and second parts of the book, respectively.

PRESENTATION OF THE CASES

XGARET

Legaltybiz

socks

Ofogo

Lactoqueso

ARCOTEX

TICO BAZAR

Southern Cross Wine

Ofogo

Ofogo, founded in the south of Brazil by Dutch immigrants, manufactures and commercializes domestic consumer and child care products in a variety of categories. At the time in which the case is set, the company was reviewing its pricing strategy for Latin America so as to eliminate the differences observed in the different regional markets. The case gives room for ample reflection on international marketing strategies, as well as demand and markup aspects for the different markets in which the company participated.

Tico Bazar

Tico Bazar, a medium-sized Costa Rican company that manufactures and commercializes a wide variety of mass consumer products, begins to face strong competition with the arrival of private label brands belonging to large retailers, as well as other brands that lead the local retail market. The case offers a good example of how to integrate marketing tools as well as strategic distribution design tools, which allows us to characterize each SBU (Strategic Business Unit) and thus diagnose the company's health using the BCGM methodology.

Xcaret

This case analyzes the development of one of the most important theme parks in the city of Cancún, on Mexico's Yucatán peninsula. The problem examined in this case is how to manage the entertainment business, which is directly related to the ever more competitive tourism business, in the state of Quintana Ro. Xcaret Park was one of the first recreational centers in the city of Cancún, which allowed it to gain a solid reputation and great influx of visitors. The situation described in this case study is somewhat different. The enormous competition which has arisen in the Cancún area has made it necessary to review Xcaret's offers more frequently and in greater depth.

Arcotex

Arcotex is a Peruvian company specializing in the manufacture of synthetic leather, mainly serving the shoe industry. This case presents the reflections of the company director as he contemplates introducing the concept of strategic marketing into the company, although its main focus has always been production and manufacturing processes.

Socks

Socks is a family company dedicated to the manufacture and commercialization of socks, one of the most profitable sub-sectors of the depressed Chilean textile industry. The company has a good local market position thanks to the know-how acquired after more than 90 years in the business, as well as the thrust generated by its founders. The company's management thinks about the need to reinforce the strategic marketing function right at a time when new paradigms and changes in the rules of the game have started to threaten companies in that sector.

Lactoqueso

Lactoqueso is a company belonging to the dairy sector that specializes in the manufacture and commercialization of cheese. In the last few years, the company has been evaluating the feasibility of commercializing an exclusive line of goat cheese. The case is an in-depth review of this specific market segment, which allows us to reflect on subjects such as consistency in product strategies, coherence for pricing strategies among different product lines, and their impact on the image and positioning of the company within the market.

Legalty Biz

The growth of economic activity in Chile in the last few decades has made legal services, necessary both for individuals and companies. From this point of view, Legalty Biz appeared as the first company in the national market to offer prepaid legal plans. The case is an in-depth review of the legal services market in Chile, allowing the reader to reflect on the strategy that the company followed a short time after launching its new service.

Southern Cross Wine

This case analyzes a company in the Chilean wine industry that is located in the Maule area. This business began decades ago as the hobby of one of the founding partners, whose sole purpose was to delight and entertain his friends and family with wine produced in a traditional manner in his own facilities. This interesting case lets the reader reflect on aspects such as the need for coherence between the strategic planning process and specific marketing actions, as well as the possibility of exploring the design and structure of an operational plan that helps the wine company face the large number of competitors in the national wine sector.

CASO O'FOGO | 1

Ofogo

La compañía O'Fogo[1] fue fundada en la zona de Río Grande Do Sul (Brasil), por la familia Neskens, llegada desde Holanda en la década del 50'. En un comienzo, la empresa se dedicó a la fabricación de juguetes plásticos para niños de diferentes edades, derivando posteriormente hacia la fabricación de productos de consumo doméstico y de cuidado infantil.

La compañía O'Fogo enfrentó por mucho tiempo un mercado creciente y con poca competencia, ubicándose rápidamente en los primeros lugares de participación dentro del mercado del sur del Brasil (Paraná, Río Grande Do Sul y Santa Catarina). Con el tiempo, este mercado fue presentando tasas de crecimientos más estables, que obligaron a la compañía a considerar la posibilidad no sólo de desarrollar nuevos productos sino también desarrollar nuevos mercados.

Con el propósito de mantener un nivel de competitividad adecuado tanto en el país de origen como en el mercado externo, la compañía O'Fogo logró a través del tiempo desarrollar una estrategia de liderazgo en costos que le permitió lograr un nivel adecuado de calidad para sus productos a precios razonables. Para ello, la empresa debió producir cada vez mayores volúmenes que le permitieran los tamaños de escala necesarios para competir por precio en los distintos segmentos de mercado en los cuales esta participaba.

La estrategia de internacionalización de O'Fogo

El año 2010 la compañía decidió comenzar su expedición en mercados foráneos, intentando ingresar inicialmente en los mercados de Latinoamérica debido a su cercanía geográfica y mejor conocimiento de la cultura de estos.

---

[1]   El caso O'Fogo ha sido preparado por Sammy Liberman, para ser utilizado como base de discusión, y no como ilustración de la gestión adecuada o inadecuada de una situación determinada. Algunos datos y nombres aparecidos en el caso, así como diálogos y recreaciones, pueden haber sido modificados con el fin de proteger la privacidad de la empresa estudiada sin perder la coherencia necesaria con la realidad.

Respecto a la forma de abordar los distintos mercados extranjeros, la compañía O'Fogo no tenía definida una metodología rígida; por el contrario, esta había orientado su estrategia de ingreso de manera flexible y desestructurada. Es así, como la empresa seleccionaba una estrategia de ingreso u otra, de acuerdo a las características y condiciones que cada mercado ofrecía.

Los mercados Boliviano, Uruguayo y Paraguayo

Para abordar estos tres mercados, la compañía utilizaba el método de exportación pasiva. En este caso, la compañía O'Fogo vendía a intermediarios independientes de Bolivia, Uruguay y Paraguay, tal y como si le vendiera a un cliente local en Brasil. Todo el proceso de transporte, distribución y colocación de los productos corría por cuenta del intermediario independiente, permitiéndole a O'Fogo no correr riesgos importantes en la operación. La forma que podían adoptar dichos intermediarios era variada y diversa, incluyendo desde el comprador externo, comerciante, *broker*, agente, casa exportadora, *trading company* hasta el consorcio de exportación.

Los mercados Chileno, Peruano y Ecuatoriano

Para abordar el mercado Chileno, Peruano y Ecuatoriano, la compañía utilizaba un método de exportación activa. En este caso, la compañía adoptaba un rol de mayor protagonismo entrando en contacto con intermediarios de los tres países. La empresa O'Fogo utilizaba su departamento de exportación, el cual procuraba generar relaciones comerciales de mayor profundidad tanto con importadores como con agentes y distribuidores de estos tres mercados.

El mercado Argentino

El mercado Argentino era uno de los más importantes para O'Fogo, fundamentalmente por la envergadura, tamaño y cercanía geográfica. Por esta razón, la empresa había decidido operar por medio de una filial de producción autónoma que le permitiera obtener un mayor grado de control sobre las operaciones en Argentina.

En términos generales, se observaba que el lenguaje comunicacional utilizado por la compañía O'Fogo en los diferentes mercados, era simple, austero y carente de personalidad e identidad en la mayoría de los casos, impidiendo la gestación de un estilo que posicionara las marcas en forma adecuada en los distintos mercados.

La actividad publicitaria se había centrado fundamentalmente en dar a conocer los atributos de los productos tales como la duración, el diseño y la resistencia, sin generar una diferenciación clara respecto de la competencia, que en términos generales trabajaba de la misma forma.

Las ventajas competitivas en tamaños de escala que había logrado desarrollar la compañía O'Fogo, le habían permitido obtener equilibrios en cuanto a calidad de los productos, profundidad y amplitud de las diferentes líneas; no obstante, el grado de flexibilidad para atender los distintos mercados era todavía insuficiente.

Después de algunos años de experiencias en mercados exteriores, la compañía estaba consciente de las diferencias encontradas en cuanto a aspectos culturales, sociales, económicos y legales en cada uno de los países abordados. Su objetivo entonces era el de lograr desarrollar una estrategia de marketing internacional de acuerdo a las particularidades locales de cada mercado, intentando convertirse en una empresa multinacional con una estrategia de adaptación multi doméstica.

El mayor problema que enfrentaba la compañía O'Fogo se daba en los mercados de Chile, Perú y Ecuador. Si bien la estructura de costos en los procesos de logística era similar en los distintos países de Latinoamérica en los cuales operaba O'Fogo, existían diferencias en los costos de intermediación de estos tres países, fundamentalmente por causa de la diversidad de intermediarios y detallistas que existían hasta que los productos llegaban al consumidor final. En estos tres países, O'Fogo vendía sus productos a distribuidores locales de cada mercado para posteriormente ser comercializados por medio de detallistas hacia el consumidor final.

El departamento de investigación de mercados de la empresa había logrado determinar la demanda que enfrentaba O'Fogo en los tres países.

$$
\begin{bmatrix}
\text{Chile} & Q = 1800 - 15P \\
\text{Perú} & Q = 2500 - 10P \\
\text{Ecuador} & Q = 3500 - 5P
\end{bmatrix}
$$

(Donde P es precio y Q la cantidad de packs de productos de consumo doméstico y de cuidado infantil).

Adicionalmente, se sabía que O'Fogo le venía vendiendo a los distribuidores de Chile, Perú y Ecuador a razón de 300, 400 y 500 packs de productos de consumo doméstico y de cuidado infantil, respectivamente, en cada período.

[Planteamiento del caso]:

La compañía O'Fogo deseaba determinar el markup de ventas al cual estaba operando la empresa con los distribuidores de Chile, Perú y Ecuador, así como determinar el precio de venta de los packs de productos de consumo doméstico y de cuidado infantil a los cuales vendía a los distribuidores de estos tres países.

Adicionalmente, O'Fogo deseaba determinar cuál era el markup de ventas al cual operaban los distribuidores de cada país (Chile, Perú y Ecuador), considerando que estos tenían por política recargar en un 70% los precios de los productos que adquirían a la compañía O'Fogo.

Finalmente, O'Fogo deseaba determinar el precio final al cual llegaban sus productos al consumidor final en estos tres países (Chile, Perú y Ecuador), considerando que los detallistas de cada país (clientes de los distribuidores) tenían por política operar con una tasa marginal de contribución del 20%, 25% y 30%, respectivamente.

O'FOGO CASE | 1

Ofogo

After arriving from Holland, the Neskens family founded O'Fogo[2] in the Río Grande Do Sul area of Brazil in the 1950s. In its beginnings the company was focused on producing plastic toys for children of all ages. Later, the company switched to producing domestic consumer products as well as child safety products.

For a long period of time O'Fogo faced a growing market with little competition, quickly reaching the highest places in terms of market share within the southern Brazilian market (Paraná, Río Grande do Sul, and Santa Catarina). As time went by, this market presented more stable growth rates, forcing the company to consider the possibility of not only developing new products, but developing new markets as well.

Over time, O'Fogo was able to develop a cost leadership strategy that allowed it to reach adequate product quality at reasonable prices, thus maintaining its competitiveness in Brazil and in external markets. To do this, the company had to produce an ever increasing volume of products that would allow it to reach the scale size necessary to compete in terms of price in different market segments.

The O'Fogo globalization strategy

In 2010 the company decided to venture into foreign markets, initially attempting to enter Latin American markets due to geographical closeness and a better knowledge of the cultures involved.

O'Fogo had not defined a rigid methodology for facing the various foreign markets; on the contrary, it had approached its entrance strategy in a flexible and unstructured

---

[2]   The O'Fogo case has been prepared by Sammy Liberman to be used as a base for discussion and not as an illustration of adequate or inadequate handling of any given situation. Some of the names and information that appear in the case, as well as dialogues and reenactments, may have been modified for the sole purpose of protecting the privacy of the company studied without losing the necessary coherence with reality.

manner. Thus, the company selected one entrance strategy or another according to the characteristics and conditions that each market had to offer.

The Bolivian, Uruguayan, and Paraguayan markets

The company used the passive exports method to tackle these three markets. O'Fogo sold its products to independent intermediaries in Bolivia, Uruguay, and Paraguay in the same way that it sold its products to local Brazilian clients. The entire product transportation, distribution, and placement process was left to the independent intermediary, allowing O'Fogo to avoid important operational risks. These independent intermediaries included external buyers, wholesalers, brokers, agents, export companies, trading companies, and export consortia.

The Peruvian, Chilean, and Ecuadorian markets

The company used an active exports method to tackle the Chilean, Peruvian, and Ecuadorian markets. It adopted a more hands-on role, directly contacting intermediaries in the three countries. Also, O'Fogo used its exports department in these markets. This department was in charge of developing deeper commercial relationships with importers, as well as with agents and distributors in the three markets.

The Argentinean market

The Argentinean market was one of the most important markets for O'Fogo due to its size, volume, and geographical location. Because of this, the company had decided to operate through an independent production branch, which allowed it greater control over operations in Argentina.

For the most part, the language used by O'Fogo in the different markets was simple, austere, and lacking in personality, which prevented the company from creating a style that would allow it to adequately position its brands within the different markets.

Advertising had been fundamentally centered on informing the public of product attributes, such as durability, design, and resistance, without generating clear differences with the competition, which, generally speaking, worked in a similar fashion.

The competitive advantage gained by O'Fogo regarding scale size had allowed it to attain a balance in terms of product quality and the size of the different product lines. The flexibility that was necessary to tend to the different markets, however, was still insufficient.

After a few years' experience working in foreign markets, the company was aware of the cultural, social, economic, and legal differences of each country in which it was operating. At the time, its goal was to develop an international marketing strategy based on the local characteristics of each market, attempting to become a multinational company with a multi-domestic adaptive strategy.

The biggest problem that O'Fogo faced was in the Chilean, Peruvian, and Ecuadorian markets. Even though the logistical process cost structure was similar, there were differences in the intermediation costs in these three countries, mainly because of the diversity of intermediaries and retailers present before the products reached the end consumer. In these three countries O'Fogo sold its products to local distributors in each market so that the products could later be commercialized to the end consumer through retailers.

The company's market research department had been able to determine the demand that O'Fogo was facing in the three countries.

$$\begin{bmatrix} \text{Chile} & Q=1800-15P \\ \text{Perú} & Q=2500-10P \\ \text{Ecuador} & Q=3500-5P \end{bmatrix}$$

(Where P is the price and Q the number of domestic consumption and child care product packs).

It was also known that O'Fogo had been selling Chilean, Peruvian, and Ecuadorian distributors 300, 400, and 500 domestic consumption and child care product packs during each period, respectively.

[Case outline]:

O'Fogo wished to determine the sales markup at which it was operating with the distributors in Chile, Peru, and Ecuador, as well as the price at which it sold the domestic consumption and child care product packs to the distributors in these three countries.

The company also wished to determine the sales markup that the distributors in each country (Chile, Peru, and Ecuador) worked with, considering that these distributors had a policy of marking up the prices of O'Fogo products by 70%.

Finally, O'Fogo wished to determine the final price at which its products reached the end consumer in these three countries, considering that the retailers in each country (clients of the distributors) operated with a marginal rate of contribution policy of 20%, 25%, and 30%, respectively.

Caso Tico Bazar | 2

Tico Bazar[3] es una empresa costarricense de tamaño medio –ubicada en la ciudad de San José–, productora y comercializadora de una amplia variedad de productos de consumo masivo. Los distintos productos eran vendidos por medio de canales de distribución masivos, es decir, supermercados, autoservicios, quioscos, farmacias, hipermercados, almacenes y otros.

La empresa desde su fundación se había centrado en desarrollar dos mercados específicos de consumo masivo. El primero de ellos era el mercado de "Aseo Hogar", en el que existían diferentes categorías de productos tales como los limpiadores, lustramuebles, limpia vidrios, cera líquida, cera cremosa, desinfectantes, detergentes (en polvo, líquido, jabón), insecticidas, desodorantes ambientales y lavalozas.

El segundo mercado correspondía al de "Higiene Personal", en el cual también existían diferentes categorías de productos tales como las fragancias (colonias), desodorantes corporales (aerosoles, en crema, roll-on, en barra y gel), jabones, fijadores (laca, gel, mouse), champúes, bálsamos y cremas.

Los productos de Tico Bazar

Como consecuencia de la estrategia de marketing que Tico Bazar inició a mediados de 2013, se había decidido aumentar el mix total de productos, incrementando por una parte la cantidad total de líneas así como la profundidad de cada una de ellas. A continuación, se detallan las distintas líneas de productos de la empresa.

---

[3]   El caso Tico Bazar ha sido preparado por Sammy Liberman, para ser utilizado como base de discusión, y no como ilustración de la gestión adecuada o inadecuada de una situación determinada. Algunos datos y nombres aparecidos en el caso, así como diálogos y recreaciones, pueden haber sido modificados con el fin de proteger la privacidad de la empresa estudiada sin perder la coherencia necesaria con la realidad.

Lavalozas

El mercado de los lavalozas se dividía en dos grandes ramas. Los lavalozas comunes con el 95% de las ventas de este mercado y los lavalozas específicos que representaban el porcentaje restante. Dentro de los lavalozas específicos, se podían distinguir tres tipos. Los hipo alergénicos (para el cuidado de la piel), cristales, y para ollas y sartenes.

Por otra parte, los lavalozas comunes se dividían en los transparentes y los ciegos. Los primeros eran los de envase transparente que permitían ver el contenido del producto. Esta categoría representaba el 75% de las ventas de los lavalozas comunes y se caracterizaba por tener un alto precio, a diferencia de los lavalozas ciegos (envase que impedía que el consumidor pudiera ver su contenido), que eran de precio menor y representaban el restante 25% de la categoría de lavalozas comunes.

La empresa con su producto lavalozas Tico había logrado alcanzar una participación de mercado del 11%, pronosticando para el año 2015 un 15% del mercado. Tico debía competir, mano a mano, en este mercado con una gran cantidad de marcas, siendo las más importantes en participación de mercado las marcas Quixo (63%), Brishell (4%), Vorgin (5%) y las marcas propias de supermercados que en conjunto alcanzaban un 3,5%.

Desodorantes corporales

En cuanto a los desodorantes corporales, la compañía había decidido el uso de una estrategia variada de marcas de acuerdo a los tipos de segmentos que atendía en el mercado. Su segmentación se efectuaba bajo tres criterios. El primero de ellos era por tipo de desodorantes. En esta categoría se encontraban cinco tipos: aerosol, crema, roll-on, barra y gel.

El segundo criterio de segmentación era por tipo de acción. Esto suponía distinguir las siguientes acciones: acción perfumar, acción desodorante y acción antisudoral; este tipo de criterios nacía de la necesidad que tenía el consumidor por evitar la transpiración, el mal olor o enmascarar el mal olor perfumándolo. Finalmente, el tercer criterio de segmentación era realizado por sexo.

De la combinación e intersección de estos tres criterios, se podía obtener un mix de productos muy variado, como por ejemplo: barra antisudoral, aerosol perfumado, barra desodorante, crema antisudoral, aerosol antisudoral. No obstante lo anterior, Tico Bazar había centrado su estrategia en la comercialización de los desodorantes perfumados del tipo aerosol tanto para consumidores masculinos como femeninos.

Las marcas bajo el cual la compañía comercializaba sus productos de desodorantes corporales en el segmento femenino eran: Femina, Rozabella y Rozablanca, siendo sus principales competidoras las populares Impulse, Rozateen y Jovan Musk. En el segmento masculino, Tico Bazar competía por medio de su marca Gol con marcas de prestigio tales como Axe, Ego, Gillete, Dufour y otras.

Insecticidas

La marca bajo la cual la compañía vendía sus insecticidas era Coeta. Con esta marca ingresó al mercado el año 2002, siguiendo una estrategia de diversificación de productos. El mercado de los insecticidas había sido segmentado de acuerdo a las distintas maneras en que este podía ser presentado. Se distinguían cinco formas: aerosol (71%), eléctricos (7%), barra (0,6%), polvo (10%) y líquidos (11,4%).

Tico Bazar comercializaba su producto Coeta sólo en envases del tipo aerosol. La competencia en el mercado de los insecticidas estaba compuesta por una cantidad importante de marcas, siendo las más importantes en cuanto a participación de mercado, Raid (65%), Rol (13%), Shelltox (10%) y otras (7%). Por su parte, Coeta mantenía una participación de mercado en torno al 5%.

Limpiadores

El mercado de los limpiadores se dividía en dos grandes categorías: los específicos y los genéricos. Dentro del segmento de los específicos, que representaban el 75% de las ventas del mercado, se encontraban: limpia vidrios (6%), lustramuebles (10%), antigrasas (20%), antihongos (19%) y limpia sanitarios (20%). Por el lado de los limpiadores genéricos que representaban el restante 25% de las ventas, se observaba la división de los limpiadores de superficie (4%) y los limpiadores multiusos (21%).

La compañía comercializaba sus limpiadores con la marca Tico, donde los principales competidores eran las marcas Shell, Cifon y Gaso, y en los limpiadores genéricos, las marcas Brillante, Shell, Cifon y Gaso.

255

Fragancias femeninas

El mercado de las fragancias femeninas se segmentaba de acuerdo a tres criterios fundamentales: las fragancias tradicionales (38%), fragancias importadas (36%) y fragancias de venta directa (26%). Otra forma de segmentar este mercado era de acuerdo a la utilización de la fragancia. De esta forma se encontraban las colonias (43%) y las aguas de colonias (57%).

Tico Bazar comercializaba sus fragancias para el mercado de colonias bajo la marca Gelatta. Con esta marca la empresa alcanzaba un 7,3% de participación de mercado mientras que sus competidores Lasa (10%), Nina (0,2%), Pins (1,7%) y Jovan Musk (1%), respectivamente.

En el mercado de las aguas de colonia, la compañía comercializaba bajo dos marcas: Gelatta con un 3% de participación de mercado y 7x7 con un 6%, respectivamente. Los competidores eran Ninna (48%), Bella (10%), Flora (12%), Famma (9%) y Nature (5%).

Desodorantes ambientales

Al igual que la mayoría de los mercados de consumo masivo, en el mercado de los desodorantes ambientales se podían distinguir claramente dos formas de segmentación. La primera de ellas por función continua, por ejemplo las velas (8%), los enchufes (3%), y otros (1%), y el segundo por función ocasional, donde se encontraban los aerosoles (88%).

La empresa comercializaba los desodorantes ambientales bajo la marca Tico. Esta alcanzaba un 8% de participación del mercado mientras que sus principales competidores en el mercado alcanzaban los siguientes volúmenes de participación: Glade (46%), Haze, (20%), Freshell (8%), Arom (12%) y otras marcas propias (0,5%), respectivamente.

Champúes

El mercado de los champúes estaba segmentado en tres tipos: los champúes familiares que representan el 65% de las ventas del mercado, los champúes individuales o sachets (5%) y los champúes específicos que representaban el 30% de las ventas. Los específicos se dividían en uso común (28%), donde existían los de línea de tratamiento (puntas partidas, pelo seco, pelo graso, pelo normal) y los de línea específica (anticaspa).

El otro tipo de champú específico se refería a los de tratamientos específicos (2%), por ejemplo los champúes para eliminar liendres y piojos. Tico Bazar comenzó la producción y comercialización de champúes a mediados de 2003, después de haber adquirido la operación de la empresa Farmaluz, con la marca Ment. Los competidores directos de Ment eran Vellina, Glosser, Fresh, Softy, marcas propias y otras.

Los clientes de la empresa tenían un papel importante debido a que eran ellos los que hacían posible que los productos llegaran al consumidor final; para Tico Bazar los clientes se clasificaban dependiendo del tipo de mercado que estos atendían. Es así como para el mercado de aseo-hogar, los clientes relevantes eran los supermercados, los autoservicios, el comercio establecido tradicional y los quioscos. Los clientes relevantes del mercado de la higiene personal, estaban dados por los supermercados, los autoservicios, el comercio establecido tradicional, los quioscos, las farmacias y las perfumerías.

Los cuadros siguientes muestran cómo se distribuían y concentraban las ventas de la empresa entre los años 2010 y 2013, y cómo era el tamaño de las ventas de cada uno de los negocios de la empresa y el de sus principales competidores.

Cuadro 1: Concentración de ventas por clientes

CLIENTES	2010	2011	2012	2013
20 CLIENTES	65%	70%	75%	78%
100 CLIENTES	90%	96%	97%	97%

Cuadro 2: Concentración de ventas por canal

CANAL	2010	2011	2012	2013
SUPERMERCADO	24%	52%	68%	80%
FARMACIA	8%	8%	6%	4%
TRADICIONAL	68%	40%	26%	16%

Cuadro 3: Ventas por UEN de Tico Bazar (2013)

UEN Tico bazar	Ventas (mm u$)	N° competidores	Ventas de los líderes	Crecimiento
Fragancias	2,8	12	2,8/1,4/1,0	15
Desodorantes	2,3	7	2,3/1,4/0,4	20
Cremas	0,5	12	2,0/2,0/0,8	7
Jabones	0,1	8	1,2/1,0/0,7	4
Champúes	2,0	11	2,0/1,3/0,6	3
Fijadores	1,3	5	1,5/1,4/1,3	10
Lavalozas	6,3	9	6,3/2,0/0,8	16
D. Ambiental	1,4	5	1,8/1,4/0,9	12
Detergentes	0,9	9	2,5/0,9/0,2	22
Limpiadores	0,9	6	2,0/1,8/1,6	16
Insecticidas	1,5	4	3,8/1,8/1,6	4

[Planteamiento del caso]:

Hacia fines del año 2013, el entonces director general de la empresa, el Sr. Randall White, esperaba para los siguientes años escenarios internos de mayor competitividad y complejidad, con fuertes amenazas de ingreso de nuevos participantes, provenientes de mercados internacionales, más una fuerte amenaza de integración vertical regresiva por parte de algunos clientes, que se encontraban analizando la posibilidad de seguir aumentando el desarrollo de sus marcas propias.

En razón de lo anterior, y considerando la información del año 2013 respecto de las ventas anuales de cada uno de los negocios de la empresa, así como de sus principales competidores, el Sr. White deseaba formular un diagnóstico preciso sobre el estado de salud de Tico Bazar con el fin de poder diseñar una estrategia que le permitiera enfrentar el complejo escenario comercial que se vislumbraba para los próximos años.

TICO BAZAR CASE | 2

Tico Bazar[4] is a mid-sized Costa Rican company located in the city of San Jose that produces and commercializes a wide range of mass consumer products. The different products were sold through mass distribution channels; in other words, supermarkets, self-service stores, kiosks, pharmacies, hypermarkets, local stores, and others.

From its foundation, the company had centered its development on two specific mass consumer markets. The first was the "Home Cleaning" products market, which had different product categories such as cleaners, furniture polish, window cleaners, liquid wax, creamy-textured wax, disinfectants, detergents (in powder, liquid, and soap formats), insecticides, air fresheners, and dish washing detergent.

The second market was the "Personal Hygiene" market, which also had different product categories such as fragrances (colognes), body deodorants (aerosols, lotions, roll-ons, sticks, and gels), soaps, hair setters (gel, mousse, and hair spray), shampoos, conditioners, and lotions.

Tico Bazar products

As a result of the marketing strategy that Tico Bazar began in mid-2013, there was an increase in the total mix of products, increasing the total number of product lines as well as the depth of each line. The different company product lines are detailed as follows.

---

[4]   The Tico Bazar case has been prepared by Sammy Liberman to be used as a base for discussion and not as an illustration of adequate or inadequate handling of any given situation. Some of the names and information that appear in the case, as well as dialogues and reenactments, may have been modified for the sole purpose of protecting the privacy of the company studied without losing the necessary coherence with reality.

Dishwashing detergents

The dishwashing detergents market was divided into two large branches: common dishwashing detergents, which represented 95% of sales for this market, and specific dishwashing detergents, which represented the remaining percentage. Three types of detergents within the specific dishwashing detergents section were identified: hypoallergenic detergents (for sensitive skin), crystals, and those for pots and pans.

Common dishwashing detergents, on the other hand, were divided into those that were transparent and those that were blind. The former were sold in a transparent container, allowing the consumer to see the contents. This category represented 75% of common dishwashing detergent sales and had a high price, unlike blind dishwashing detergents (sold in containers that did not allow the consumer to see the contents), which had lower prices and represented the remaining 25% of the common dishwashing detergents category.

The company had reached an 11% market share with its dishwashing detergent product Tico, and was forecasting a 15% market share for the year 2015. In this market Tico had to compete "head to head" with a high number of brands, the most important of which in terms of market share were Quixo (63%), Brishell (4%), Vorgin (5%), and supermarket house brands that together reached a market share of 3.5%.

Body deodorants

According to the segments it catered to in the market, the company had decided to use a varied brand strategy for body deodorants. The segmentation considered three aspects. The first of these was type of deodorant: aerosol, lotion, roll-on, stick, and gel.

The second segmentation aspect was the action the deodorant performed, such as perfuming, deodorizing, or acting as an antiperspirant. These actions reflected the consumer's need to avoid sweating and body odor, or to mask body odor by perfuming the body. Finally, the third segmentation aspect was related to gender.

A widely varied mix of products could be obtained by combining and intersecting the aforementioned aspects, such as: antiperspirant bar, perfumed aerosol, deodorant stick, antiperspirant lotion and antiperspirant aerosol. Nonetheless, Tico Bazar had centered its strategy on the commercialization of perfumed aerosol deodorants for both male and female consumers.

The brands under which the company commercialized its body deodorant products in the female segment were: Femina, Rozabella, and Rozablanca. These brands' main competitors were the popular Impulse, Rozateen, and Jovan Musk. Tico Bazar competed in the male segment with its brand Gol. Prestigious brands such as Axe, Ego, Gillete, Dufour, and others competed in this segment.

Insecticides

Coeta was the name of the brand under which the company sold its insecticides. The company entered the market with this brand in 2002, following a product diversification strategy. The insecticides market had been segmented according to the different ways in which these could be presented. Five formats were available: Aerosol (71%), Electrical (7%), Stick (0.6%), Powder (10%), and Liquid (11.4%).

Tico Bazar only commercialized its Coeta product using the aerosol format. The competition in the insecticides market included a great deal of brands, the most important of which, in terms of market share, were: Raid (65%), Rol (13%), Shelltox (10%), and others (7%); Coeta had a market share of approximately 5%.

Cleansers

The cleansers market was divided into two large segments: specific and generic. The specific segment, which represented 75% of market sales, included: window cleaners (6%), furniture polish (10%), grease cutters (20%), antifungals (19%), and toilet cleaners (20%). The generic cleansers segment, which represented the remaining 25% of market sales, was divided into surface cleansers (4%), and multiuse cleansers (21%).

The company commercialized its cleansers through the Tico brand while its main competitors were Shell, Cifon, and Gaso. Within the generic cleansers segment the main competitors were Brillante, Shell, Cifon, and Gaso.

Feminine fragrances

The feminine fragrances market was segmented according to three fundamental criteria: traditional fragrances (38%), imported fragrances (36%), and direct sale fragrances (26%). Another way of segmenting this market was according to fragrance, such as colognes (43%) and eau de toilettes (57%).

Tico Bazar commercialized its fragrances for the colognes market under the brand Gelatta. The company reached a 7.3% market share with this brand, while its competitors, Lasa, Nina, Pins, and Jovan Musk, reached market shares of 10%, 0.2%, 1.7%, and 1%, respectively.

The company commercialized its fragrances for the eau de toilettes market under two brands: Gelatta with a 3% market share, and 7x7 with a 6% market share. The competitors were Ninna (48%), Bella (10%), Flora (12%), Famma (9%), and Nature (5%).

Air fresheners

As is the case in most mass consumer markets, the air freshener market had two clear segmentation formats. The first was continuous use, for example, candles (8%), plug-ins (3%), and others (1%), and the second was occasional use, such as with aerosols (88%).

The company commercialized its air fresheners under the Tico brand. This brand had an 8% market share while its main market competitors had the following market shares: Glade (46%), Haze (20%), Freshell (8%), Arom (12%), and other house brands (0.5%).

Shampoos

The shampoo market was segmented into three categories: family shampoos, representing 65% of market sales, individual shampoos or sachets, representing 5% of market sales, and specific shampoos that represented 30% of all market sales. Specific shampoos were divided into daily use (28%), such as shampoo treatment lines for split ends, dry hair, oily hair, normal hair, and antidandruff shampoos..

The other kind of specific shampoo was for specific treatments (2%), which included, for example, anti-lice and anti-nits shampoos. Tico Bazar began production and commercialization of shampoos in mid-2003 after purchasing the Farmaluz Company with its brand Ment. Ment's direct competitors were Vellina, Glosser, Fresh, Softy, house brands, and others.

The company's clients played an important role due to the fact that they were the ones that made it possible for the products to reach the end consumer. For Tico Bazar, clients were classified depending on the type of market that they catered to. Therefore, in the cleaning products market, relevant clients were supermarkets, self-service stores, traditional established trades, and kiosks.

The relevant clients in the personal hygiene market were supermarkets, self-service stores, traditional established trades, kiosks, pharmacies, and perfume stores.

The following tables show how company sales were distributed and concentrated between 2010 and 2013, as well as the size of sales for each strategic business line (SBL) of the company and its main competitors.

Table 1: Concentration of sales per client

CLIENTS	2010	2011	2012	2013
20 CLIENTS	65%	70%	75%	78%
100 CLIENTS	90%	96%	97%	97%

Table 2: Concentration of sales per channel

CHANNEL	2010	2011	2012	2013
SUPERMARKETS	24%	52%	68%	80%
PHARMACIES	8%	8%	6%	4%
TRADITIONAL	68%	40%	26%	16%

Table 3: Tico Bazar sales per SBL (2013)

SBL TICO BAZAR	SALES (MM U$)	N° COMPETITORS	SALES OF LEADERS	GROWTH RATE
FRAGRANCES	2,8	12	2,8/1,4/1,0	15
DEODORANTS	2,3	7	2,3/1,4/0,4	20
LOTIONS	0,5	12	2,0/2,0/0,8	7
SOAPS	0,1	8	1,2/1,0/0,7	4
SHAMPOOS	2,0	11	2,0/1,3/0,6	3
HAIR SETTERS	1,3	5	1,5/1,4/1,3	10
DISHWASHING	6,3	9	6,3/2,0/0,8	16
AIR FRESHENERS	1,4	5	1,8/1,4/0,9	12
DETERGENTS	0,9	9	2,5/0,9/0,2	22
CLEANSERS	0,9	6	2,0/1,8/1,6	16
INSECTICIDES	1,5	4	3,8/1,8/1,6	4

[Case outline]:

Towards the end of 2013, Mr. Randall White, the general manager of the company, expected the following years to present internal market scenarios involving higher levels of competitiveness and complexity, with new foreign participants entering the marketplace, plus the strong possibility of regressive vertical integration by some clients that were thinking about developing their house brands.

Mr. White also took into account the 2013 data on annual sales for each business line, as well as that of the main competitors. He wished to make a precise diagnosis of Tico Bazar's health so as to design a strategy that would allow it to face the complex commercial situation that could be seen on the horizon for the next few years.

Caso Xcaret | 3

XCARET

Instalado en el tercer piso del edificio Herald, situado en las afueras de la ciudad de Cancún, el Sr. Quintana analizaba con especial interés el detalle de las ampliaciones que estipulaba la última etapa del mega proyecto Xcaret[5]. Se trataba del parque de entretenciones naturales, denominado por sus creadores como "El Paraíso Sagrado de la Naturaleza".

Quintana, gestor del proyecto, se mostraba particularmente motivado con la posibilidad de completar en forma definitiva la infraestructura del parque, transformándolo así en uno de los focos de mayor atractivo turístico de la localidad denominada Riviera Maya ubicada a poca distancia de la ciudad de Cancún. Sin embargo, sabía que una obra como esta era casi imposible de concluir, ya que la sola idea de intentar reproducir la esencia del Espíritu Maya así como su cultura, su hábitat, su flora y su fauna, era en realidad una aventura permanente, que obligaba a mantener un juicio ávido de descubrimiento y energía constantes.

Cancún y la Riviera Maya

Evocar la ciudad de Cancún, situada dentro de la Península de Yucatán en México, lleva a acumular imágenes retrospectivas de la cultura maya y su sabiduría; el sorprendente cómputo del tiempo logrado por sus sacerdotes; el lujo que caracterizó a sus dirigentes y la magnificencia de templos, palacios, estelas y pinturas que han perdurado a través del tiempo como silenciosos testimonios de un pasado que guarda celoso, aún, muchos de sus secretos ancestrales. Posteriormente, los vestigios coloniales que recuerdan, entre otras cosas, las frecuentes incursiones de la piratería en los siglos XVII y XVIII que, ávida de

---

[5]   El caso Xcaret ha sido preparado por Sammy Liberman para ser utilizado como base de discusión, y no como ilustración de la gestión adecuada o inadecuada de una situación determinada. Algunos datos y nombres aparecidos en el caso, así como diálogos y recreaciones, pueden haber sido modificados con el fin de proteger la privacidad de la empresa estudiada sin perder la coherencia necesaria con la realidad.

botín, asolaba las costas del Caribe mexicano asaltando los galeones españoles cargados de las riquezas provenientes de las posesiones españolas de Centro y Sudamérica.

En todo el mundo se conocen las cualidades que distinguen al Mar Caribe. Estudios especializados en geomorfología, oceanografía, biología marina y arqueología subacuática, entre otros, lo han descrito con amplitud; sus costas de blancas y finas arenas bordeadas por una exuberante vegetación tropical; sus arrecifes conformados por gigantescos bancos de coral; sus islas y lagunas, algunas de las cuales están protegidas como "santuarios" de la vida silvestre; la agradable temperatura de sus aguas que permite que en ellas vivan una infinidad de especies marinas de singular belleza, algunas únicas en el mundo y el color que les es tan particular y que abarca las más variadas tonalidades de azul y verde, hacen del Mar Caribe especialmente de la porción que corresponde a la República Mexicana, uno de los mares más atractivos de la Tierra. Este lugar marino es también un sitio adecuado para practicar la mayoría de los deportes acuáticos.

Muchas son las playas ubicadas en otros litorales del mundo, pero sería difícil encontrar algunas que reunieran, al mismo tiempo, todas las características que distinguen a las playas del Caribe mexicano localizadas en el estado de Quintana Roo.

Múltiples arrecifes de esta región han sido motivo de documentales y reportajes, particularmente los que han mostrado el Palancar, cercano a Cozumel. Este arrecife, considerado uno de los más grandes, es una verdadera montaña submarina que extendiéndose a lo largo de 10 Km. en medio de tranquilas aguas transparentes, permite una visibilidad extraordinaria. Los arrecifes se forman en rocas donde se depositan las partes muertas de los corales, animales invertebrados formados por una parte viva llamada pólipo y otra muerta, el polipero, constituyendo colonias que se desarrollan en aguas poco profundas, cálidas (más de 18 grados) y no contaminadas. Los movimientos de desplome provocan el apisonamiento de la base rocosa, pero debido a la lentitud de estos, los corales al proseguir su trabajo de construcción aumentan el volumen del arrecife.

Las lagunas del litoral de Quintana Roo, como Bacalar, constituyen otro atractivo natural, y cada una de ellas tiene su encanto particular; sin embargo, mantienen entre sí un común denominador: su belleza. Las hay rodeadas de selva baja y pastizales; otras están enmarcadas por abundante vegetación arbórea en cuyas cercanías es fácil observar especies animales de la fauna regional como el jabalí, venados, pavos de monte y faisanes, y también hay lagunas cuyo paisaje lo complementa la característica selva mediana, rica en fauna silvestre. A esta diversidad debemos sumar aquellas que están resguardadas como sitios donde las aves tropicales suelen anidar y reproducirse, pero que pueden ser visitadas. En la mayoría de estas lagunas, se practica el buceo libre.

Hay numerosas playas que bordean los grandes centros hoteleros de Cancún, pero también, hay, a lo largo de la costa, playas y caletas, algunas tranquilas y solitarias: Xel-Há, Xcaret, Akunial, Chemuyil, Xcace Pamul, entre otras, que realzan su atractivo con palmeras y la vegetación propia de la zona, combinada con las aguas del Mar Caribe.

El turismo en Cancún y la Riviera Maya

La bien ganada fama de Cancún por su singular belleza tiene viejas tradiciones, pero es a partir de 1970 cuando empieza a desarrollarse en este lugar el complejo turístico más importante del México moderno, haciendo de Cancún –que en idioma maya quiere decir "olla de víboras"– uno de los sitios más atractivos del mundo para vacacionar.

Si bien toda esta zona turística es mundialmente conocida bajo el nombre de Cancún, existen localidades claramente delimitadas. La segunda localidad después de Cancún en cuanto a nivel de importancia turística y capacidad hotelera, pero la primera en cuanto a crecimiento de infraestructura, es la denominada "Riviera Maya". Esta localidad está asociada claramente con balnearios y sitios de recreación como Playa del Carmen, Xcaret, Xel-ha y otros. Este lugar junto con ser el que más ha crecido en los últimos años, es también el que mayor tasa de ocupación hotelera presenta.

Turistas norteamericanos, europeos y latinoamericanos concurren durante todo el año a Cancún y la Riviera Maya con el fin de tomar descansos, disfrutar del sol, la playa, la naturaleza, su comida, y sobre todo disfrutar de sus tradiciones, costumbres y cultura. Bajo este entorno que mezcla placer y cultura, nace el parque de entretenciones de Xcaret, el cual, deseando testimoniar de manera concreta el legado que los mayas efectuaron a esta localidad y sus alrededores, desarrolla y reproduce de manera rigurosa "La profunda experiencia de la Riviera Maya".

Antes de plasmar el acervo cultural de los mayas en el parque Xcaret, Quintana y su equipo de colaboradores debieron adentrarse en su historia, sus costumbres, sus leyes y su filosofía. Este trabajo de introspección cultural tomó años de estudio y análisis, una década de planificación y desarrollo, y la participación de numerosos y multidisciplinarios equipos de profesionales.

El Parque Xcaret

Ubicado en la Riviera Maya a sólo 70 kilómetros de Cancún, el parque Xcaret aparecía como una mágica visión donde la vegetación exuberante escondía verdes lagunas de aguas transparentes, islotes habitados por panteras negras y mapaches, cavernas, ríos subterráneos, delfines y una aldea maya, entre otros.

El ingreso al parque el año 2013 exigía la cancelación de U$99 por visitante. Salvo algunos servicios, este precio fijo otorgaba derecho a visitar y recorrer durante todo el día el parque. El mix de servicios dispuestos por el parque consideraba una veintena de alternativas de variada diversidad. Todo lo anterior era complementado por recintos de playa de arenas blancas, quitasoles de paja, hamacas, flotadores para descansar en el agua, cafeterías, restaurantes, tiendas y centros fotográficos.

Hacia fines del 2013, Quintana recibía en su oficina un estudio de imagen y posicionamiento respecto del parque Xcaret, encargado meses antes a la empresa especialista en marketing, Alba ACG (ver anexos). El estudio había podido determinar cuáles eran los atributos relevantes que eran valorados por los turistas que llegaban a visitar Cancún y sus alrededores (Tulum, Xel ha, Isla Mujeres, Chichen Itza, Cozumel).

No obstante los resultados del estudio realizado, el cual en términos generales mostraba que el nombre de Xcaret, mantenía una imagen y personalidad muy bien definida, asociándose clara y directamente con los conceptos "exótico y exuberante", la mayor preocupación de Quintana y su equipo, tenía relación con la notoria amenaza que significaba la presencia de un cada vez más desarrollado mix de alternativas de entretención para los turistas en la zona de Cancún y sus alrededores.

La reflexión que efectuaba el gestor del proyecto era la siguiente:

"Una década atrás nuestro parque era destino casi obligado de los visitantes de Cancún. Estos, en la mayoría de los casos, habían sido previamente informados por agencias de turismo respecto a la existencia de nuestro parque en sus respectivos países o ciudades de origen. Por lo que al momento de comprar programas de vacaciones en Cancún era altamente probable que adquirieran también una visita a nuestro parque. Sin embargo, hoy día la situación es distinta. Los turistas han dejado de comprar los "complementarios" hasta que llegan a su lugar de destino, donde se dejan agasajar por la enorme disponibilidad de ofertas. Los hoteles son los verdaderos canales para llegar a los turistas y se han transformado en reales ferias de consumo turístico. Cada vez disponen de mayores ofertas y posibilidades para sus pasajeros, situación que nos obliga a invertir muchísimo dinero en marketing, promociones y descuentos para poder acceder a los turistas. Existen algunos centros turísticos que incluso regalan dinero con el fin de atraer a los turistas. El nivel de competitividad y rivalidad al interior del negocio turístico en Cancún y sus alrededores, ha aumentado en forma considerable en los últimos años, y si bien nuestro flujo de visitantes ha ido aumentando en el tiempo, este lo ha hecho a menores tasas en los últimos dos años. Además, observo con preocupación cómo otras zonas arqueológicas históricamente poco frecuentadas han comenzado a aumentar su tasa de visita. Por otro lado, el análisis relativo a los productos y atracciones del parque, ha arrojado también algunas conclusiones respecto de las preferencias que los visitantes manifiestan por estos. Estoy convencido de que para obtener el mejor concepto del parque Xcaret, debemos velar no sólo por lograr prender el verdadero espíritu y cariz de la cultura maya en todos los rincones del parque, sino que debemos procurar una correcta disposición y equilibrio de los productos y entretenimientos del mismo, así como también fijar la idea en los turistas de que no visitar el Xótico, Xuberante y Xcitante parque de Xcaret, en realidad, es no visitar Cancún".

[Planteamiento del caso]:

Dado que la situación descrita por el Sr. Quintana en los párrafos anteriores representaba un riesgo importante de mediano plazo para el parque Xcaret, este definió una estrategia de marketing tendiente a "atraer y retener" nuevos clientes de Latinoamérica.

Para realizar lo anterior, Quintana y su equipo decidieron diseñar un plan estratégico de marketing, que apuntara esencialmente a enfatizar el uso de herramientas de relaciones públicas, con el fin de lograr apoyo y aceptación de la oferta por parte de los distintos sectores más influyentes de cada país en Latinoamérica (artistas, intelectuales, empresarios y políticos) y, por otra parte, enfatizar el uso de herramientas de marketing digital orientado a obtener un mayor grado de cercanía con las comunidades digitales de los segmentos socio económicos ABC1, que se mostraran simpatizantes de la Cultura Maya.

En razón de lo anterior, el Sr. Quintana deseaba llevar a cabo el diseño de dicho plan, considerando la determinación de las métricas de marketing más apropiadas para poder controlar la ejecución de su estrategia.

Anexo 1
Mapa de posicionamiento de centros turísticos en Quintana Roo

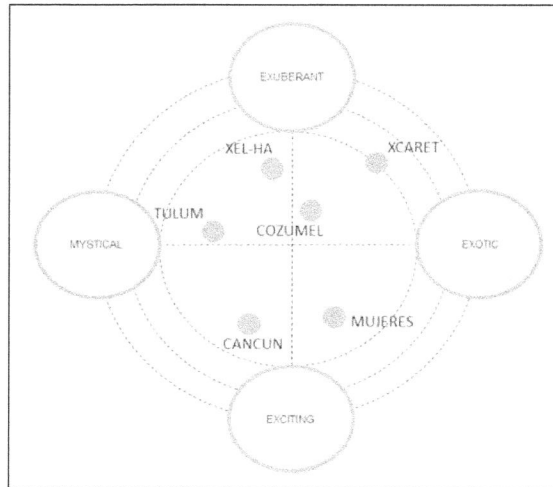

Centros turísticos de la zona de Quintana Roo que fueron contemplados en el estudio de posicionamiento realizado por Alba ACG.

Tulum: Centro arqueológico maya de gran importancia entre los años 1200 y 1400 d.C. Se promocionaba como: "Visite el único vestigio amurallado de la cultura maya, a la orilla del mar Caribe, mezclando inigualable naturaleza, cultura e historia en uno de los sitios más exuberantes del Caribe Mexicano".

Xel-ha: Caleta rodeada por selva baja y palmar. Se promocionaba como: "Hábitat natural de miles de especies de flora y fauna terrestres. Disfrute su selva virgen gracias a los senderos que circundan el parque, encontrando gran cantidad de piedras fósiles, cuevas y enormes cenotes naturales".

La Isla Mujeres: Isla de 7 kilómetros de largo por 1 kilómetro de ancho descubierta el año 1517. Debía su nombre a la gran cantidad de ídolos y figuras de representaciones femeninas encontradas al desembarcar. Se promocionaba como: "Navegue desde Cancún hasta Mujeres y disfrute de una inolvidable experiencia nadando y buceando entre peces de colores y aguas transparentes color turquesa".

La Isla Cozumel: Isla de 40 kilómetros de largo por 16 kilómetro de ancho descubierta en 1519. Gozaba de fama internacional por su infraestructura turística iniciada en la década de los 50'. Se promocionaba como: "Localizada a 45 millas al sur de Cancún y a 12 millas de tierra firme, la exótica isla de Cozumel conserva intacto su ambiente natural. Visite esta joya del Caribe, con preciosas playas e inolvidables excursiones de buceo sub-marino que no olvidará".

Cancún, zona hotelera: Área turística de gran modernidad ubicada en la zona este de la ciudad de Cancún, cuya planificación de crecimiento fue programada computacionalmente por el gobierno mexicano en los años 70'. La zona ofrecía más de 250 hoteles con más de 35.000 habitaciones, restaurantes y gran variedad y diversidad de centros comerciales. Se promocionaba como: "Arenas blancas, mar turquesa, exuberante vegetación y 20 kilómetros de desfile hotelero de máximo lujo y confort, hacen de Cancún el mejor lugar para gozar, descansar y disfrutar del Caribe Mexicano".

Anexo 2
Matriz de productos y atracciones del Parque Xcaret

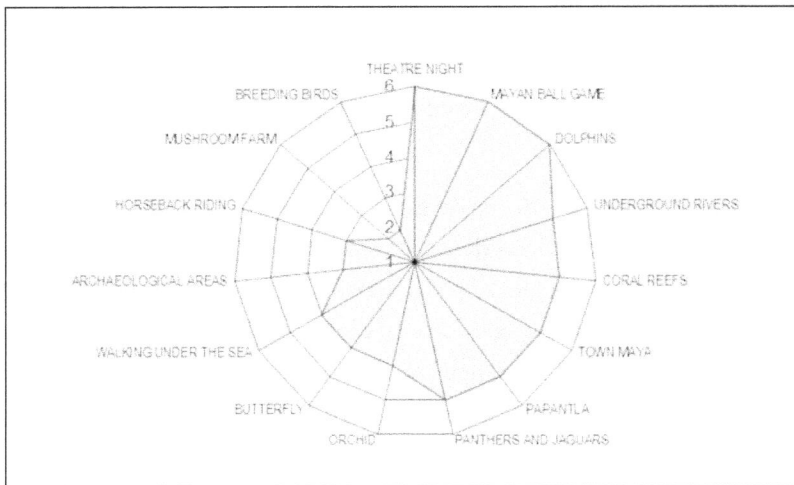

Mix de servicios considerados en el estudio de atractivo de productos desarrollado por la empresa consultora Alba ACG.

- Tres ríos subterráneos en los cuales se puede nadar a través de cenotes, cavernas milenarias y túneles iluminados en forma natural.

- Un laberinto subterráneo que permite recorrer en detalle una aldea maya en gestación.

- Un perímetro abierto con panteras negras y jaguares, posible de observar a muy corta distancia, con la sola protección de un gran foso profundo que separa el recinto de los visitantes.

- Un mariposario, considerado el más grande del mundo, único en su género por su reproducción autosuficiente de mariposas.

- Dos delfinarios en los cuales se puede nadar y convivir con los delfines (exige un pago extra).

- Un acuario de arrecifes de coral colmado de peces oriundos de gran colorido y variedad.

- Un jardín botánico y sendero de selva tropical que alberga una enorme variedad de plantas y árboles nativos en estado virgen.

- Un orquideario con más de cincuenta especies nativas e híbridos.

- Una granja autosuficiente de hongos comestibles.

- Un teatro enmarcado por una concha natural y flanqueado por un río subterráneo. En este se presentan actividades artísticas y culturales, que incluyen el espectáculo denominado "Xcaret de Noche".

- Un estadio, en el cual se realiza una representación en vivo del juego de pelota maya, el más importante evento religioso-deportivo de la cultura maya.

- Recreación de una ceremonia prehispánica dedicada al Dios del Sol, denominada Papantla.

- Un museo de escenificaciones en miniatura de los asentamientos mayas más importantes.

- Un criadero de aves silvestres que alberga diversas especies de aves de la región.

- Zonas arqueológicas con más de mil años de historia.

- Caminatas bajo el mar.

- Excursiones de buceo y *snorkeling.*

- Paseos en caballo.

XCARET CASE | 3

XCARET

Standing on the third floor of the Herald building on the outskirts of the city of Cancun, Mr. Quintana analyzed with great interest and detail the expansions stipulated for the final stage of the Xcaret[6] mega project. This included a natural entertainment park that was baptized as "The Sacred Paradise of Nature" by its creators.

Quintana, the developer of the project, was especially motivated by the possibility of finally completing the park's infrastructure, thus transforming it into one of the main focuses of the biggest tourist attraction in the area, the Mayan Riviera, located a short distance from the city of Cancun. He knew, however, that a project such as this was almost impossible to conclude because the idea of trying to recreate the Mayan essence and spirit, as well as its culture, habitat, flora, and fauna, was really a permanent adventure that requires a continuous yearning for discovery, as well as constant energy.

Cancun and the Mayan Riviera

To evoke the city of Cancun, located on the Yucatán Peninsula in Mexico, is to accumulate retrospective images of Mayan culture and wisdom: the amazingly precise definition of time achieved by its priests; the luxury that characterized its leaders; the magnificence of its temples, palaces, trails, and paintings that have stood the test of time as silent witnesses of a past that still jealously guards many of its ancestral secrets. Later, the colonial remains that remind us, among other things, of the frequent pirate incursions of the 17th and 18th centuries that, lusting over potential booty, ravaged the coasts of the Mexican Caribbean, attacking Spanish galleons loaded with riches from Central and South America.

---

[6] The Xcaret case has been prepared by Sammy Liberman to be used as a base for discussion and not as an illustration of adequate or inadequate handling of any given situation. Some of the names and information that appear in the case, as well as dialogues and reenactments, may have been modified for the sole purpose of protecting the privacy of the company studied without losing the necessary coherence with reality.

The whole world knows the qualities that characterize the Caribbean Sea. Specialized studies in geomorphology, oceanography, marine biology, and subaquatic archaeology, among others, have extensively described the area; its fine white sand beaches surrounded by exuberant tropical vegetation; its reefs made from giant banks of coral; its islands and lagoons, some of which are protected as wild life "sanctuaries"; the pleasant temperatures of its waters that are home to an abundant number of particularly beautiful marine species, some of them unique, as well as the color that is so particular to them, covering the complete spectrum of blues and greens. All these things make the Caribbean Sea, and particularly the area that borders the Republic of Mexico, one of the most attractive seas on Earth. This marine area is also ideal for practicing most aquatic sports.

There are many beaches located around the world, but it would be difficult to find any that combine all of the characteristics that distinguish the beaches of the Mexican Caribbean, located in the state of Quintana Roo.

Many of the region's coral reefs have been the focus of documentaries and reports, especially showing the Palancar, near Cozumel. Considered one of the largest, this reef is a true underwater mountain range extending for more than 10 km. through peaceful, crystal-clear waters with extraordinary visibility. The reefs are formed in rocks where the dead parts of coral are deposited. Coral is an invertebrate animal formed by a live element called polyp, and a dead element called polyper. They form colonies that develop in unpolluted, shallow, warm water (over 18°C). When the reef collapses, its rocky base becomes packed. However, due to the very slow speed of this process, as the coral continues its construction work the volume of the reef increases.

The lagoons located on the coast of Quintana Roo, such as Bacalar, are another natural attraction. Each of them has its own unique charm; however, they all have one common denominator: their beauty. There are lagoons surrounded by tropical dry forests and grasslands; others are framed by abundant trees where it's easy to see different species of animals that are native to the region, such as boars, deer, mountain turkeys, and pheasants. There are also lagoons whose surroundings have rain forest characteristics, rich with wildlife. To this diversity we must add lagoons that are safeguarded as breeding grounds for tropical birds, where humans may only visit. Scuba diving can be practiced at most of these lagoons.

There are a number of beaches located near the big hotel centers of Cancun, but there are also a number of more peaceful and solitary beaches up and down the coast: Xel-Há,

Xcaret, Akunial, Chemuyil, Xcace, and Pamul, among others. These places combine the zone's typical vegetation with the beautiful waters of the Caribbean Sea.

Tourism in Cancun and the Mayan Rivera

Cancun's well-deserved reputation for beauty is based on old traditions. However, it was only in the early 1970's that this area started to be developed into the most important tourist location in modern Mexico, making Cancun, which in the Mayan language means "pot of snakes", one of the most attractive places to vacation on Earth.

Although the entire area is known worldwide as Cancun, there are clearly demarcated localities. In terms of tourist importance and hotel infrastructure, the second most important locality after Cancun is the "Mayan Riviera". This locality is clearly associated with beaches and other recreational sites such as Playa del Cármen, Xcaret, Xel-Há, and others. In the last few years, this locality has enjoyed the highest growth rate in the area, as well as the highest rate of hotel occupation.

North American, European, and Latin American tourists visit Cancun and the Mayan Riviera year round, enjoying a well-deserved rest, sun, beaches, nature, food, and most of all enjoying the traditions, customs, and culture of the area. It was in this environment that mixes culture and pleasure that the Xcaret natural entertainments park was born, hoping to testify to the area's Mayan legacy and rigorously developing and reproducing "The Profound Experience of the Mayan Riviera".

Before imbuing Xcaret Park with deep Mayan heritage, Quintana and his team of collaborators had to delve into the history, customs, laws, and philosophy of the Mayan civilization. This introspective cultural task involved years of study and analysis, a decade of planning and development, and the participation of numerous multidisciplinary teams of professionals.

Xcaret Park

Located in the Mayan Riviera just 70 kilometers from Cancun, Xcaret Park appears like a magical vision where exuberant vegetation hides green lagoons of crystal-clear water, islets inhabited by black panthers and raccoons, caverns, underground rivers, dolphins, and a Mayan village, among others.

In 2013, visitors had to pay U$99 each. With the exception of some services, this fixed rate granted the visitor the right to visit and explore the park for an entire day. The services made available by the park included approximately 20 different alternatives. These were supplemented by white-sand beaches, straw parasols, hammocks, water beds, cafeterias, restaurants, shops, and photo centers.

Towards the end of 2013, Quintana received an image and positioning study of Xcaret Park, which had been commissioned months before to the marketing specialist company Alba ACG (see annexes). The study was able to determine which relevant attributes were more highly valued by the tourists that arrived to Cancun and its surroundings (Tulum, Xel-Há, Isla Mujeres, Chichén Itzá, Cozumel).

Despite this study, which in general terms showed that the name Xcaret had a well-defined image and personality clearly associated with the concepts of "exotic and exuberant," Quintana and his team's main concern was the imminent threat of an ever developing mix of entertainment alternatives for tourists in the Cancun area.

The following is the reflection from the project developer:

"A decade ago our park was a must-see for tourists that arrived in Cancun. In most cases, these tourists had been previously informed about the existence of our park through travel agencies in their respective countries and cities of origin. Therefore, at the moment of purchasing a vacation package in Cancun, it was highly probable that they would also purchase a visit to our park. The situation today is, however, quite different. Tourists do not purchase the so-called supplements or extras until they arrive to their final vacation destination, where they let themselves be tempted and pampered by the enormous availability of offers. Hotels are the true channels to reach the tourist and have become veritable tourist consumer market places. As time goes by they offer ever increasing offers and possibilities for their guests, forcing us to invest large amounts of money in marketing, promotions, and discounts so as to reach the tourist. There are even some tourist centers that give money away so as to attract tourists. The truth is that the competitiveness and rivalry in the Cancun tourist industry has increased considerably in the last few years and, although our tourist flow has increased, it has done so at a lower rate than in the last two years. I also observe with concern how other archaeological sites that historically have not been very visited have started to increase their visit rate. On the other hand, the analysis of the park's products and attractions has also shown some conclusions regarding visitors' preferences for Xcaret. I am convinced that to in order to obtain the best concept of Xcaret Park, we must not only show the true spirit and hue of Mayan culture in every corner of the park, but also provide a correct organization and balance of the park's products and entertainment, as well as ingrain into tourists' minds that not to visit the Xotic, Xuberant, and Xciting Xcaret Park is in reality not to visit Cancun at all".

[Case outline]:

Since the situation described by Mr. Quintana in the aforementioned paragraphs represented an important medium-term risk for Xcaret Park, he decided to develop a marketing strategy that would "attract and retain" new clients in Latin America.

To do so, Quintana and his team decided to design a strategic marketing plan that used public relations tools to gain support and acceptance of the offer among in Latin America's more influential sectors (artists, intellectuals, businessmen, politicians), and also use digital marketing tools to achieve greater proximity to the digital communities of the ABC1 socioeconomic segments that showed an awareness and affinity to the Mayan culture.

Therefore, Mr. Quintana wished to develop the aforementioned plan with the relevant marketing metrics necessary to control the execution of his strategy.

Annex 1
Positioning map of tourist centers in Quintana Roo

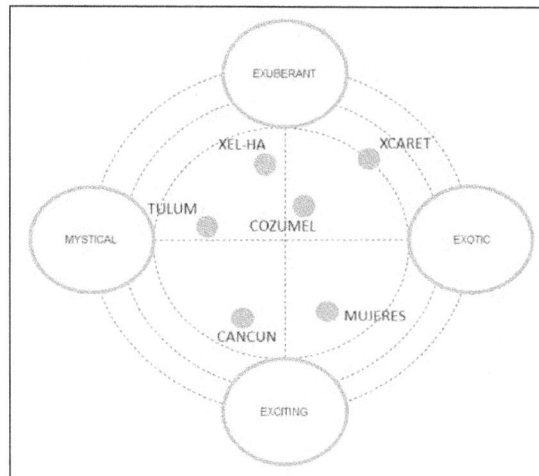

Tourist centers located in the Quintana Roo area that were considered in the positioning study done by Alba ACG.

Tulum: Mayan archaeological center of great importance between the years 1200 and 1400 A.C. It was promoted in the following manner: "Visit the only walled remnants of the Mayan culture on the coast of the Caribbean Sea, mixing unequaled natural beauty, culture, and history in one of the most exuberant sites of the Mexican Caribbean".

Xel-Há: A bay surrounded by tropical dry forests and palm trees. It was promoted in the following manner: "A natural habitat for thousands of species of land flora and fauna. Enjoy its virgin jungle thanks to the trails that cross the park and find large numbers of fossil stones, caves, and enormous natural cenotes".

Mujeres Island: Discovered in 1517, this Island is 7 kilometers long and 1 kilometer wide. Its name comes from the fact that a large number of idols and figures representing women were found at the time of its discovery. It was promoted in the following manner: "Sail from Cancun to Mujeres and enjoy an unforgettable experience swimming and diving among the multicolored fishes and turquoise waters".

Cozumel Island: Discovered in 1517, this island is 40 kilometers long and 16 kilometers wide. It is internationally famous because of its tourism infrastructure, which was begun in the 1950s. It was promoted in the following manner: "Located 45 miles south of Cancun, and approximately 12 miles offshore, the exotic island of Cozumel maintains its natural environment intact. Visit this jewel of the Caribbean with its beautiful beaches and unforgettable underwater diving excursions".

Cancun, hotel area: This is a highly modern tourist area located east of the city of Cancun, whose expansion plan was digitally programmed by the Mexican government in the 1970's. The area currently offers more than 250 hotels with more than 35,000 rooms, restaurants, as well as a wide variety of shopping centers. It was promoted in the following manner: "White sands, turquoise waters, exuberant vegetation, and 20 kilometers of top-class, comfortable, and luxurious hotels make Cancun the best place to rest, relax, and enjoy the Mexican Caribbean".

Annex 2
Products and attractions matrix of Xcaret Park

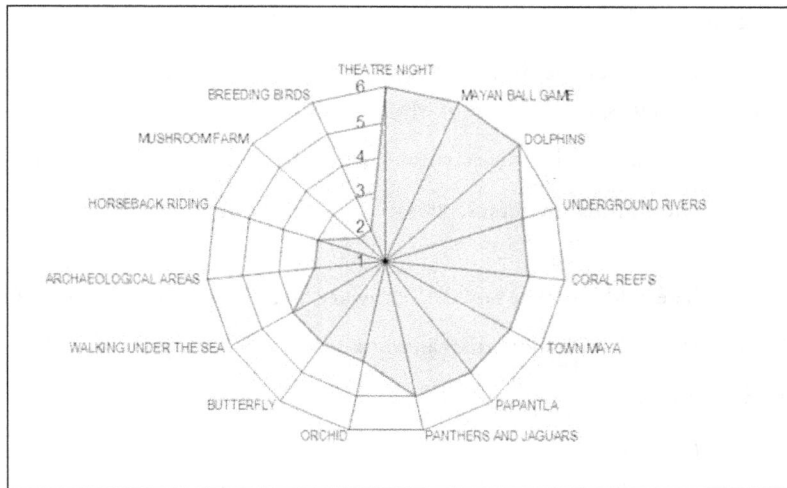

Mix of services considered in the products and attractions study developed by the consulting firm of Alba ACG.

- Three underground rivers in which you can swim through cenotes, millenary caves and tunnels with natural light.

- A subterranean maze that allows the visitor to walk through a Mayan village.

- An open area where black panthers and jaguars can be observed from a short distance. The only protection is a large, deep moat that separates the site from visitors.

- A one-of-a-kind butterfly farm, considered to be the largest in the world, where butterflies enjoy self-sustainable reproduction.

- Two dolphin enclosures where visitors can swim and spend time with these mammals (for an added fee).

- A coral reef aquarium teeming with a wide variety of fishes of different colors.

- A botanical garden and tropical rain forest trail home to an enormous variety of native plants and trees in a virgin state.

- An orchid garden with more than 50 native and hybrid species.

- A self-sustainable edible mushroom farm.

- A theater surrounded by a natural conch shell and flanked by an underground river. Different artistic and cultural activities are done in this theater, including the "Xcaret at Night" Show.

- A stadium where actors perform a live representation of the Mayan ball game, the most important religious/sporting event in Mayan culture.

- The recreation of a pre-Hispanic ceremony dedicated to the sun god Papantla.

- A museum where miniature representations of the most important Mayan settlements are displayed.

- An aviary where wild birds are raised. This aviary houses many of the region's bird species.

- Archaeological areas with more than a thousand years of history.

- Underwater treks.

- Scuba diving and snorkeling excursions.

- Horseback rides.

CASO ARCOTEX | 4

ARCOTEX

En otoño de 2013, el Sr. Juan Martínez (III), director general de la empresa Arcotex[7], regresaba de un viaje de negocios por Hong Kong y Shanghai, en el cual visitó diferentes ferias y congresos, relativos al campo de acción de su compañía. Martínez se encontraba particularmente preocupado por el futuro de Arcotex y este viaje le había permitido reflexionar en torno a la necesidad de un eventual cambio en la estrategia de su empresa.

El abuelo de Martínez, el Sr. Juan Martínez (I), un destacado hombre de negocios, fundó en 1955, en una ciudad cercana a Lima (Perú), la sociedad de cueros sintéticos Arcotex Ltda. La empresa se mantuvo en manos de la familia hasta 1981, fecha en la que esta se constituyó como una sociedad anónima abierta, permitiendo el ingreso de nuevos socios que aportaron capitales necesarios para la expansión de la empresa. En el transcurso de los años ochenta, la sociedad presentó un importante desarrollo. Las inversiones en infraestructura y activos fijos se multiplicaron varias veces durante un período de diez años.

A finales de los años ochenta y comienzos de los noventa, el Sr. Juan Martínez (II), hijo del fundador, amplió el ámbito de acción de la empresa desarrollando un proceso de integración vertical progresiva, así como aumentando la profundidad y extensión de las líneas de productos más tradicionales de la empresa.

La integración progresiva se realizó con la extensión de sus actividades hacia los procesos de impresión y terminación, permitiendo a la empresa controlar una mayor parte del ciclo de elaboración de sus productos.

---

[7]   El caso Arcotex ha sido preparado por Sammy Liberman para ser utilizado como base de discusión, y no como ilustración de la gestión adecuada o inadecuada de una situación determinada. Algunos datos y nombres aparecidos en el caso, así como diálogos y recreaciones, pueden haber sido modificados con el fin de proteger la privacidad de la empresa estudiada sin perder la coherencia necesaria con la realidad.

La empresa Arcotex

La compañía vendía una parte importante de sus productos por intermedio de mayoristas exclusivos en las distintas ciudades del Perú, pero también lo hacía a través de distribuidores independientes de carácter informal. Los cueros sintéticos eran comercializados a dichos intermediarios, quienes en algunos casos los adquirían haciendo uso de las políticas de financiamiento que la misma empresa les otorgaba y en otros casos les entregaba la mercadería en consignación hasta el momento en que finalmente era vendida a pequeños fabricantes del rubro del calzado peruano.

Los productos que eran vendidos con el financiamiento directo de Arcotex, debían ser cancelados conforme a un cuadro de pago que la propia empresa diseñaba para este tipo de clientes. El no pago a tiempo de las cuotas que generaba dicho financiamiento, implicaba perder el crédito que otorgaba la empresa y en algunos casos exponerse a multas y onerosas tasas de recargo consignadas por las políticas de cobranza que habían sido implementadas por la empresa en los años 90'.

El otro grupo de clientes de Arcotex estaba constituido por alrededor de cien importantes fabricantes de calzado de distintas regiones del Perú, que compraban con recursos propios directamente en la planta de producción de Arcotex.

Los últimos años en Perú no habían estado ajenos a las complicaciones generadas a partir del fuerte incremento experimentado por las importaciones. Esta situación había llevado a que el año 2006 las importaciones de calzados comenzaran a duplicarse año tras año, alcanzándose volúmenes que explicaban aproximadamente un 50% del consumo nacional.

La fuerte política de libre mercado desarrollada por el país en los últimos años, había perfilado políticas arancelarias cada vez más convenientes para la introducción de productos importados. Si bien dicha situación obligó a una actualización competitiva por parte de la industria y con ello a la reducción de costos en algunas de las líneas de productos, en otras había sido prácticamente imposible poder competir, especialmente en aquellos productos que se enfrentaban con la oferta proveniente desde China y la India, cuyos precios eran imposibles de igualar.

La tarea de la compañía Arcotex, en los últimos años, había estado centrada en la búsqueda constante de eficiencias y reducciones de costos. Para ello se introdujeron fuertes modificaciones en las áreas de informática y de sistemas. Se logró capacitar al personal considerado clave, lográndose disminuir en un 10% los costos de operación en ambas áreas. La dotación de la planta administrativa disminuyó en cerca del 20%, mediante la racionalización de los puestos de trabajo y la combinación de funciones en las distintas áreas de trabajo. También se externalizaron varias funciones así como procesos que históricamente eran desarrollados al interior de la empresa.

Arcotex y el concepto de marketing estratégico

Durante el viaje de negocios por Hong Kong y Shanghai, el Sr. Martínez tuvo la oportunidad de conocer y conversar con uno de los conferencistas[8] que había participado en las actividades del programa de negocios. Este le había sorprendido mucho con su visión sobre el concepto de marketing estratégico.

Fundamentalmente –le dijo:

"El concepto de marketing estratégico es un sistema integrado de actividades que por medio de una propuesta de valor, busca satisfacer las necesidades de grupos de consumidores que pertenecen a un segmento de mercado específico previamente determinado por la empresa".

Le recordó al instante una socorrida frase utilizada por Henry Ford noventa años antes: –"Señor: elija el color que quiera siempre que sea el negro"–. Le indicó, además, "que los tiempos han cambiado y en verdad, hay que perseguir los deseos y necesidades del consumidor. Recuerde siempre que el marketing es un sistema de pensamiento y un sistema de acción que se descompone entre una dimensión estratégica de análisis y comprensión de los mercados y otra dimensión operativa o de acción y conquista de los mercados. La coherencia de ambas facetas es fundamental para el éxito de la gestión global de cualquier compañía. Una vez comprendido esto, todas vuestras acciones deberían estar orientadas hacia la búsqueda de los medios para satisfacer estas necesidades. Cada persona en la empresa debería tener una orientación al marketing estratégico, centrarse en el consumidor e intentar, continuamente, encontrar nuevos y mejores medios para satisfacerlo".

Si bien Martínez pensaba que había comprendido la idea de fondo, no veía en términos claros cómo este concepto podría ser aplicado en su propia compañía. El conferencista también le había señalado que la sociedad Arcotex no realizaba planes de segmentación ni difusión para posicionar en forma adecuada la marca Arcotex entre los distintos clientes y,

---

[8] Maxo Liyac, marketing consultant.

peor aún, no existía un plan de marketing de la empresa. Además le indicó que la empresa no contaba con un verdadero departamento de marketing y que su oferta de productos era elaborada de una manera espontánea por sus operarios y diseñadores, los cuales eran contratados en forma *part time* de acuerdo a las necesidades de trabajo que en forma esporádica iba requiriendo la empresa, y que por lo tanto era imposible que estos mantuvieran un adecuado nivel de contacto con los gustos, preferencias y tendencias del mercado de Arcotex.

Finalmente, el conferencista le señaló a Martínez que la empresa no contaba con un programa de *clienting* que le permitiera entregar soporte a sus clientes (distribuidores y fabricantes de calzados) en la elección del mejor surtido de productos y tendencias en cueros sintéticos, aspecto que le restaba grados de fidelización y lealtad por parte de estos.

Arcotex y la implementación del concepto

Una vez en Lima y ya transcurrido algún tiempo desde su viaje por Hong Kong y Shanghai, el señor Martínez, intentando introducir el concepto de marketing estratégico en la sociedad Arcotex, decidió constituir una empresa comercial distinta de la primera, con especial acento en las ventas y la publicidad y, por lo tanto, su principal responsabilidad vendría dada por lograr vender toda la producción de la fábrica.

La totalidad de la fuerza de ventas de Arcotex, así como los diseñadores part time más algunas secretarias y asistentes comerciales, se trasladarían a la nueva empresa comercial, la cual se encargaría también de publicitar y difundir la oferta de Arcotex entre los principales mayoristas de cuero sintético del Perú, así como entre los fabricantes de calzados.

La sociedad inicial, deducido el personal antes mencionado, funcionaría en calidad de unidad de producción, en tanto que la nueva empresa comercial sería una filial de la empresa Arcotex y sería denominada –de acuerdo con los nuevos preceptos aprendidos por Martínez en Hong Kong y Shanghai– como Arcotex Marketing S.A. Esta estaría ubicada en oficinas del barrio de Miraflores de Lima, quedando lo suficientemente distante de las faenas de producción de la empresa Arcotex para efectos de no generar interferencias en el trabajo con los clientes. Desde el punto de vista operacional, Arcotex vendería toda la producción a Arcotex Marketing S.A a un precio de transferencia equivalente al 15% por sobre el costo unitario total del producto, el cual a su vez debería ser comercializado por la filial de marketing de Arcotex, con un markup de ventas no inferior al 30%.

Hacia mediados del año 2014, el Sr. Martínez reconocía que si bien el concepto de marketing estratégico –que tanto lo había deslumbrado en su viaje– no era fácil de implementar, estaba convencido de que este representaba la base de los cambios que la empresa debía realizar, de cara a las nuevas y mayores complejidades que impondría el mercado en los próximos años.

[Planteamiento del caso]:

De acuerdo con la información planteada por el caso Arcotex, ¿cómo visualiza la implantación del concepto de marketing estratégico en la empresa? Proponga un plan estratégico de marketing para la compañía Arcotex.

Arcotex Case | 4

ARCOTEX

In the fall of 2013 Mr. Juan Martínez (III), general director of Arcotex[9], was returning from a business trip to Hong Kong and Shanghai where he had visited different fairs and congresses related to the field in which his company participates. Martínez was especially concerned about the future of Arcotex and this trip had allowed him to reflect on the need for an eventual change in his company's strategy.

Martínez's grandfather Mr. Juan Martínez (I), a prominent businessman, founded Arcotex Ltda., a synthetic leather corporation located near the city of Lima, Peru, in 1955. The company remained in the hands of the family until 1981; at that time the company became an openly held public limited corporation, allowing access to new partners that supplied the capital necessary for the company's expansion. Throughout the 1980's the corporation experienced an important level of development; investments in infrastructure and fixed assets increased many times throughout a ten-year period.

Towards the end of the 1980's and the beginning of the 1990's, Mr. Juan Martínez (II), son of the company's founder, expanded the company's sphere of action by carrying out a progressive vertical integration process, as well as increasing the depth and extension of the company's more traditional product lines.

The progressive integration was done by extending the company's activities towards printing and finishing processes, thus allowing it to control a larger part of its production processes.

---

[9] The Arcotex case has been prepared by Sammy Liberman to be used as a base for discussion and not as an illustration of adequate or inadequate handling of any given situation. Some of the names and information that appear in the case, as well as dialogues and reenactments, may have been modified for the sole purpose of protecting the privacy of the company studied without losing the necessary coherence with reality.

The company Arcotex

The company sold an important percentage of its products through exclusive wholesale intermediaries in different Peruvian cities, but also sold its products through informal independent distributors. The synthetic leather was commercialized to these intermediaries, who in some cases acquired them by using the financing policies that the company itself provided them. In other cases, the products were placed in consignment until they were finally sold to small producers within the Peruvian shoe industry. The products that were sold through direct financing with Arcotex had to be paid following a payment chart that was designed by the company for these clients. Late payment on any of the installments of this financing implied losing the credit and, in some cases, facing the fines and onerous surcharge rates defined in the collections policies that the company implemented in the 1990's.

Another group of Arcotex clients was made up of approximately 100 important shoe producers from different regions in Peru. These clients purchased Arcotex products directly from the Arcotex production factory, using their own resources.

The last few years had seen complications due to the strong increase in imported products. In 2006, this situation resulted in shoe imports doubling every year, reaching an import volume that represented 50% of all national purchases.

The strong free market policy implemented by the country in the last few years resulted in increasingly convenient tariff policies for importing products from abroad. Even though this situation directly forced the industry to update by reducing costs in some product lines, it was impossible for other product lines to compete, especially for products that faced direct competition from items introduced into the country from China and India, whose prices were impossible to match.

In the last few years the goal of Arcotex had been a constant search for cost efficiency and cost reduction. This resulted in the introduction of strong modifications to the IT and Systems areas, re-training of key staff in these areas, and finally reaching a 10% reduction in the operational costs of both areas. Administrative staff was reduced by 20% through job rationalizations, as well as the combination of positions and tasks in different work areas. Finally, a number of functions and processes that had been historically performed within the company were outsourced.

Arcotex and the concept of strategic marketing

During his business trip to Hong Kong and Shanghai, Mr. Martínez had the chance to meet and speak with one of the conference speakers[10] that had participated in the business program activities. This speaker had greatly surprised Mr. Martínez with his vision regarding the concept of strategic marketing:

He essentially said:

"The concept of strategic marketing is an integrated system of activities, which through a value proposal seeks to satisfy the needs of consumer groups belonging to segments of a specific market that has previously been determined by the company".

It instantly reminded him of an often quoted phrase used by Henry Ford ninety years ago: "Sir: choose the color that you want, as long as it is black". He also indicated to him "that the times have changed, and the desires and needs of the consumer really need to be pursued. Always remember that marketing is a system of thought as well as a system of action, which is divided into a strategic dimension based on analysis and market comprehension, and an operational dimension based on action and market conquest. Coherence between these two dimensions is fundamental for the successful global management of any company. Once you understand this, all of your actions must search for the means to satisfy these needs. Everyone in a company should be focused on strategic marketing, concentrated on the consumer, and continually trying to find new and better means by which to satisfy him".

Although Martínez thought he had understood the idea, he couldn't see clearly how this concept could be applied to his own company. The conference speaker had also pointed out to him that Arcotex didn't develop segmentation or promotional plans to adequately position its brand among its different clients, and what's worse, the company didn't even have a marketing plan. He also indicated that the company didn't have a real marketing department and that its product range was spontaneously created by its operators and designers, hired part-time according to the company's sporadic needs. Therefore, it was impossible for these employees to maintain an adequate level of contact with the tastes, preferences, and tendencies of Arcotex's market.

Finally the conference speaker indicated to Martínez that the company didn't have a clienting plan that would allow it to offer its clients (distributors and shoe manufacturers)

---

[10]   Maxo Liyac, marketing consultant.

support in choosing the best possible product mix, as well as in synthetic leather tendencies, which reduced client fidelity and loyalty.

Arcotex and the implementation of the concept

Once back in Lima, and sometime after his trip to Hong Kong and Shanghai, Mr. Martínez decided to create a new company, different from the first, so as to introduce the concept of strategic marketing into Arcotex. This new company would be specially focused on sales and advertising and, therefore, its main responsibility would the sale of the company's entire factory output.

The entire Arcotex salesforce, as well as part-time designers and some secretaries and commercial assistants, were to be transferred to the new company, which would also be responsible for advertising, as well as spreading everything that Arcotex had to offer among its main synthetic leather wholesalers in Peru, as well as among shoe producers.

The original company, minus the aforementioned staff, would function as a production unit, whereas the new company would be a branch of Arcotex, named Arcotex Marketing S.A. in accordance with the new precepts learned by Martínez in Hong Kong and Shanghai. Arcotex Marketing S.A. would work in offices located in the Miraflores neighborhood of Lima, far enough away from the Arcotex production facilities so that no interference could be generated when dealing with clients. From an operational standpoint, Arcotex would sell its entire production output to Arcotex Marketing S.A. at a transfer price equal to 15% over the product's total unit cost. This product would then have to be commercialized by the Arcotex marketing branch with a sales markup of at least 30%.

In mid-2014, Mr. Martínez recognized that even though the concept of strategic marketing which had so dazzled him during his trip was not easy to implement, he was convinced that it represented the basis for the changes that the company had to implement in order to face the new and greater complexities that the market would impose in the following years.

[Outline of the case]:

Based on the information provided by the Arcotex case, how do you visualize the implementation of strategic marketing in the company? Propose a strategic marketing plan for Arcotex.

Caso Socks | 5

La compañía Socks[11] fue fundada en la década del 20' con la llegada de inmigrantes italianos a Chile. En una primera etapa esta orientó su estrategia a la comercialización de todo tipo de productos textiles de vestir; sin embargo, al poco andar, fue definiendo su accionar, desarrollando un alto grado de especialización en la producción y comercialización de calcetines, situación que ha perdurado hasta la actualidad.

La empresa se inició como un negocio familiar, conformado por hermanos y primos que se involucraron desde el principio en las operaciones de la compañía. A mediados de los 40', asumió como gerente general el hijo de uno de los fundadores de la compañía.

La situación anterior permitió el inicio de una de las etapas de mayor crecimiento y desarrollo de la compañía, la cual logró prolongarse hasta mediados de los años noventa, momento en el cual este dejó el cargo para pasar a constituir parte del directorio de la compañía.

La competencia en el mercado de los calcetines

El sector había sido históricamente muy fragmentado, existiendo innumerables fábricas de calcetines; sin embargo, sólo unas pocas de ellas habían conseguido poner marca a sus productos. La mayoría producía calcetines de marca privada bajo contrato.

La competencia de Socks a través del tiempo había variado conforme el sector fue evolucionando en Chile. Si bien Socks era una de las compañías más antiguas del sector, aspecto que le permitió durante décadas ser líder absoluto en el rubro de calcetines, en los últimos años había disminuido algunos puntos de su participación de mercado, cediéndole terreno a competidores tales como Monarch, Heller, Caffarena y otras[12]. Cambios a nivel

---

[11] El caso Socks ha sido preparado por Sammy Liberman para ser utilizado como base de discusión, y no como ilustración de la gestión adecuada o inadecuada de una situación determinada. Algunos datos y nombres aparecidos en el caso, así como diálogos y recreaciones, pueden haber sido modificados con el fin de proteger la privacidad de la empresa estudiada sin perder la coherencia necesaria con la realidad.

[12] Otros competidores tradicionales de la industria de calcetines tales como Mirage o Lancaster se diversifi-

de la industria se empezaron a generar a mediados de los 70'. A nivel del consumidor menos sensible al precio, se produjo un aumento lento pero progresivo en la importancia de la marca del producto. Peruggi fue uno de los primeros en capitalizar un alto reconocimiento de marca entre los consumidores. Esta marca fue vendida e incorporada más tarde a la empresa Monarch.

Cuadro 1: Participación de mercado estimada por marcas

Grupo Monarch	24,6 %
Socks	17,5 %
Marcas Privadas	15,30%
Caffarena	11,40%
Heller	8,70%
Otros	22,5%

Hacia fines de los 90', se observó un fuerte crecimiento de la ropa deportiva, generando un fuerte aumento en el uso de calcetines deportivos. Los fabricantes pusieron mayor énfasis en aspectos tales como elasticidad, duración y protección de los productos.

La industria de los calcetines

La apariencia y tacto de un par de calcetines era función de la fibra, el grosor, las técnicas de hilado y el nivel de acabado. Dos calcetines que eran idénticos hasta el final del proceso de producción, podían parecer distintos según el tipo de acabado que tuviera. Estas características, además de la variedad de colores y combinaciones de los mismos productos, hacían que la oferta de las compañías pareciera casi ilimitada.

Los calcetines estaban sujetos a varias clasificaciones. Las más comunes eran por tipo de uso, por material, por longitud y por grupo de referencia. Véase cuadro siguiente.

---

caron hacia otras líneas y categorías de productos textiles. Por su parte, Textiles Panter se transformó en el principal maquilador de calcetines para empresas con marcas propias tales como Nike, Adidas, Puma, Reebok, Everlast, Falabella, Paris, Ripley, Cencosud y Walmart. Finalmente, la empresa Peruggi fue adquirida algunos años atrás por el grupo Monarch.

Cuadro 2: Clasificación de los calcetines

Por tipo de uso	Vestir, casual y deportivo
Por material	Algodón, lana, nylon, hilo, mezclas
Por longitud	Zoquete, media pierna, largo
Por grupo de referencia	Hombres, niños, niñas, juveniles, bebés, escolares, deportivos

En general, las empresas manejaban carteras muy abundantes de productos, cada uno en varios colores, tallas y materiales, generando un total de combinaciones que podía sobrepasar los 3.000 artículos distintos en el caso de algunas compañías.

El negocio de los calcetines había sido desde sus inicios un negocio de bajo crecimiento. Históricamente había crecido con un ritmo similar al incremento poblacional; sin embargo, en las últimas dos décadas, se había registrado un mayor dinamismo como consecuencia del progresivo desarrollo experimentado en el segmento de calcetines deportivos, calcetines con diseño y calcetines con marcas licenciadas.

A nivel de consumidores no se observaba una clara lealtad de marca; por el contrario, lo que sí parecía existir era lealtad en favor de algún tipo específico de fibra, por ejemplo el algodón, hilo, seda y otros. Otro importante grupo de consumidores de calcetines eran leales a algún tipo de tienda en particular y solían efectuar sus compras en ellas sin considerar estrictamente la marca del producto.

A nivel de canales de distribución se había producido una evolución importante en los últimos treinta años. De haber sido las tiendas del ramo, zapaterías y algunos almacenes, los únicos en vender este tipo de productos en Chile, treinta años más tarde, prácticamente no figuraban con un peso relativo importante dentro del total de ventas de los diferentes canales. Las grandes cadenas de multitiendas y supermercados habían logrado concentrar prácticamente el 70% de la venta a nivel nacional. Esta mayor concentración de ventas había logrado generar un importante poder de negociación por parte de estas grandes cadenas, desmejorando la posición relativa o poder de negociación de los fabricantes.

Las compañías nacionales, en general, habían visto crecer sus ventas en los últimos años, afectadas —entre otros aspectos— por la fuerte entrada de productos extranjeros (principalmente importados desde Oriente), los cuales, junto con ofrecer un considerable menor precio, permitían el desarrollo de productos casi a pedido, al tratarse de volúmenes importantes.

La fuerza de ventas

La compañía Socks había mantenido por muchos años una fuerza de ventas de veinte personas aproximadamente, las cuales operaban en todo el país a través de un esquema de distribución semigeográfico. Se trataba de una fuerza de venta muy experimentada (con un promedio de edad superior a los cincuenta y cinco años), que había hecho de la empresa su vida y en algunos casos cuyos padres también se habían iniciado en el área de ventas al fundarse la compañía. El jefe de ventas de la compañía fue por muchos años un vendedor de carrera formado al interior de esta. Este, no obstante conocer con gran detalle el negocio textil, carecía de formación técnica, así como de herramientas técnicas para un adecuado control de gestión del equipo.

Si bien el vendedor promedio que trabajaba en la compañía conocía bastante bien las líneas de productos que vendía, se había comenzado a generar algún grado de resistencia por parte de los ejecutivos de compra de las grandes cadenas y multitiendas, en relación con este perfil de vendedor de carrera, en el entendido de que se había comenzado a producir un choque generacional y profesional entre compradores y vendedores, situación que había comenzado a afectar la fluidez en la venta de mercadería hacia estos importantes clientes.

Las grandes cadenas de tienda, a fin de facilitar el mayor dinamismo del flujo de ventas en sus diferentes puntos, habían comenzado a ejercer un alto poder de negociación sobre sus proveedores. Esta situación no era diferente en el caso de las fábricas de calcetines, las cuales debían apoyar cada punto de venta con equipo de promotoras, de costo 100% del proveedor, como condición necesaria para permitir al proveedor exponer sus productos en los diferentes puntos de venta de las multitiendas.

Las compañías, en general, mantenían bajo contrato a más de un centenar de promotoras a fin de dar respuesta a las exigencias efectuadas por los más importantes clientes del sector. Sin embargo, en la mayoría de los casos se desconocía por completo la rentabilidad y contribución al margen que cada punto era capaz de generar. Lo anterior permitía la mantención de puntos de venta muchas veces no rentables, durante períodos prolongados.

Cuadro 3: Ventas porcentuales por canal

Tipos de canales	1980	2010
Tiendas del ramo	75%	21%
Cadenas de multitiendas	10%	44%
Supermercados	5%	25%
Canales propios	10%	10%

La guerra de los calcetines

Si bien el desarrollo de la industria de calcetines había sido importante durante décadas, se seguía observando al interior de esta, un lenguaje comunicacional carente de personalidad e identidad, haciendo dificultosa la gestación de un estilo que posicionara las marcas en forma adecuada.

La actividad publicitaria se había centrado fundamentalmente en dar a conocer los atributos del producto, tales como la duración, el diseño, el colorido y la resistencia del producto, sin generar una diferenciación clara respecto de la competencia, la cual en términos generales trabajaba de la misma forma.

La publicidad de la empresa se caracterizaba por ser plana y carente de recursos creativos; sin embargo, el consumidor de calcetines (de acuerdo con estudios de mercado propiciados por la misma industria), asociaba claramente la marca Socks con la categoría de calcetines.

En los últimos años se había comenzado a librar una fuerte batalla a nivel del punto de venta. Los calcetines estaban entrando en la categoría de productos comprados en forma impulsiva por el consumidor. Estudios del sector señalaban que más del 70% de las compras realizadas para estos productos en Chile, eran no planificadas por el consumidor, siendo el principal comprador de calcetines la mujer (la esposa o la madre), quien compraba en promedio cuatro veces al año, entre tres y cuatro pares de calcetines cada vez, para satisfacer las necesidades del consumidor promedio, perteneciente a la categoría, hombre mayor de diez años de los GSE: A, B, C1 y C2.

Las compañías comercializaban sus productos utilizando la docena como unidad de medida. El año 2011 se habían logrado comercializar casi seis millones de docenas de calcetines en el mercado nacional, alcanzándose un volumen aproximado de MM U$150 anuales. Si bien las ventas lograban crecer en unidades físicas, las unidades monetarias no crecían de la misma forma, por lo que el margen de utilidad de la compañía Socks así como el de sus principales competidores, venía descendiendo en los últimos años como consecuencia del fuerte nivel de rivalidad interna que se venía registrando desde que las empresas fabricantes habían comenzado a sustituir la producción propia por las importaciones de productos terminados.

Si bien Socks mantenía una clara y fuerte concentración en las líneas de hombre casual y formal, otras compañías se habían especializado en otras líneas de productos, tales como por ejemplo Heller en niños y bebés y Caffarena en mujeres. El precio unitario por docena vendida era cada vez más bajo, no así el costo directo de la docena vendida, que en términos generales se había logrado mantener relativamente estable en el tiempo. En términos financieros, la compañía mostraba una posición más que saludable. Históricamente había mantenido una estructura de capital que le permitía un alto financiamiento de los activos, vía patrimonio, y un capital de trabajo positivo que generaba un adecuado nivel de liquidez.

La empresa había llegado a tener en los años 90' más de cuatrocientas personas trabajando en distintos puestos del área de producción. Sin embargo, en los últimos años había logrado reducir en forma considerable el tamaño de su planta, privilegiando la importación de productos terminados desde Oriente con un proceso de logística externo a la empresa, que había empezado a generar frutos en cuanto a la obtención de mayores grados de eficiencia que eran traspasados a toda la cadena de distribución.

Si bien el equipo ejecutivo de la empresa había sido conformado históricamente por integrantes de la familia, ya en los últimos años se podía apreciar un esfuerzo decidido por parte de esta, en favor de profesionalizar tanto la gestión como la dirección de Socks. Se esperaba, para los años siguientes, un fuerte aumento en el ingreso de productos importados así como un escenario interno de mayor competitividad y complejidad. Se visualizaban además fuertes amenazas de nuevos entrantes al sector, provenientes de otros rubros del sector textil, así como una mayor amenaza de integración vertical regresiva generada a partir de la elaboración de marcas propias, por parte de los principales *retails* y multitiendas del mercado local.

[Planteamiento del caso]:

Hacia fines del año 2013, y tal como era costumbre, el gerente general de la compañía convocaba a su equipo directivo con el fin de intercambiar impresiones respecto de la marcha del negocio. Este iniciaba el diálogo reflexionando de la siguiente manera:

"Este negocio que ha cumplido noventa años de vida el año 2013 y que representa el esfuerzo de una familia italiana que ha sabido trabajar en equipo logrando sortear la mayoría de sus crisis de manera adecuada, hoy debiera plantearse nuevamente una reflexión de cara al futuro: ¿queremos seguir comercializando calcetines otros noventa años?, ¿en qué negocio debiéramos estar en los próximos años?, ¿a qué nuevos segmentos debiéramos orientar nuestro negocio?, ¿cómo deberíamos enfrentar a las grandes marcas de ropa que siguen creciendo en la categoría de calcetines?, ¿cómo deberíamos enfrentar a los grandes distribuidores que siguen concentrando poder de negociación y creciendo con sus marcas propias?".

SOCKS CASE | 5

socks

The Socks Company[13] was founded in the 1920's upon the arrival of Italian immigrants to Chile. At first, the commercialization strategy was aimed at all kinds of textile clothing products. Within a short period of time, however, the company began to define its scope of action by developing a high degree of specialization in the manufacture and commercialization of socks, which is true to this day.

The company began as a family business of brothers and cousins that got involved in the running of the company from the start. In the 1940's, a son of one of the founders of the company took over the role of general manager.

This situation began a time period with one of the highest growth and development rates that the company had experienced, lasting until the mid-1990s. At that time, the aforementioned general manager resigned from his position and became part of the company's board of directors.

Competition in the sock market

This industry had been historically fragmented, with a large number of sock factories participating. However, only a few of them had managed to brand their products; most of them manufactured private-brand socks by contract.

Through time, the competition that Socks faced varied as the industry evolved in Chile. Although Socks was one of the oldest companies in the industry, which had allowed it to be the absolute leader in the sock industry for decades, in the last few years its market share had experienced a slight fall, yielding ground to competitors such as Monarch, Heller,

---

[13]   The Socks case has been prepared by Sammy Liberman to be used as a base for discussion and not as an illustration of adequate or inadequate handling of any given situation. Some of the names and information that appear in the case, as well as dialogues and reenactments, may have been modified for the sole purpose of protecting the privacy of the company studied without losing the necessary coherence with reality.

Caffarena, and others[14], industry-level changes started to occur during the mid-1970's. For consumers less sensitive to price, a slow but steady increase in product brand importance started to occur. Peruggi was one of the first to capitalize on high brand awareness among consumers; the brand was later sold and incorporated into Monarch.

Table 1: Estimated market share per brand

MONARCH GROUP	24.6 %
SOCKS	17.5 %
PRIVATE BRANDS	15.30%
CAFFARENA	11.40%
HELLER	8.70%
OTHERS	22.5%

Towards the end of the 1990's, strong growth could be observed in the sporting clothes industry, generating a strong increase in the use of athletic socks. Manufacturers began to put more emphasis on product characteristics such as elasticity, durability, and protection.

The sock industry

The appearance and feel of a pair of socks was a function of fibers, thickness, weaving, and the level of finish for the product. Two socks that were identical until the end of the production process could look completely different according to the level of finish that they had. These characteristics, as well as the variety and color combinations for the same product, resulted in an offer that seemed limitless.

Socks were subject to a series of classifications, the most common being use, material, length, and reference group. See the following table.

---

[14] Other traditional sock industry competitors such as Mirage or Lancaster diversified into other textile product lines and categories. Textiles Panter became the main sock manufacturer for companies with house brands such as Nike, Adidas, Puma, Reebok, Everlast, Falabella, Paris, Ripley, Cencosud, and Walmart. Finally, Peruggi was acquired a few years ago by the Monarch group.

Table 2: Classification of socks

BY USE	FORMAL, CASUAL, AND ATHLETIC.
BY MATERIAL	COTTON, WOOL, NYLON, THREAD, BLENDS.
BY LENGTH	SHORT, MID-LENGTH, LONG.
BY REFERENCE GROUP	MEN, BOYS, GIRLS, ADOLESCENTS, BABIES, SCHOOL LEVEL, ATHLETIC.

Companies generally handled an abundant product portfolio, each of which came in a variety of colors, sizes, and materials, generating a total number of combinations that could surpass in some cases 3,000 different articles.

Since its beginnings, the sock industry has always been a slow-growth business, growing at a rate historically similar to that of the population increase. In the last two decades, however, there had been greater dynamism due to the progressive development of the athletic socks, designer socks, and registered trademark socks segments.

On a consumer level, no clear brand loyalty could be observed. On the contrary, what did seem to exist was a loyalty towards specific fibers, for example, cotton, thread, silk, and others. Another important sock consumer group was loyal to a certain kind of store where they would do their sock shopping without, strictly speaking, considering the product brand.

In terms of the distribution channels, an important evolution had occurred in the last 30 years. While specialized sock stores, shoe stores, and some larger shops had been the only ones to sell this kind of product in Chile, 30 years later these channels had practically lost their specific importance in the total sales of the different channels. Large chain department stores and supermarkets had managed to concentrate almost 70% of total national sales. This greater sales concentration was able to generate an important level of bargaining power for the large chains, deteriorating manufacturers' relative bargaining position or power.

In general, national companies had seen their sales grow in the last few years because of the strong entrance of foreign products (mainly imported from the Far East) into the market. Besides offering a considerably lower price, these competitors opened up the possibility for developing practically tailor-made products when high volume was involved.

The salesforce

For many years Socks had maintained a salesforce of approximately 20 people who operated throughout the country in a semi-geographical distribution system. This sales force had many years of experience (the average age was over 55), having made the company their life; in some cases, some of the parents of members of the salesforce had also started their careers on the salesforce when the company was founded. For many years the head of sales was a career salesman trained within the company. Although possessing highly detailed knowledge about the textile industry, this person did not have any professional or formal training, or any technical tools for adequately controlling and managing the sales team.

Although the average company salesman was familiar with all of the product lines that he sold, there had begun to appear some degree of resistance from purchase executives for major department stores and similar shops regarding this career salesman profile; some generational and professional clashes between purchasers and salesmen started to occur. This began affecting product sales fluidity with these important clients.

To facilitate greater sales flow at their different locations, major chains started to exercise high bargaining power over their suppliers. This situation was no different in the case of sock factories, which had to begin supporting each point of sale with a team of promoters, financed completely by the supplier, as a necessary condition for the supplier to be allowed to showcase his products in department stores.

Generally, in order to respond to the demands of the most important industry clients, companies had more than one hundred contracted promoters. In most cases, however, the profitability and contribution to the margin that each sales point was capable of generating was completely unknown. For a long period of time, this situation led to the continuation of sales points that in many cases were unprofitable.

Table 3: Percentage of sales per channel

TYPES OF CHANNELS	1980	2010
INDUSTRY STORES	75%	21%
DEPARTMENT STORE CHAINS	10%	44%
SUPERMARKETS	5%	25%
IN-HOUSE CHANNELS	10%	10%

The war of the socks

Although the development of the sock industry had been important for many decades, the industry still used language lacking in personality and identity, which made it very difficult to generate a style that would allow the brands to adequately position themselves.

Advertising activities were mainly centered on showcasing product attributes such as: durability, design, colors, and product resistance, without generating any clear differentiating points with the competition, which basically also worked along the same lines.

Company advertising was characterized as flat and lacking any creative resources. The sock consumer, however (according to market studies conducted by the industry itself), clearly associated the brand Socks with the quality of its products.

As for sales, in the last few years a strong battle had begun to be fought. Socks were entering the category of products purchased impulsively by the consumer. Industry studies showed that more than 70% of all product purchases in Chile were not planned by the consumer. Women (wives or mothers) were shown to be the main purchasers, buying industry products an average of four times per year, purchasing between three and four pairs of socks each time to satisfy the needs of the average consumer, who was male, aged 10 and over, belonging to the A, B, C1, and C2 Socioeconomic Groups.

Companies commercialized their products using a dozen as the unit of measurement. In 2011, almost six million dozens of socks were commercialized nationally, reaching an approximate annual volume of U$150 billion. Although sales were increasing in terms of physical units, the monetary units were not increasing at the same rate. Therefore, the profit margin of the company, as well as that of its main competitors, had been decreasing in the last few years as a direct result of the strong internal rivalry that had been occurring ever since the manufacturing companies had started to substitute their own production by importing finished products.

Although Socks maintained a clear and strong concentration within the men's casual and formal lines, other companies had started to specialize in other product lines, such as: Heller in children and babies and Caffarena in women. The unit price per dozen sold was steadily decreasing, whereas the direct cost of every dozen sold was not; these direct costs had, generally speaking, been stable over time. In financial terms, the company enjoyed a healthy position. Historically, it had maintained a capital structure that allowed it to have a high financing of its assets through equity, and a positive working capital that generated an adequate level of liquidity.

During the 1990's, the company had more than 400 people working in different positions within the production area. The strategy of the last few years, however, had considerably reduced the size of the work staff because the company preferred to import finished products from the Far East through an outsourced logistical process that had begun to generate dividends in terms of reaching greater efficiency, which was carried over to the rest of the distribution chain.

Although the executive team of the company had historically consisted of family members, the last several years had seen a real effort on behalf of these members to professionalize both the management and administration of Socks. A strong increase in imported products, as well as higher levels of internal competition and complexity, were expected for the following years. You could also see strong threats from new industry players coming from other textile industry sectors, as well as a higher threat of regressive vertical integration due to the creation of house brands by the principal local market retailers and department stores (the sock segment of the textile industry was one of the ones that offered on average the best margins in the industry).

[Outline of the case]:

Towards the end of 2013, as was the custom, the general manager of the company convoked his executive team to exchange impressions of business performance. He began the dialogue as follows:

"This business is celebrating 90 years of existence and represents the efforts of an Italian family that has managed to work as a team, positively surpassing most of its crises. Such a company should once again reflect on its future. Do we want to continue commercializing socks for another 90 years? What business area should we be in in the next few years? What new segments should we direct our business to? How should we face major clothing brands that continue to grow within the sock category? How should we face large distributors that continue to concentrate bargaining power and grow with their own brands?".

CASO LACTOQUESO | 6

ᛒLactoqueso

La compañía Lactoqueso[15] fue fundada el año 1945 con la llegada de inmigrantes españoles a Chile. En una primera etapa, la empresa orientó su estrategia a la comercialización de todo tipo de productos lácteos; sin embargo, al poco andar fue definiendo su accionar, desarrollando un alto grado de especialización en la producción y comercialización de diferentes tipos de quesos de bovino. Hacia fines del año 2005, Lactoqueso se encontraba evaluando la posibilidad de ingresar al negocio de la elaboración y comercialización del queso de cabra; sin embargo, los directivos de la empresa no lograban consensuar criterios en torno a dicha posibilidad.

Introducción

Por años, el queso de cabra fue elaborado por granjeros así como por pequeñas queserías de una manera completamente artesanal. Sólo en algunos países desarrollados, desde mediados del siglo XIX, se empezó a industrializar el queso y su proceso de fabricación, formándose industrias especializadas con tecnologías avanzadas, las cuales se encontraban capacitadas para utilizar leche de la mayoría de los mamíferos o incluso combinaciones de estas.

El queso de cabra es quizás el primer alimento elaborado por el hombre, que ha sido consumido regularmente a través de toda la historia de la humanidad. Hoy en día, el queso de cabra se encuentra disponible en innumerables variedades, sabores y consistencias. Aun cuando las variedades difieren en su composición, el queso de cabra puede ser caracterizado como un producto de elevado valor nutritivo, importante volumen proteico así como una fuente de calcio y vitaminas.

---

[15] El caso Lactoqueso ha sido preparado por Sammy Liberman para ser utilizado como base de discusión y no como ilustración de la gestión adecuada o inadecuada de una situación determinada. Algunos datos y nombres aparecidos en el caso, así como diálogos y recreaciones, pueden haber sido modificados para proteger la privacidad de la empresa estudiada sin perder la coherencia necesaria con la realidad.

La industria del queso de cabra en Chile

El sector lácteo chileno había observado en los últimos años la reducción paulatina en los niveles de protección efectiva, teniéndose que acoger, por lo tanto, al desafío de la transformación productiva por medio de una creciente integración vertical y diversificación de su producción.

Particularmente, en la producción de lácteos caprinos, distintos gobiernos habían desarrollado una serie de planes de fomento y aplicación de subsidios, para su transformación productiva, esto como consecuencia del impacto social que en el medio rural ejercía este tipo de producción.

La producción del queso de cabra en Chile fue impactada fuertemente por la resolución gubernamental de fines de 1991, en la que se decretaba el uso de normas higiénicas estrictas en el proceso de producción de queso, generado por la detección de elevadas y continuas contaminaciones bacterianas en los quesos de cabra artesanales. La información a los consumidores asociada a esta resolución, provocó un deterioro en la imagen del queso de cabra, el cual era considerado según estudios de algunos centros académicos, como un producto "poco confiable, de procedencia desconocida, de deficiente presentación y perecible". Esto obligó a la industria a un desarrollo tecnológico del proceso, centrado en el mejoramiento de la condición sanitaria y de la calidad final del producto.

El consumidor nacional, en las últimas dos décadas, había experimentado un cambio en función de su mayor poder adquisitivo, y del acceso a una oferta diversa y ampliada por el ingreso masivo de los productos importados.

El año 2004, la producción industrial de queso de cabra en Chile mostraba un desarrollo aún incipiente, ocupando una fracción menor respecto a la producción artesanal. Se estimaba que sólo un 10% del queso de cabra que se comercializaba y consumía a escala nacional correspondía a un producto desarrollado industrialmente. La demanda de queso en el ámbito nacional alcanzaba aproximadamente las 3.500 toneladas por año, estimándose que en menos de una década llegaría a aproximadamente 4.600 toneladas. El consumo per cápita anual de queso de cabra en Chile se estimaba en torno a los doscientos cincuenta gramos. Si bien la oferta nacional cubría la demanda del mercado, esta era claramente estacional, concentrada entre los meses de julio y diciembre.

En Chile, las empresas más desarrolladas participaban tanto de la producción industrial del queso de cabra como de la comercialización de este. Muchas de ellas desarrollaban su negocio a escala local o regional; sin embargo, un conjunto restringido de ellas había logrado posicionarse formalmente en los centros urbanos y ámbitos de supermercados –Chevrita, Consuagro, Tamaya, Camarico, Delicatessen, Prohens, Santa Inés, Villarrica y Quillayes–.

La empresa líder del segmento era Chevrita. Esta producía y comercializaba una línea diversificada de quesos de cabra del tipo "Deli", orientándose, principalmente, a supermercados que abastecían al segmento de ingresos medios y altos de la población; en tanto, el resto de las empresas se limitaba a la venta del queso de cabra como producto genérico, apareciendo muy irregularmente y de forma esporádica en los mismos puntos de venta en que se comercializaban los productos de Chevrita.

Cuadro 1: Participación de mercado del queso de cabra en Chile

Marca	Market share (%)
Tamaya	20
Quillayes	4
Delicatessen	17
Camarico	4
Chevrita	34
Otros	21

La industria exhibía como las más importantes barreras a la entrada del negocio, el know-how relativo a la producción del queso de cabra y el set de procedimientos capaz de asegurar los estándares sanitarios y de calidad adecuados para el consumo humano. Desde esta perspectiva, los posibles entrantes a la industria del queso de cabra venían dados, principalmente, por empresas del sector lácteo ya posicionadas en la producción de quesos de leche bovina, así como por algunas organizaciones de productores artesanales o instituciones de investigación (universidades y centros experimentales) que, en colaboración de proyectos asociativos o de innovación, podrían ser capaces de implementar pequeñas empresas agroindustriales en el rubro del queso de cabra.

Por otra parte, los productos sustitutos del queso de cabra industrializado, provenían principalmente de los quesos Deli, de la industria lechera bovina. La cercanía de estos sustitutos era aun mayor en el caso de los quesos frescos.

Los proveedores de la materia prima principal para la producción de queso de cabra, eran los productores de leche de cabra. En general, esta oferta se encontraba más bien atomizada, manteniendo un perfil técnico de carácter reducido, a pesar de los esfuerzos gubernamentales para su organización y desarrollo tecnológico.

El mercado del queso de cabra

A nivel internacional, la demanda por queso de cabra se veía incrementada en poblaciones en las cuales se observaba un nivel de ingreso creciente, así como en países en desarrollo y segmentos de población joven. En Chile, se estimaba también un incremento en la demanda de queso de cabra, asociado al carácter de producto sano, natural y exclusivo.

El queso de cabra jugaba un rol importante en la llamada "Dieta del Mediterráneo", denominada así por incorporar, además del trigo, el aceite de oliva y el vino tinto, un espacio regular en la dieta de los habitantes de dicha zona geográfica. Por este motivo, la "Dieta del Mediterráneo" había ganado adeptos en muchos países en los últimos años, notándose una importante y creciente valoración por diferentes segmentos de la población. En este segmento se encontraban también los consumidores vegetarianos, para quienes el queso de cabra era un alimento básico por sus características nutritivas y proteicas, así como las personas con problemas digestivos o con intolerancia a la lactosa.

Cuadro 2: Producción anual de queso de cabra en el mundo

Países	Producción anual per cápita queso cabra /Gr.	Producción anual total queso cabra/ Ton.	Producción anual total queso /Ton.	Queso cabra/queso
Chile	250	3.500	65.000	0,05
Francia	950	55.000	950.000	0,06
España	650	24.000	s/i	s/i
Irán	800	52.000	190.000	0,27
Grecia	4.800	48.000	200.000	0,24
Total	s/i	310.000	3.100.000	0,1

El queso de cabra también era considerado un "producto especial" para quienes simplemente gustaban de los quesos, el cual se recomendaba degustar con un vino apropiado. Por este motivo y sumado a la variedad de quesos existentes, esta tipología de quesos había sido considerada dentro del espectro de productos denominados "delicatessen".

La producción de queso de cabra en Chile había venido perdiendo participación en la producción total de quesos, estimándose en torno al 5% de la producción total de quesos. Esta merma se habría producido por un aumento sostenido en la producción de queso de vaca y un estancamiento estimado de la producción de queso de cabra. A escala mundial se estimaba que el queso de cabra representaba cerca de un 10% de la producción mundial de queso.

En el mercado total de quesos chilenos se distinguían cuatro categorías importantes: el tipo Mantecosos, el tipo Chacras, el tipo Gauda y los quesos Especiales. Los quesos de cabra se incluían dentro de la categoría de los quesos especiales.

Cuadro 3: Participación estimada de mercado por categoría de queso en Chile

CATEGORÍA	MARKET SHARE (%)
MANTECOSOS	51
CHACRAS	7
GAUDA	27
ESPECIALES (DELI)	15

El consumo de quesos en Chile presentaba un promedio anual aproximado a los 4 kg. per cápita. Esta cifra había crecido en los últimos años levemente. En países como EE.UU, Francia, España y otros, se observaban consumos promedios por habitante al año, entre los 10 y los 15 kilogramos.

La tecnología dominante en la producción de quesos de cabra estaba influida por el modelo francés, traído a Chile en los 90'. En dicho sentido, la mayor innovación decía relación con la consideración de normas sanitarias y de calidad, dentro del proceso productivo. La pasteurización y el sellado al vacío constituían elementos esenciales de diferenciación respecto del producto artesanal, lo que le permitía posicionarse como una alternativa en supermercados destinados a abastecer la demanda de estratos socio económicos altos y medios de la población.

Por último, la adición de aromas naturales al queso fresco de cabra, aparecía como un recurso técnico interesante, capaz de permitir mayores grados de diferenciación en favor de los productos que participaban al interior de la categoría "Deli".

Como se indicó, la compañía Lactoqueso se encontraba hacia fines del año 2005 evaluando la posibilidad de ingresar al negocio del queso de cabra. La reflexión que hacían los ejecutivos de la compañía respecto a la eventual introducción de una nueva línea de productos en este segmento, era la siguiente:

Director General: Como sabemos, el directorio de la compañía ha establecido, como meta de mediano plazo, el desarrollo de la marca "Lactocabra" para ingresar al mercado del queso de cabra. La meta que se nos ha impuesto es la de lograr capturar el 10% de este mercado en el plazo de tres años, situación que supone alcanzar un equivalente anual de 350 toneladas aproximadamente.

Director de Marketing: Si bien conocemos bastante respecto del mercado de los quesos, habrá que tener un especial cuidado al definir la estrategia de marketing para Lactocabra. En el mercado de los productos Deli, encontramos una elasticidad muy baja con respecto a la variable precio, ya que el consumidor final no presta gran atención al precio y sí a la marca, calidad y beneficios del producto ampliado. Es frecuente observar en este tipo de segmentos una clara relación entre demanda e ingreso. Incrementos en el nivel de ingreso generan un aumento notorio en el consumo de estos productos. Creo, por lo tanto, que será muy importante definir una estrategia distinta a la que hemos utilizado tradicionalmente para el resto de nuestras líneas. Deberíamos, en este caso, definir una estrategia en favor de la "diferenciación", buscando fijar atributos que pongan de manifiesto, por ejemplo, la idea de un producto sano y natural, noble, exclusivo y de sabor tradicional español.

Director de Ventas: No me parece tan claro. Recordemos que Lactoqueso siempre se ha caracterizado por ofrecer productos con precios en promedio más bajos que la competencia. Somos preferidos justamente porque ofrecemos una calidad aceptable a precios bajos. Cambiar de estrategia en una de las líneas de productos puede afectar considerablemente la consistencia que debe existir con la estrategia general de nuestro mix de productos.

Debemos ofertar un producto masivo y económico que no se contraponga con nuestra estrategia general ni con nuestra imagen en el mercado.

[Planteamiento del caso]:

El diálogo anterior dejaba entrever el disenso existente entre los directivos de la empresa respecto del eventual desarrollo de una línea de quesos de cabra para la compañía Lactoqueso.

De acuerdo con la información planteada por el caso, ¿qué debería hacer la empresa? Proponga un plan estratégico para la compañía Lactoqueso.

LACTOQUESO CASE | 6

ᵗᵗ Lactoqueso

Lactoqueso[16] was founded in 1945 with the arrival of Spanish immigrants to Chile. At first, the company directed its strategies at commercializing a wide variety of dairy products. However, after a short period of time, it started to define its scope of action by developing a high degree of specialization in the production and commercialization of different kinds of bovine cheese. Towards the end of 2005, Lactoqueso was evaluating the possibility of entering the goat cheese production and commercialization industry; company directors could not, however, agree on the criteria of this possibility.

Introduction

For years goat cheese was produced through traditional methods by farmers and small cheese factories. It was only in some developed nations that in the mid-19th century cheese and its production processes began to be industrialized. Specialized companies were created, using advanced technology to process milk from most mammals or even from combinations of them.

Goat cheese is perhaps the first processed food that has been regularly consumed throughout the history of mankind. Today, goat cheese is available in a large number of varieties, flavors, and consistencies. Although these varieties differ in terms of their composition, goat cheese can be characterized as a product with high nutritional value, important protein indices, and as a source of calcium and vitamins.

---

[16] The Lactoqueso case has been prepared by Sammy Liberman to be used as a base for discussion and not as an illustration of adequate or inadequate handling of any given situation. Some of the names and information that appear in the case, as well as dialogues and reenactments, may have been modified for the sole purpose of protecting the privacy of the company studied without losing the necessary coherence with reality.

The goat cheese industry in Chile

In previous years, the Chilean dairy sector had seen a gradual reduction in effective production levels, and thus faced the challenge of transforming production through increasing vertical integration and product diversification.

Due to the social impact of this type of production in rural areas, different governments had developed a series of plans to foster a production transformation in the dairy goat industry, as well as creating subsidies to this end..

Goat cheese production was strongly affected by a government resolution adopted towards the end of the 1990's. Due to the continuously high levels of bacterial contamination in handmade goat cheese, strict hygienic norms were decreed for the cheese production process. The information presented to consumers caused serious damage to the image of goat cheese; according to studies made by some academic centers, the product was considered "untrustworthy, from unknown origins, perishable, and with a deficient appearance". This forced the industry to develop the process technologically, focusing on the improvement of sanitary conditions and the quality of the end product.

National consumers had experienced a change in the last two decades because of an increase in their purchasing power, as well as access to a diverse and wider range of offers due to the appearance of foreign competitors in the national market.

In 2004 industrial goat cheese production in Chile was still in the early stages of development, representing a smaller fraction when compared to traditional production. It was estimated that only 10% of all nationally commercialized and consumed goat cheese was industrially produced. National demand for cheese was approximately 3,500 tons per year, with predictions that this number would rise to approximately 4,600 tons in less than a decade. Annual per capita consumption of goat cheese in Chile was estimated to be around 250 grams. Although national production was enough to meet the market demand, the demand was clearly seasonal, concentrated in the months of July to December.

The more developed companies in Chile participated in industrial goat cheese production as well as in its commercialization. Many of these companies developed their business lines on a local or regional scale. However, a small group of these companies had formally positioned itself in urban centers and supermarkets – Chevrita, Consuagro, Tamaya, Camarico, Delicatessen, Prohens, Santa Inés, Villarrica, and Quillayes.

The leading company in this segment was Chevrita, which produced and commercialized a diversified deli-style line of goat cheese, aimed mainly at supermarkets that catered to the middle and upper class segments of the population. The rest of the companies were limited to selling goat cheese as a generic product that appeared in the same sales points where Chevrita products were sporadically commercialized.

Table 1: Goat cheese estimated market sharp in Chile

BRAND	MARKET SHARE (%)
TAMAYA	20
QUILLAYES	4
DELICATESSEN	17
CAMARICO	4
CHEVRITA	34
OTHERS	21

The industry showed that the most important factors for entering this business were know-how on goat cheese production and procedures to ensure high sanitary and quality standards for human consumption. From this viewpoint, the potential new participants in the goat cheese industry were dairy companies that were already producing cheese from bovine milk, as well as some organizations of traditional producers and research institutions (universities and experimental centers) that could implement small agro-industrial companies in the goat cheese area.

On the other hand, substitute products for industrialized goat cheese came mainly from deli cheeses from the bovine milk industry. The similarity of these substitute products was even greater in the case of fresh white cheese.

The suppliers of the principal raw material used in goat cheese production were goat milk producers. This offer was rather fragmented in general, maintaining a reduced technical profile in spite of government efforts aimed at its organizational and technological development.

The goat cheese market

Internationally, the demand for goat cheese was growing in populations with increasing levels of income, as well as in developing countries and among young people. In Chile, the demand for goat cheese was also estimated to be on the rise because of associations with characteristics such as health, nature, and exclusivity.

Goat cheese played an important role in the so called Mediterranean Diet. This diet incorporates olive oil, red wine, and wheat, which are all staples for the inhabitants of that geographical area. Because of this, in the past few years the Mediterranean Diet had gained followers in many countries, with growing valorization by different segments of the population. This segment also included vegetarian consumers, for whom goat cheese was a basic staple because of its nutritional and proteic characteristics, as well as consumers with digestive problems or who were lactose-intolerant.

Table 2: Annual global production of goat cheese

COUNTRIES	ANNUAL PRODUCTION PER CAP. GOAT CHEESE/GR.	TOTAL ANNUAL PRODUCTION GOAT CHEESE/TON.	TOTAL ANNUAL PRODUCTION CHEESE /TON.	GOAT CHEESE/CHEESE
CHILE	250	3,500	65,000	0.05
FRANCE	950	55,000	950,000	0.06
SPAIN	650	24,000	s/i	s/i
IRAN	800	52,000	190,000	0.27
GREECE	4,800	48,000	200,000	0.24
TOTAL	s/i	310,000	3,100,000	0.1

Goat cheese was also considered a "special product" by people who simply enjoyed cheese, and was highly recommended with the appropriate wine. Because of this and the variety of cheeses, this typology had been catalogued within the spectrum of so-called "delicatessen" products.

Goat cheese production in Chile had been steadily losing ground in terms of total cheese production, with a share of approximately 5%. This decrease was due to a sustained increase in cow cheese production and an estimated stagnation in goat cheese production. Goat cheese production represented close to 10% of cheese global production.

Four major categories could be distinguished in the Chilean cheese market: the Mantecosos kind, the Chacra kind, the Gouda kind, and Special cheeses. Goat cheese was included in the Special Cheeses category.

Table 3: Market share per cheese category

Category	Market share (%)
Mantecosos	51
Chacras	7
Gouda	27
Special (Deli)	15

Annual cheese consumption in Chile averaged approximately 4 kg. per capita; this number had grown slightly in the last few years. The average annual per capita consumption of cheese in countries such as the United States, France, Spain, and others, on the other hand, was between 10 and 15 kg.

The dominant technology used in goat cheese production of was influenced by the French model that was brought to Chile in the 1990's. In this sense, the biggest innovation was related to sanitary and quality norms within the production process. Pasteurization and vacuum sealing distinguish industrial products from traditional ones, which allowed them to position themselves as a viable alternative in supermarkets catering to the upper and middle class socioeconomic segments of the population.

Lastly, the addition of natural aromas to fresh white goat cheese appeared as an interesting technical resource for reaching higher differentiation when compared to products from the deli category.

As previously mentioned, towards the end of 2005 Lactoqueso was evaluating the possibility of entering the goat cheese industry. Regarding the eventual introduction of a new product line in this segment, company directors considered the following:

General Manager: As we know, the board has established the mid-term goal of introducing the Lactocabra brand into the goat cheese market. Our goal is to reach a 10% market share within the next three years, which will mean reaching an annual production of approximately 350 tons.

Marketing Manager: Although we know plenty regarding the cheese market, we will have to be especially careful when defining the marketing strategy for Lactocabra. There is very low price elasticity in the deli market since the end consumer doesn't pay too much attention to price, but does pay a lot of attention to the brand, quality, and benefits of the product. A clear relationship between demand and income can be frequently observed in these types of segments. Increases in income generate a clear increase in consumption. Therefore, it will be very important to define a strategy that is different from those we have traditionally used for the rest of our product lines. In this case, we should create a pro-differentiation strategy that clearly defines the product as healthy, natural, noble, exclusive, and with a traditional Spanish flavor.

Sales Manager: It doesn't seem that clear to me. Let's remember that Lactoqueso has always been characterized as offering products with lower prices than the competition, on average. We are preferred because we offer acceptable quality at low prices. Changing the strategy for one of the product lines could considerably affect consistency with the general strategy of our product mix.

We should offer a mass-market and economical product that doesn't oppose our general strategy or our market image.

[Case outline]:

The previous dialogue hinted at dissent among high-level company executives regarding the eventual development of a goat cheese line for Lactoqueso.

According to this information, what should the company do? Propose a strategic plan for Lactoqueso.

Caso Legalty Biz | 7

🏛Legaltybiz

En enero de 2013, los socios de Legalty Biz[17] se encontraban reunidos en el salón de directorio de la empresa, conociendo los detalles del ejercicio 2012. De acuerdo a los datos que exhibían los estados financieros de la empresa, la experiencia de Legalty Biz en relación a la línea de negocios de Planes Legales Prepagados, había resultado muy irregular y bastante lejana a los objetivos propuestos al inicio del proyecto. En razón de lo anterior, los socios reflexionaban y se planteaban preguntas tales como: ¿la estrategia comercial del nuevo negocio habrá sido correctamente definida?, ¿estaba el mercado chileno preparado para este tipo de productos?, ¿qué posibilidades de éxito podemos tener si seguimos avanzando con este negocio?

Introducción

El crecimiento de la actividad económica en Chile durante la primera década del siglo XXI, había conllevado necesariamente a que la asesoría legal en todas sus formas y la intervención de los abogados fuera considerada un aspecto necesario tanto para las personas como para las empresas. Estas últimas habían ido crecientemente tomando conciencia de los derechos y obligaciones legales que les implicaba el desarrollo de sus relaciones patrimoniales, contractuales o familiares. Sin embargo, el acceso a la justicia no siempre había resultado fácil y eficiente.

Los grandes estudios de abogados habían privilegiado la asesoría a medianas y grandes empresas, dejando relegadas a un segundo plano a las personas naturales y microempresas. Los pequeños estudios jurídicos, por su parte, eran los principales blancos del descontento

---

[17]   El caso Legalty Biz ha sido preparado por Sammy Liberman para ser utilizado como base de discusión y no como ilustración de la gestión adecuada o inadecuada de una situación determinada. Algunos datos y nombres aparecidos en el caso, así como diálogos y recreaciones, pueden haber sido modificados para proteger la privacidad de la empresa estudiada sin perder la coherencia necesaria con la realidad.

de este segmento de mercado, sea por los altos honorarios que cobraban o por la dilación y demora en los trámites y encargos. Finalmente, existían variadas instituciones públicas que prestaban gratuitamente el servicio de asistencia legal a personas de escasos recursos. Sin embargo, la cobertura total que ellas prestaban estaba muy lejos de ser la suficiente según las verdaderas necesidades existentes. En este contexto, Legalty Biz pretendía surgir como una empresa pionera dedicada a la prestación de servicios legales bajo la modalidad de planes legales prepagados.

La empresa Legalty Biz

Legalty Biz era una empresa de tamaño medio, perteneciente al rubro de la asesoría legal, constituida por tres abogados que hacían libre ejercicio de su profesión. Esta había sido fundada el año 2005 por tres ex compañeros de universidad y hasta el año 2010 había operado bajo la modalidad de tres socios más un equipo de procuradores. La empresa, no obstante, había encontrado algunos espacios de mercado donde focalizar sus servicios; enfrentaba una muy fuerte competencia por parte de los numerosos estudios de abogados de alto renombre y prestigio existentes en el país.

Los tres socios comprendieron que era necesario enfrentar el negocio de la asistencia legal de una manera distinta, que evitara enfrentar necesariamente a los grandes estudios en el negocio tradicional, definiendo un nuevo formato de negocios que le permitiera mayores oportunidades para competir al interior de esta industria.

A partir de estas definiciones básicas, pero profundas, la compañía decidió en 2011 incursionar en el negocio de las prestaciones de servicios y asesorías en materia legal bajo la modalidad de planes legales prepagados.

Para desarrollar el proyecto, Legalty Biz estructuró un equipo capacitado de profesionales, adecuó instalaciones e incorporó medios técnicos idóneos para el otorgamiento de los servicios legales ofrecidos. Esta pretendía posicionarse en un segmento del mercado formado principalmente por las personas naturales, las Pypes (personas y pequeñas empresas) y las Pymes (pequeñas y medianas empresas) que no tenían hasta entonces acceso fácil a la asistencia legal. El mercado objetivo definido por la compañía, resultaba normalmente menos atractivo para las grandes empresas o estudios jurídicos. Por otra parte, al no ser calificados en el perfil de beneficiarios de los sistemas gratuitos de asesoría legal estatal, tampoco podían acceder a estos. Dado el perfil que caracterizaba al segmento de mercado al cual quería llegar Legalty Biz, el tipo de asistencia legal que requería no era de gran complejidad. Por el contrario, se trataba de asistencia legal lo suficientemente básica como para poder modularizar y masificar para el segmento cliente. La empresa basaba su posicionamiento en conceptos claros y fáciles de entender para el común de las personas, apelando a un servicio ágil y simple; este se constituía como la alternativa de asistencia jurídica más moderna para las personas naturales, las Pypes y las Pymes.

La misión

La misión de Legalty Biz era la de "satisfacer las necesidades de asistencia legal de un segmento de la población constituido por las personas naturales, las Pypes y las Pymes bajo la modalidad de planes legales prepagados, diferenciándose en otorgar un buen servicio, con real agilidad, eficiencia y a un bajo costo".

La empresa había centrado su estrategia en los conceptos de:

1. Eficiencia y calidad en el servicio a través de contratos rápidos, livianos y simples

2. Especialización del negocio en el segmento de mercado objetivo

3. Entrenamiento y preparación de primer nivel a sus ejecutivos en el manejo de esta nueva mezcla de productos

4. Modularización del producto

5. Bajo costo del producto

6. Políticas y procedimientos orientados a una concepción de negocio masivo

7. Diversificación eficiente de los canales de venta

La experiencia internacional en esta materia había mostrado que el uso de este tipo de sistemas de asistencia legal de afiliación a planes legales prepagados había penetrado notablemente. Tal era el caso, por ejemplo, en Estados Unidos, donde aproximadamente 150.000.000 de personas de un total de 315.000.000 habitantes (aprox,) eran beneficiarios directa o indirectamente de este sistema. En Chile, esta nueva forma de asistencia legal no se ofrecía; por lo tanto, representaba una clara oportunidad de negocio.

Aspectos generales sobre la asistencia jurídica en Chile

La asistencia jurídica era el sistema mediante el cual se otorgaba a las personas naturales o jurídicas el servicio de asistencia legal en un ámbito determinado de materias, entre las cuales se podía incluir asuntos judiciales, contenciosos y no contenciosos, administrativos, elaboración de contratos y documentos, cobranzas y juicios civiles, penales, laborales, de familia, tributarios, entre otros.

Jurídicamente, la "asistencia jurídica" era un contrato de prestación de servicios mediante el cual una institución, pública o privada, a través de un grupo de abogados, se obligaba a otorgar ciertos servicios legales gratuita u onerosamente. El crecimiento de la actividad económica del país había conllevado necesariamente a que la asesoría legal en todas sus formas y la intervención de los abogados fuera un aspecto necesario para todas las personas y empresas. Por otra parte, crecientemente, las personas y las empresas habían ido conociendo y tomando conciencia de los derechos y obligaciones legales que les implicaba el desarrollo de sus relaciones patrimoniales, contractuales o familiares. En Chile, en términos generales, los particulares podían acceder a la justicia por dos grandes vías: asesorados por abogados particulares que prestaban onerosamente sus servicios –sean grandes empresas de abogados o pequeños estudios de abogados independientes– o asesorados por instituciones públicas que prestaban gratuitamente este servicio. De todas estas instituciones, sólo las dos primeras atendían a una masa considerable de la población.

Acceso a la justicia a través de abogados particulares

Los grandes estudios de abogados habían privilegiado la asesoría a medianas o grandes empresas, dejando relegada a un segundo plano la asesoría a personas naturales o microempresas. Dicho de otra manera, las personas naturales y las microempresas eran un cliente de segunda categoría, no obstante las grandes necesidades que presentaban en estas materias.

La razón de lo anterior se podía encontrar en el hecho de que las medianas y grandes empresas representaban, para los estudios de abogados, horizontes mucho más atractivos, sea en cuanto a los honorarios que pagaban, a las menores tasas de incobrabilidad de los mismos, a la mayor permanencia, estabilidad y fluidez en las relaciones que ofrecían, y también por razones subjetivas como estatus, nivel de contactos e influencias.

Por otra parte, los pequeños estudios jurídicos de abogados independientes, eran quizás los que más atención daban a las personas naturales y microempresas. No obstante esto, también eran los blancos más directos del notorio descontento de este nicho de mercado, sea por los altos honorarios que cobraban o por la dilación y demora en los trámites y encargos.

Acceso a la justicia a través de instituciones públicas

Como se indicó, existían variadas instituciones públicas que prestaban gratuitamente el servicio de asistencia legal. Entre las más importantes, se podía mencionar la Corporación de Asistencia judicial y el Programa de Asistencia Jurídica del Ministerio de Justicia. No obstante ser organismos estatales y recibir presupuesto de la nación, la cobertura total que ellas prestaban estaba muy lejos de ser la suficiente, según las verdaderas necesidades existentes.

Por otra parte, la asesoría que ellas prestaban, en la mayoría de los casos, incluían asuntos muy básicos de familia, asuntos civiles y penales, entre otros, quedando fuera numerosas materias como contratos, asesorías en general, asuntos tributarios, comerciales, elaboración de documentos, cobranzas, procedimientos administrativos, por nombrar sólo algunos. Además, la gran demanda de atención que tenían estas instituciones repercutía directamente en la eficiencia, tiempos de espera, agilidad en la atención y, obviamente, en la calidad de la misma. Finalmente, era necesario recalcar que ambas instituciones seleccionaban a sus beneficiarios con criterios estrictamente socio-económicos, concentrando la atención en personas de escasos recursos. Por este hecho quedaban inmediatamente fuera de esta cobertura las personas que trabajaban y recibían algún tipo de remuneración mayor y, desde luego, toda la clase media y alta y las empresas sin importar su tamaño.

No era un misterio que el Sistema de Administración de Justicia era mirado, en muchos casos, como ineficiente, discriminatorio, arbitrario y lento. En síntesis, se veía como un sistema no acorde con el proceso de modernización que estaba viviendo el país. Existía, además, una elevada proporción de los habitantes del país que vivía un manifiesto desconocimiento de los derechos y obligaciones establecidos en la legislación vigente y de los mecanismos y procedimientos formales para exigir el efectivo ejercicio de los mismos.

Sin lugar a dudas, uno de los aspectos más urgentes de solucionar era el de buscar los mecanismos para superar las dificultades que tenían las personas de conocer sus derechos, recibir una adecuada orientación para ejercerlos y poder acceder a la justicia a través de abogados que los representaran. Existiendo consenso en la importancia de satisfacer esta necesidad generalizada de asistencia legal, era claro que la iniciativa privada se presentaba como un adecuado mecanismo para lograr este fin.

Asesoría legal entregada por instituciones públicas

La Corporación de Asistencia Judicial prestaba atención a 254 comunas a lo largo de todo el país y el Programa de Asistencia Jurídica del Ministerio de Justicia prestaba atención en 54 comunas de seis regiones del país. En muchas comunas del país, estas instituciones prestaban atención simultánea, cubriendo, en conjunto, sólo el 70% del total de comunas del país.

Se estimaba que la Corporación de Asistencia Judicial y el Programa de Asistencia Jurídica atendían en total aproximadamente a 590.000 personas distribuidas en partes relativamente equivalentes.

De todo este universo de usuarios, aproximadamente el 70% correspondía a atenciones en la Región Metropolitana. Según la experiencia de estas instituciones, más del 80% de los asuntos que las personas consultaban, requerían solamente de orientación e información para su resolución, más que de la necesidad de obtener patrocinio judicial.

En consecuencia, era posible estimar que existía una demanda por un servicio de información y orientación legal que representaba el 80% de los problemas legales que la población señalaba tener y que no estaba siendo cubierta por un sistema organizado, modularizado y estandarizado que prestara este servicio en forma masiva y a bajo costo.

Los clientes del servicio de asistencia legal bajo la modalidad de planes legales prepagados eran básicamente personas naturales, las Pypes y las Pymes. El poder de negociación de estos para con el concepto tradicional de asistencia jurídica había sido desde siempre muy escaso, dado que habían debido enfrentar las formas y honorarios impuestos por las empresas o estudios de abogados. Es necesario señalar que este poder de negociación se había incrementado considerablemente con el aumento de la oferta de servicios legales que se había provocado por la gran proliferación de nuevos abogados egresados principalmente de las universidades privadas.

Las principales barreras de entrada que los nuevos participantes en esta industria debían sortear para competir satisfactoriamente, se relacionaban con la capacidad de generar una adecuada cobertura nacional, lograr alianzas estratégicas y entregar un servicio diferenciado y de calidad, entre otras.

Otra barrera a la entrada en este negocio, pero de mucho menor importancia, la constituía el capital de trabajo necesario para operar con un producto que, si bien debería resultar atractivo, correspondía a un concepto nuevo, por lo cual se esperaba un costo inicial de puesta en marcha, así como pérdidas operacionales hasta que se lograra penetrar el mercado.

Otro aspecto importante tenía relación con la entrega de un servicio de máxima calidad, para lo cual se constituía como elemento determinante el contar con un *back office* operativo eficiente en cuanto a infraestructura física y humana. Por otra parte, la incursión del servicio de asistencia permanente en un segmento de mercado hasta entonces no suficientemente considerado, cual es el de las personas naturales, personas y pequeñas empresas y las pequeñas y medianas empresas, representaba las mayores oportunidades de negocios para el futuro de la industria.

Como modalidad de asistencia legal, los sustitutos podían ser toda otra forma tradicional o no tradicional de asesoría legal dirigida a personas y pequeñas y medianas empresas. En este contexto, eran considerados sustitutos los estudios de abogados, los profesionales independientes y todas las instituciones fiscales que prestaban gratuitamente este servicio, con la salvedad de que, naturalmente, deberían dar solución a los problemas de alto costo y eficiencia que respectivamente presentaban, a fin de competir satisfactoriamente con este nuevo concepto de asistencia legal. La fuente de proveedores estaba dada básicamente por profesionales, principalmente abogados y procuradores, que son los que en definitiva otorgaban la asistencia legal. El poder de negociación de estos era escaso, debido a la gran oferta que existía en el mercado provocada, principalmente, por el gran número de universidades privadas existentes que ofrecían esta carrera profesional.

El mercado objetivo de Legalty Biz

Los segmentos objetivo definidos por Legalty Biz eran tres (A, B y C) y se podían separar de la siguiente forma: el segmento (A) comprendía el grupo de mercado compuesto por las personas naturales y jurídicas que entraban en la categoría de Pypes. El segmento (B) correspondía al grupo de mercado compuesto por las personas jurídicas que entraban en la categoría de Pymes. Finalmente, el segmento (C), definido por la empresa, correspondía al grupo de mercado compuesto por todas las personas naturales que generaban ingreso a partir de una renta que era proporcionada por un empleador y que, por lo tanto, mantenían cotizaciones en el sistema de administración de fondos de pensiones (AFP) en forma dependiente (Ver tabla 1).

Tabla 1: Segmentos objetivo definidos por la empresa

Cantidad de agentes por segmento	CHILE	R.M.
Total Pypes	617.000	192.000
Total Pymes	98.000	51.000
Total de cotizantes dependientes de AFP en Chile	4.367.458	2.252.240

El producto

El producto que había perfilado Legalty Biz consistía en un contrato por medio del cual la empresa se obligaba a otorgar al cliente todos los servicios legales contratados por este último en virtud de un plan legal prepagado previamente determinado. A su vez, el afiliado se obligaba a pagar por este concepto, en forma previa y periódica, los honorarios establecidos para el respectivo plan. Para este efecto se entendía por afiliado aquella persona natural o pequeña o mediana empresa que por sí suscribía el contrato de afiliación a un plan legal prepagado o aquella en cuya representación otra la suscribía.

Legalty Biz había generado una mezcla comercial lo suficientemente amplia y profunda, generándose una separación de acuerdo al grupo objetivo que se buscaba alcanzar. Los contratos tenían una duración de un año. Al vencimiento de este plazo, el contrato se prorrogaba automáticamente y sucesivamente por períodos iguales de un año, a menos que una de las partes notificara a la otra de su intención de ponerle término. Los planes estructurados por Legalty Biz cubrían el 100% de los honorarios profesionales. Los gastos notariales del Conservador de Bienes Raíces, aranceles, tarifas, impuestos u otros en que se debería incurrir por una gestión profesional, eran de cargo del cliente.

Los beneficiarios podían hacer uso de las prestaciones del plan luego de treinta días después de la suscripción del contrato, consultando por escrito, concurriendo personalmente a las oficinas de Legalty Biz, llamando por teléfono o a través de correo electrónico. El usuario podía requerir del servicio todas las veces que lo necesitara de acuerdo a la asistencia legal incluida en la cobertura de su plan; esta incluía materias civiles, comerciales, penales, materias de juzgado de policía local, materias tributarias, materias laborales, materias de familia, etcétera. Se garantizaba total confidencialidad en los trámites y antecedentes proporcionados.

La afiliación era muy simple. El contrato se perfeccionaba por instrumento privado, de fácil lectura, e incluía la entrega inmediata de copia de los distintos planes y coberturas respectivas. Previo a la atención de un usuario, el sistema efectuaba la correspondiente verificación de afiliación y pagos, vigencia de cobertura y actualización de la información. La atención solicitada se otorgaba antes de 24 horas por teléfono o correo electrónico. En el caso de atenciones directas al usuario, se le asignaba día y hora para una consulta personal en un plazo no superior a los cinco días hábiles.

Estrategia comunicacional

La estrategia comunicacional que había intentado desarrollar la compañía se centró en estimular la necesidad de protección legal dentro del mercado objetivo, estimular la demanda primaria (el mercado desconocía el tipo de servicio), posicionar el servicio como la alternativa más conveniente de protección legal en Chile, dar a conocer la totalidad de los servicios que ofrecía la empresa en el plazo de un año y lograr una adecuada relación con los agentes intermediarios desde el comienzo de la gestión.

Por su parte, la audiencia objetiva que a la empresa le interesaba alcanzar para el segmento de mercado de personas, estaba constituida por los gerentes generales y de recursos humanos de las grandes empresas, los directores de asociaciones profesionales y los directores de empresas públicas. Adicionalmente a la empresa le interesaba alcanzar para el segmento de mercado de empresas, "A" y "B", respectivamente, los gerentes generales y dueños de Pymes, los dueños de Pypes, los directores de asociaciones gremiales de Pymes y los directores de agencias de cooperación para Pymes y Pypes.

En el campo de las relaciones públicas, las actividades habían tenido un alto grado de importancia como apoyo al plan de marketing. Lo anterior se había dado principalmente en la primera etapa del proyecto, donde se hacía necesario generar una fuerte estimulación de la demanda primaria dada la naturaleza de "producto nuevo" en el mercado. Las actividades consideradas en el programa de relaciones públicas, contemplaban invitaciones, visitas y presentaciones dirigidas a los miembros de la audiencia objetiva de la empresa. El fin de esta actividad era el de generar y desarrollar una relación de trabajo que permitiera colocar los productos a través de convenios patrocinados por estos.

Por otra parte, la publicidad de la empresa había sido desarrollada como complemento de la estrategia promocional en tanto que los medios comunicacionales se habían focalizado en revistas de negocios y de actualidad, publicaciones de asociaciones gremiales de los sectores de interés, colegios profesionales, cámaras de comercio, diarios financieros y páginas amarillas.

El *image-make* considerado para apoyar la estrategia comunicacional había sido definido como: "Protección Legal Para Todos". Este se utilizó como un concepto paraguas que abrazaba al total de los productos dispuesto por la empresa.

Supuestos de penetración del mercado

Los socios habían definido algunos supuestos de afiliación para estimar la penetración de mercado así como los flujos del negocio de Legalty Biz.

Dado que se trataba de un proyecto nuevo e inédito para el mercado chileno, se había supuesto que el desarrollar y estimular una "demanda primaria" requeriría de un plazo no menor a dos años. Esto se explicaba por el hecho de que el mercado, no obstante reconocer la importancia de satisfacer los requerimientos de protección legal, situaba esta necesidad en una etapa aún primaria. La idea en esta etapa era educar y enseñar al mercado respecto de los atributos del servicio que ofrecería la empresa, pronosticándose que la velocidad de afiliación para este período sería baja. En segundo lugar, se había supuesto que a partir del tercer año se generaría un quiebre positivo en la demanda por este tipo de sistemas de protección legal, la cual debería manifestarse en tasas de afiliación mucho más dinámicas. Este mayor dinamismo se traduciría definitivamente en una mayor entrada de competidores a la industria, lo cual debería apreciarse con claridad hacia fines del segundo y comienzos del tercer año.

A partir de los supuestos de afiliación señalados anteriormente, así como de la información recogida por los socios, principalmente de fuentes foráneas al mercado chileno, se podían formular algunos supuestos cuantitativos que operarían como parámetros para proyectar las ventas y los flujos del proyecto para los primeros cinco años.

En primer lugar, la compañía había supuesto un tamaño de *mercado potencial disponible calificado* (MPDC), equivalente al 25% en los tres segmentos. En segundo lugar, la empresa había considerado tres escenarios posibles de penetración de mercado: uno optimista, uno pesimista y uno realista. En cada uno de ellos se había analizado la afiliación esperada que la empresa alcanzaría en los distintos segmentos de mercado. El resultado de este ejercicio surgía de las proyecciones realizadas por la empresa para la zona de Santiago de Chile (primera zona considerada como target del proyecto).

a) Escenario optimista:

Se estimaba la siguiente evolución de afiliación del segmento para los primeros cinco años del proyecto:

Afiliación primer año	1%
Afiliación segundo año	3%
Afiliación tercer año	8%
Afiliación cuarto año	13%
Afiliación quinto año	20%

Las anteriores estimaciones de afiliación habían permitido definir la matriz de contratos vigentes para el final de cada uno de los cinco años del proyecto (ver anexo).

b) Escenario pesimista:

Se estimaba la siguiente evolución de afiliación del segmento para los primeros cinco años del proyecto:

Afiliación primer año	0,5%
Afiliación segundo año	1,5%
Afiliación tercer año	3%
Afiliación cuarto año	7%
Afiliación quinto año	10%

Los anteriores supuestos permitían definir la matriz de contratos vigentes para el final de cada uno de los cinco años del proyecto (ver anexo).

c) Escenario realista:

Se estimaba la siguiente evolución de afiliación del segmento para los primeros cinco años del proyecto:

Afiliación primer año	0,8%
Afiliación segundo año	2%
Afiliación tercer año	6%
Afiliación cuarto año	10%
Afiliación quinto año	15%

Los anteriores supuestos habían permitido definir la matriz de contratos vigentes para el final de cada uno de los cinco años del proyecto (ver anexo).

Estructura organizacional de Legalty Biz

La estructura general de Legalty Biz se había conformado en base a tres grandes áreas: un área de administración y finanzas, un área de ventas y un área legal. Los tres socios habían ocupado los cargos al interior de la empresa de acuerdo a sus habilidades. Uno de ellos estaba a cargo del área legal y los otros dos dirigían el área comercial de la empresa, en tanto que el área de administración y finanzas había sido cubierta por un ejecutivo externo. En la práctica, estas cuatro personas integraban el directorio, el cual actuaba como un ente rector y ejecutivo de la compañía.

En el mes de enero de 2013, y de cara al proceso de planeación estratégica que la empresa realizaba anualmente, los tres socios más el gerente de administración y finanzas, mantenían una reunión con el fin de intercambiar impresiones respecto a la evolución del negocio. A continuación, se reproduce parte de la conversación mantenida por los cuatro ejecutivos.

Gerente del área legal: Como todos sabemos, la gestión del proyecto denominado Legalty Biz Servicios Legales Prepagados, no ha caminado conforme al plan presentado al inicio de su constitución. Nuestra gestión de ventas es menor en un 30% al peor escenario que habíamos estimado. Si bien la situación económica general del país no nos ha acompañado en este primer año de actividad, encontrarnos situados un 30% por debajo del plan pesimista no estaba en los cálculos de nadie.

Gerente de administración y finanzas: La situación actual no es la más propicia para crecer; sin embargo, podría haber sido peor. La naturaleza del producto que comercializamos, hace muy fácil para los consumidores el poder prescindir de este. No se trata de un producto de primera necesidad para la gente; por tanto, frente a una situación de inestabilidad económica como la que afecta al país, los resultados en venta eran claramente esperables.

Gerente del área comercial: Existe algo de confusión respecto al comportamiento del negocio jurídico. Observen ustedes que este sector, históricamente, ha tenido una correlación negativa respecto de los ciclos de la economía. Esto quiere decir que cuando a todos los demás sectores de la economía les va mal, a la industria jurídica le va mejor y viceversa. Si a esto añadimos que nuestra oferta de mercado ligada al formato de plan prepagado, es capaz de ofrecer un precio promedio inferior a cualquier prestación de servicio legal del mercado, entonces el comportamiento de las ventas debería ser muy distinto al que están mostrando actualmente las cifras.

Gerente del área legal: Bien o mal, la situación está planteada. Debemos concentrarnos en recalibrar nuestra estrategia mirando el futuro de la compañía. Tomemos unos días para discutir un plan de contingencia que nos permita enfrentar el escenario de inestabilidad que se espera para los próximos años.

[Planteamiento del caso]:

El diálogo anterior dejaba entrever la preocupación existente, por parte de los participantes a la reunión, respecto del desempeño que había experimentado la nueva línea de negocios de la empresa en cuanto a su gestión comercial. ¿El desempeño comercial de la nueva línea de servicios de Legalty Biz era la adecuada para este perfil de negocio?, ¿había sido correctamente implementada la estrategia de la nueva línea de negocios?, ¿estaba el mercado chileno preparado para este tipo de productos?

Anexo

Cuadro 1: Matriz "optimista" de contratos vigentes

SANTIAGO		AFILIACIÓN	1%	3%	8%	13%	20%
		MPDC	25%	25%	25%	25%	25%
		AÑO	1	2	3	4	5
PYME	51.000		127,5	382,5	1.020	1.657,5	2.550
PYPE	192.000		480	1.440	3.840	6.240	9.600
PERSONAS	2.052.240		5.130,6	15.391,8	41.044,8	66.697,8	10.2612
TOTAL	2.295.240		5.738	17.214	45.905	74.595	114.762

Cuadro 2: Matriz "pesimista" de contratos vigentes

SANTIAGO		AFILIACIÓN	0,5%	1,5%	3%	7%	10%
		MPDC	25%	25%	25%	25%	25%
		AÑO	1	2	3	4	5
PYME	51.000		63,75	191,25	382,5	892,5	1.275
PYPE	192.000		240	720	1.440	3.360	4.800
PERSONAS	2.052.240		2.565,3	7.695,9	15.391,8	35.914,2	51.306
TOTAL	2.295.240		2.869	8.607	17.214	40.167	57.381

Cuadro 3: Matriz "realista" de contratos vigentes

SANTIAGO		AFILIACIÓN	0,75%	2%	6%	10%	15%
		MPDC	25%	25%	25%	25%	25%
		AÑO	1	2	3	4	5
PYME	51.000		95.625	255	765	1.275	1.912,5
PYPE	192.000		360	960	2.880	4.800	7.200
PERSONAS	2.052.240		3.847,95	10.261,2	30.783,6	51.306	76.959
TOTAL	2.295.240		4.304	11.476	34.429	57.381	86.072

LEGALTYBIZ CASE | 7

🏛Legaltybiz

The partners of Legalty Biz[18] were gathered together in the company board room in January 2013, familiarizing themselves with the results of the 2012 exercise. According to the financial statements, the company's experience with the Prepaid Legal Plans business line had been very irregular and very far from the goals proposed at the beginning of the project. Taking this into consideration, the partners reflected and presented questions such as: Had the commercial strategy for the new business been correctly defined? Was the Chilean market prepared for these kinds of products? What is our chance of success if we continue forward with this business?

Introduction

During the first decade of the 21st century, economic growth in Chile made it necessary for individuals as well as companies to receive legal aid. Companies had grown more conscious of the legal rights and obligations involved in the development of their proprietary, contractual, or family relations. Access to justice, however, had not always been easy or efficient.

Large law offices had offered their services to medium and large companies, relegating legal persons and micro-companies to the background. On the other hand, small law offices were the main target of this market segment's discontent due to fees or delays in procedures and assignments. Finally, there were a number of public institutions that offered free legal assistance to low-income individuals. The total coverage that they provided, however, was far from sufficient in terms of needs. In this context, Legalty Biz sought to rise as

---

[18] The Legalty Biz case has been prepared by Sammy Liberman to be used as a base for discussion and not as an illustration of adequate or inadequate handling of any given situation. Some of the names and information that appear in the case, as well as dialogues and reenactments, may have been modified for the sole purpose of protecting the privacy of the company studied without losing the necessary coherence with reality.

a pioneering company dedicated to offering legal services through a prepaid legal plans system.

Legalty Biz

Legalty Biz was a medium-size company in the legal services industry, with three lawyers who practiced on a freelance basis. The company was founded in 2005 by these three former university classmates and until 2010 these three partners had worked with a team of attorney. Although the company had found some space in the market for its services, it faced very strong competition from the numerous prestigious law offices present in the country.

The three partners understood that it was necessary to approach the legal services business in a different manner, avoiding the large traditional law offices and defining a new business format that would give the company greater opportunities to compete in the industry.

Based on these basic yet substantial definitions, in 2011 the company decided to make inroads into the legal service and consulting business through a prepaid legal plans system.

To develop this project, Legalty Biz built a highly trained team of professionals and customized facilities, and incorporated the best technology for legal services. The company meant to position itself in a market segment composed mainly of legal persons, Pypes (legal persons and small companies), and Pymes (small and medium-size companies). At the time, these kinds of companies didn't have easy access to legal assistance. The target market defined by the company was usually less attractive to large legal offices. Furthermore, these companies did not meet the requirements to receive free state legal assistance. Because of the profile of this market segment, the legal services needed were not very complex. On the contrary, they were basic enough so as to be modularized and "mass produced" by client segment. The company based its positioning on concepts that were clear and easy to understand for the common people, presenting an agile and simple service; this became the most modern legal assistance alternative for legal persons, Pypes, and Pymes.

The Mission

The Legalty Biz Mission was "To satisfy the legal aid needs of a segment made up of legal persons, Pyąes, and Pymes, through a prepaid legal plans system, differentiating itself by supplying quality service, real agility and efficiency, and a low cost".

The company had centered its strategy on the following concepts:

1. Quality and efficiency of service through fast, easy, and simple contracts

2. Business specialization in the target market segment

3. First-rate training and preparation of its executives to handle this new product mix

4. Product modularization

5. Low product cost

6. Policies and procedures based on the concept of mass-market business

7. Efficient diversification of the sales channels

International experience in this matter has shown that prepaid legal plans have significantly penetrated the market. Such was the case, for example, in the United States, where approximately 150,000,000 people, out of a total population of 315,000,000 (approx.), were direct or indirect beneficiaries of this system. This new form of legal assistance was not offered in Chile, therefore representing a clear business opportunity.

General aspects regarding legal assistance in Chile

Legal aid was the system through which natural and legal persons received legal services related to the following: disputed and non-disputed judicial and administrative matters, the drawing up of contracts and documents, collections, and civil, penal, labor, family, and tax suits, among others.

Officially, "legal aid" was a contract for services by which a public or private institution, through a group of lawyers, was obligated to provide certain free or onerous legal services. The growth of the nation's economy had made legal consulting necessary for individuals as well as for companies. Furthermore, these individuals and companies had grown increasingly conscious of the legal rights and obligations involved in their proprietary, contractual, and family relationships. Generally speaking, private entities in Chile could obtain justice through two major channels: through the aid of private lawyers that onerously rendered their services (in large law offices or small offices of independent lawyers), or through free aid from public institutions. Of all these institutions, only the first two assisted a considerable portion of the population.

Access to justice through private lawyers

Large law offices had privileged medium or large companies, relegating services for legal persons and micro-companies to the background. In other words, legal persons and micro-companies were considered second-class clients and there was little regard for their needs.

The aforementioned could be explained by the fact that medium and large companies represented much more attractive horizons in terms of fees, lower incidence of uncollectible fees, higher levels of permanence, stability, and fluidity in the offered relationships, and subjective facts such as status, level of contacts, and level of influence.

On the other hand, small law offices of independent lawyers were perhaps the ones who paid most attention to legal persons and micro-companies. Nevertheless, these offices were direct targets for the high level of discontent experienced by this market segment to high fees or delays in procedures and assignments.

Access to justice through public institutions

As indicated, there were many public institutions that provided free legal aid. The Legal Assistance Corporation and the Legal Assistance Program of the Justice Department were among the most important. Even though these were public institutions that received funds from the national budget, the total coverage that they provided was far from sufficient, considering existing needs.

In most cases, however, the services that they provided involved very basic family issues, and civil and penal issues, among others, excluding many other matters such as contracts, general consultancies, tax and commercial issues, the drawing up of documents, collections, and administrative procedures, just to name a few. The high demand that these institutions experienced directly affected the efficiency, waiting time, service speed, and obviously the quality of the services offered. Finally, it was necessary to emphasize that both of the aforementioned institutions chose their beneficiaries using strict socioeconomic criteria, focusing on low-income individuals. This immediately excluded employed individuals, those who received some kind of larger income, and obviously all middle and upper class individuals and companies, regardless of their size.

It was no mystery that the Justice Administration System was seen in many cases as inefficient, discriminating, arbitrary, and slow. In summary, it was seen as a system that was not in sync with the modernization that the country was going through. Also, a large portion of the population was completely ignorant regarding the rights and obligations established by legislation, as well as regarding the formal mechanisms and procedures required for the correct application of these rights and obligations.

Without a doubt, it was urgent for people to become aware of their rights, receive adequate orientation on how to apply them, and have access to justice through lawyers that would represent them. Consensus on the importance of satisfying the general need for legal aid made it clear that private initiative was a good way to achieve this goal.

Legal aid provided by public institutions

The Legal Assistance Corporation provided services for 254 boroughs throughout the country, while the Legal Assistance Program of the Justice Department provided services for 54 boroughs in six regions in the country. Together these institutions covered 70% of the country's boroughs.

It was estimated that the Legal Assistance Corporation and the Legal Assistance Program of the Justice Department assisted a total of approximately 590,000 individuals, distributed relatively equally throughout all the boroughs. Of this universe of users, approximately 70% corresponded to services given in the Metropolitan Region of Santiago. According to these institutions' experience, more than 80% of people simply required orientation and information rather than legal aid. Consequently, they estimated that demand for legal information and orientation represented 80% of all legal problems that were not being resolved by any organized, modulated, and standardized system that provided this service en masse and at a low cost.

Clients of the prepaid legal plans system were mainly legal persons, Pypes, and Pymes. The bargaining power of these groups in terms of traditional legal aid had always been very low because they had to face forms and fees imposed by law offices or companies. This bargaining power had, however, increased considerably with the high proliferation of new lawyers graduating mainly from private universities.

The main hurdles for new industry participants were generating adequate national coverage, making strategic alliances, and delivering differentiated and quality services, among others.

Another industry hurdle, albeit less important, was the capital necessary to work with a product that, although considered very attractive, was totally new. Because of this, initial start-up costs as well as operational losses were expected until market penetration could be achieved.

Another important aspect had to do with providing a maximum quality of service, for which it was essential to have an efficient back office in terms of physical and human infrastructure. Furthermore, the incursion of permanent assistance service into a market segment that had not until then been sufficiently considered –mainly legal persons, small companies, and small and medium-size companies– represented the greatest business opportunities for the industry future.

As a mode of legal aid, substitutes could be another traditional or non-traditional form of legal aid aimed at individuals, and small and medium-size companies. In this context, law offices, independent professionals, and all fiscal institutions that provided this service freely were considered substitutes, with the caveat that they naturally had to solve the problems of high costs and efficiency so as to compete satisfactorily with this new concept of legal aid. The providers were basically professionals, mainly lawyers and attorneys. Their bargaining power was low due to the high number of professionals ion the market, mainly as a result of the large number of private universities offering law degrees.

The target market of Legalty Biz

The target segments defined by Legalty Biz were three (A, B, and C), and could be separated as follows: segment (A) was a market group made up of natural and legal persons categorized as Pypes. Segment (B) was a market group made up of legal persons categorized as Pymes. Finally, the company defined segment (C) as a market group made up of all legal persons generating revenues from income provided by an employer and that therefore saved part of their income in the pension funds administration (AFP). (See table 1)

Table 1: Target segments defined by the company

NUMBER OF AGENTS PER SEGMENT	CHILE	R.M.
TOTAL PYPES	617,000	192,000
TOTAL PYMES	98,000	51,000
TOTAL DEPENDENT AFP IN CHILE	4,367,458	2,252,240

The product defined by Legalty Biz in this context was a contract by which the company was obligated to provide its clients with all the legal services that they contracted in a prepaid legal plan. At the same time, the affiliated individual was obligated to pay the established fees for the plan in a timely and periodic manner. For these purposes, an affiliated individual is understood to be a legal person or small or medium-size company that had signed an affiliation contract for a prepaid legal plan, or a legal person or small or medium-size company that subscribed to the prepaid legal plan through a third party.

Legalty Biz had generated a sufficiently wide commercial mix, creating distinctions according to the target group that they wanted to reach. Contracts lasted one year; once expired, the contracts were automatically extended for successive one-year periods unless one of the parties notified the other that they wanted to put an end to the contract. The structured plans covered 100% of professional fees; costs and fees related to notary public procedures, land registry processes, tariffs, rates, taxes, or other procedures related to the legal aid provided, were covered by the client. Beneficiaries could use the services offered in their structured legal plans through a written consultation, by personally visiting the Legalty Biz offices, by phone, or by email, starting with 30 days after signing the contract. The user could request services as many times as necessary according to the legal aid included in his plan coverage. This included civil, commercial, penal, local police court, tributary, labor, and family matters. Complete confidentiality was guaranteed for all processes and procedures, as well as all provided information.

Becoming a user was easy. The contract was private, easy to read, and included immediate delivery of a copy of the different plans and coverage. Prior to meeting with a client, the system verified that the person in question was in fact affiliated, that all fees were paid in full, that the coverage was still valid, and any updated information. The requested attention was provided in less than 24 hours via telephone or email. In cases where a direct consultation was requested, a date and time was assigned to the client within a period of no more than five business days.

Communication strategy

The communication strategy that the company tried to develop was centered in stimulating the need for legal protection within the target market, stimulating the primary demand (the market was not familiar with this kind of service), positioning the service as the most convenient alternative for legal protection in Chile, making all of the services offered by the company known within a one-year period, and building an adequate relationship with the intermediary agents from the beginning of the service.

The target audience was composed of general managers and human resources managers from large companies, directors of professional associations, and directors of public companies. The company was also interested in reaching the "A" and "B" company market segments, general managers and Pymes owners, Pypes owners, directors of trade associations related to Pymes, and directors of Pymes and Pypes cooperation agencies.

Public relations activities had been highly important as support for the marketing plan. This mainly occurred in the first stage of the project, where it was necessary to strongly stimulate the primary demand due to the "new project" nature of the market. The activities of the public relations program included invitations, visits, and presentations aimed at members of the company's target audience. The purpose of these activities was to generate and develop a working relationship that would help place and sponsor the products.

Furthermore, the company's advertising had supplemented the promotional strategy, while the communications media had been focused on business and current events magazines, publications by trade associations in the sectors of interest, professional associations, chambers of commerce, financial newspapers, and the yellow pages. The image-make to support the communicational strategy had been defined as: "Legal Protection for All". This was used as an umbrella concept that encompassed all of the products offered by the company.

Market penetration assumptions

In order to estimate market penetration and business flow, the partners of Legalty Biz defined some affiliation assumptions.

Considering that this was a new and unheard of project in the Chilean market, it was assumed that developing and stimulating a "primary demand" would require a period of no less than two years. This was because even though the market recognized the importance of satisfying its requirements for legal protection, it placed this need in an initial stage. During this stage, the purpose was to educate and teach the market about the attributes of the services offered, knowing that affiliation speed during this stage would be low. Secondly, it was assumed that there would be a positive break in the demand for this kind of legal protection starting in the third year of implementation. This would be reflected in more dynamic affiliation rates. This greater dynamism would definitely result in a larger number of industry competitors, which would be felt towards the end of the second year, and the beginning of the third year of implementation.

Considering the aforementioned affiliation assumptions, as well as the information collected by the partners mainly from sources outside of the Chilean market, we can formulate some quantitative assumptions that could be considered parameters for projecting sales and project flow for the first five years.

In the first place, the company had assumed a *Potential Available Qualified Market* (PAQM) in the three segments equal to 25%. Secondly, the company had considered three possible market penetration scenarios: optimistic, pessimistic, and realistic. The expected affiliation rate for the different market segments had been analyzed for each scenario. For Santiago, Chile (the first area considered as a project target), the results of these projections were as follows:

a) Optimistic scenario:

The following evolution of segment affiliation was estimated for the first five years of the project:

First year affiliation	1%
Second year affiliation	3%
Third year affiliation	8%

FOURTH YEAR AFFILIATION	13%
FIFTH YEAR AFFILIATION	20%

These affiliation estimates helped to define a current contracts matrix for the end of each year of the project (see annex).

b) Pessimistic scenario:

The following evolution of segment affiliation was estimated for the first five years of the project:

FIRST YEAR AFFILIATION	0.5%
SECOND YEAR AFFILIATION	1.5%
THIRD YEAR AFFILIATION	3%
FOURTH YEAR AFFILIATION	7%
FIFTH YEAR AFFILIATION	10%

These affiliation estimates helped to define a current contracts matrix for the end of each year of the project (see annex).

c) Realistic scenario:

The following evolution of segment affiliation was estimated for the first five years of the project:

FIRST YEAR AFFILIATION	0.8%
SECOND YEAR AFFILIATION	2%
THIRD YEAR AFFILIATION	6%
FOURTH YEAR AFFILIATION	10%
FIFTH YEAR AFFILIATION	15%

These affiliation estimates helped to define a current contracts matrix for the end of each year of the project (see annex).

Organizational structure of Legalty Biz

The general structure of Legalty Biz had three large areas: an administration and finance area, a sales area, and a legal area. The three partners occupied their positions within the company according to their skill sets. One of them was in charge of the legal area, while the other two ran the commercial area of the company; the administration and finance area was headed by an external executive. For all practical purposes, these four people made up the board of directors, which acted as the company's managing and executive body.

Facing the strategic planning process that the company carried out every year, in January 2013 the three partners plus the administration and finance manager met to exchange views and impressions on the evolution of the business. Parts of their conversation are reproduced below.

Legal area manager: As we all know, the implementation of the so-called Legalty Biz Prepaid Legal Services program has not developed according to the plan presented in the beginning. Our sales results are 30% less than the worst scenarios that we had estimated. Although the country's general economic situation has not helped during this first year of implementation, being e 30% below our pessimistic scenario for the program was not in anybody's calculations.

Administration and finance manager: The current situation is not the best for growth; however, it could have been worse. The nature of the product that we are commercializing makes it very easy for the consumer to do without it. It's not a first-order-of-necessity product. Therefore, when faced with an unstable economic situation such as we are seeing in this country, these results are clearly expected.

Commercial area manager: There seems to be some confusion regarding the behavior of the legal business. Please note that this sector has historically had a negative correlation regarding economic cycles. This means that when all other sectors of the economy are performing poorly, the legal industry performs better, and vice versa. If we add to this reality the fact that our market offer for the prepaid plan format can offer a lower average price when compared to any other legal service in the market, we can conclude that the our sales performance should be very different from the current numbers.

Legal area manager: For better or worse, the situation is as it is. Looking towards the company's future, we have to focus on recalibrating our strategy. Let's take a few days to discuss a contingency plan that will allow us to face the unstable scenario that is expected for the next few years.

[Case outline]:

This dialogue shows the concern that existed among the participants regarding the performance of the company's new business line in terms of its commercial management. Was the commercial management of Legalty Biz's new business line adequate considering the profile of the business? Had the strategy for the new business line been implemented correctly? Was the Chilean market prepared for these kinds of products?

Annex

Table 1: "Optimistic" matrix for current contracts

Santiago		Affiliation	1%	3%	8%	13%	20%
		PAQM	25%	25%	25%	25%	25%
		Year	1	2	3	4	5
PYME	51,000		127.5	382.5	1,020	1,657.5	2,550
PYPE	192,000		480	1,440	3,840	6,240	9,600
Individ.	2,052,240		5,130.6	15,391.8	41,044.8	66,697.8	102,612
Total	2,295,240		5,738	17,214	45,905	74,595	114,762

Table 2: "Pessimistic" matrix for current contracts

Santiago		Affiliation	0.5%	1.5%	3%	7%	10%
		PAQM	25%	25%	25%	25%	25%
		Year	1	2	3	4	5
PYME	51,000		63.75	191.25	382.5	892.5	1,275
PYPE	192,000		240	720	1,440	3,360	4,800
Individ.	2,052,240		2,565.3	7,695.9	15,391.8	35,914.2	51,306
Total	2,295,240		2,869	8,607	17,214	40,167	57,381

Table 3: "Realistic" matrix for current contracts

Santiago		Affiliation	0.75%	2%	6%	10%	15%
		PAQM	25%	25%	25%	25%	25%
		Year	1	2	3	4	5
PYME	51,000		95,625	255	765	1,275	1,912.5
PYPE	19,000		360	960	2,880	4,800	7,200
Individ.	2,052,240		3,847.95	10,261.2	30,783.6	51,306	76,959
Total	2,295,240		4,304	11,476	34,429	57,381	86,072

Caso Southern Cross Wine | 8

Southern
Cross
Wine

Hacia fines del año 2013, los patrones de consumo del vino a nivel mundial habían comenzado a evolucionar. Nuevos países productores de vino, nuevos segmentos de consumidores, nuevos exportadores y nuevos importadores, se incorporaban con velocidad a la nueva fisonomía del mercado del vino, transformándolo por un lado en un mercado más competitivo y por otro en uno más complejo.

A la luz de la complicada fisonomía que imponía el mercado del vino tanto en Chile como en el contexto internacional, Vitto Merino, director ejecutivo de la empresa vitivinícola Southern Cross Wine[19], reflexionaba en torno al futuro de la compañía. Si bien este era consciente de que la experiencia comercial desarrollada por la empresa hasta esa fecha había sido positiva, algunas de sus reflexiones dejaban entrever su preocupación por el destino de la compañía: ¿cómo transformar esta empresa que se inició como un hobby en un negocio rentable?, ¿cómo debemos posicionar nuestros vinos?, ¿a qué segmentos debemos orientar nuestra producción vitivinícola?, ¿cómo debemos enfrentar a las grandes empresas vitivinícolas?, ¿en qué negocio debemos concentrarnos?, ¿estaremos maximizando la utilidad de la empresa con nuestra actual política de precios?

Introducción

Chile era considerado uno de los países con mejores condiciones geográficas para la elaboración del vino. El tamaño de la región, su ubicación, el amplio rango de condiciones climáticas y la tipología de suelos constituían, entre muchos otros factores, los aspectos necesarios para el negocio del vino en Chile.

---

[19] El caso Southern Cross Wine ha sido preparado por Sammy Liberman para ser utilizado como base de discusión y no como ilustración de la gestión adecuada o inadecuada de una situación determinada. Algunos datos y nombres aparecidos en el caso, así como diálogos y recreaciones, pueden haber sido modificados para proteger la privacidad de la empresa estudiada sin perder la coherencia necesaria con la realidad.

Entre las características ambientales de las regiones comprendidas entre los paralelos 27 y 38 destacaban, claramente, el clima tipo mediterráneo, la concentración de lluvias durante los meses de invierno, con un largo período seco desde el final de la primavera hasta el final del verano, una alta diferencia de temperaturas con variaciones que iban desde los 30 grados durante el día en épocas calurosas hasta los 15 grados en la costa y 20 grados en la región de los Andes. Otro aspecto importante era la humedad relativa de 55% a 60% durante el verano, permitiendo largos períodos de maduración.

Todo lo anterior permitía la producción de uvas con perfectas condiciones de madurez, color y aromas apropiados.

Por razones históricas, una fuerte influencia francesa y en particular de la enología bordelesa (Bordeaux), las variedades finas predominantes en Chile coincidían con las mejores cotizadas a nivel internacional. Otros factores también importantes en el desarrollo de la industria habían sido la rápida innovación tecnológica, los menores costos de producción principalmente en mano de obra así como el crecimiento sostenido del entorno económico y el espíritu emprendedor que caracterizó a las compañías que lideraron la industria vitivinícola. La mayor internacionalización de Chile y su creciente presencia en muchos mercados extranjeros habían motivado y reforzado la incursión internacional por parte de productores chilenos. Por otra parte, la sofisticación y solvencia que el sector financiero alcanzó después de la crisis de principios de los ochenta, fueron también un factor importante en la puesta en marcha de proyectos de expansión y formación de nuevas viñas por parte de los empresarios del sector.

Aspectos de orden foráneo también habían influido en el desarrollo de la industria vitivinícola chilena. Estados Unidos introdujo, años atrás, un cambio radical en la industria internacional del vino, que involucró privilegiar el proceso y la variedad por sobre el terreno donde este era producido. Hasta antes de la aparición de este sistema, primaba el sistema francés, basado en zonas geográficas especializadas con exclusividad de marca y fuerte regulación en los métodos de producción. Por otro lado, la situación recesiva que vivió la mayoría de las economías europeas durante los años ochenta se tradujo en consumidores mucho más sensibles al precio del vino, cuyas compras enfatizaban la relación precio-calidad. Por último, con la incursión de países bien organizados internamente, como Australia, permitió un fuerte impulso al posicionamiento exitoso de los países del nuevo mundo (Australia, Nueva Zelanda, Argentina, Chile, Sudáfrica y EE.UU) en los mercados internacionales.

El sector vitivinícola nacional había sido estructuralmente poco atractivo. El principal factor que incidía en este resultado era la creciente rivalidad entre las empresas del sector, tanto a nivel nacional como internacional, derivado del ingreso de nuevos competidores en atención a la ausencia de fuertes barreras de entrada.

Se observaba la existencia de un alto poder de negociación por parte de los distribuidores, tanto en Chile como en el extranjero, toda vez que algunos de los clientes más importantes eran grandes cadenas de supermercados y mayoristas, a veces con poderes monopsónicos. Por encima de esto, los hábitos de consumo y el estilo de vida de los consumidores finales había cambiado, particularmente entre los más jóvenes, lo que se manifestaba en una creciente disminución del consumo de vino per cápita, sustituido por bebidas de menor gradación alcohólica, como la cerveza o las bebidas no alcohólicas.

Por el lado de los proveedores, existía una situación muy distinta entre los proveedores de uva y el resto de los insumos. En el caso de la uva, estos estaban claramente atomizados y no registraban un poder de negociación relevante. Pese a ello, se observaba una tendencia en las viñas exportadoras a aumentar el porcentaje de vinos de producción propia, a fin de asegurar estabilidad y mejores niveles de calidad. Esta integración vertical regresiva tendía a aumentar la rivalidad entre las empresas, haciendo que los pequeños productores de uva se vieran motivados a desarrollar integraciones verticales progresivas para así participar en la producción de vinos.

Un fenómeno diferente ocurría con otros insumos, en especial con el envase de vidrio que en Chile era abastecido por muy pocos proveedores. Ello obligaba a las empresas productoras de vino a buscar constantemente alternativas para neutralizar el alto poder negociador de estos proveedores, como podía ser el embotellar en el extranjero, perdiendo el beneficio del certificado de origen.

El mercado vitivinícola chileno

El consumo promedio de vino en Chile en los últimos años había descendido a 13 litros per cápita al año, aproximadamente. No obstante descender permanentemente el consumo de vino corriente, el consumo de vino fino o proveniente de denominaciones de origen presentaba un consumo estabilizado o con tendencia al crecimiento, especialmente algunos tipos de vinos, como el champán, espumosos y el vino tinto.

El retroceso del interés por el vino de mesa estaba ligado a una imagen anticuada del producto, la cual no siempre había sido apoyada por medio de estrategias de marketing adecuadas. El vino tenía la imagen de ser una bebida alcohólica, que constituía un excitante para el "trabajador" y que, con frecuencia, producía euforia y podía ser tóxico al consumirse más de una cantidad determinada. Además, las nuevas preocupaciones por el bienestar y la salud iban claramente en contra de las bebidas de alto valor calórico que producían aumentos de peso.

A pesar de la realidad demostrada, la percepción que existía en el mercado era de que se consumía más vino que en años anteriores. Los motivos que sustentaban esta percepción se basaban principalmente en un precio promedio más bajo, una mayor oferta y variedad del producto y el incremento notorio del producto en campañas de tipo publicitarias.

Estudios permitían concluir que el vino se consumía por un tema de estatus y por ser considerado un producto de mejor sabor. Sin embargo, existían creencias de que consumirlo regularmente era dañino para la salud.

Por su parte, la cerveza tenía como atributos más destacados el precio conveniente, su mejor publicidad, el ser menos dañino para la salud, la posibilidad de ser consumido en cualquier ocasión y su buen sabor. Sin embargo, su consumo no reportaba estatus. Por otro lado, el pisco destacaba entre los hombres principalmente por su carácter masivo y popular, sobre todo al ser combinado con productos cola o limón.

El resultado de estudios sobre hábitos y consumo del vino en 2013 señalaba que la mayor parte de la población tenía una conducta de compra habitual, caracterizada por la familiaridad con la marca más que por la convicción con ella. En efecto, la actitud generalizada de los hombres era la de escoger directamente su marca sin importar el precio, tendencia que se acentuaba más al ascender en el estrato socio económico.

El jefe de hogar era quien realizaba generalmente la compra del vino, en todos los segmentos. Como "aperitivo" los tragos preferidos por hombres y mujeres eran el pisco y el champán, especialmente a medida que se ascendía en el estrato socio económico, y el vermú que aumentaba su elección a medida que se descendía en el estrato. El whisky se había transformado en la segunda opción del nivel medio, en cambio el campari lo era para el estrato alto. El vino, como alternativa de aperitivo, era la tercera opción entre los hombres, especialmente en el nivel alto.

Para un "almuerzo de día de semana", el vino era la elección predominante para esta situación, siendo más fuerte esta tendencia a medida que se descendía en el estrato socio económico. Le seguían en nivel de preferencia las bebidas gasificadas o agua mineral, aumentando su disposición al consumo a medida que se ascendía en el estrato socio económico.

El vino era considerado el acompañamiento preferido en todos los segmentos socio económicos, en el caso de un "almuerzo especial en casa, acompañar la comida en restaurantes o preparar un asado". Ante la situación de una "conversación con amigos", la preferencia era para la cerveza en el segmento de los hombres. Esta realidad aumentaba a medida que se descendía en el estrato, mientras que en el segmento de las mujeres este se centraba mayoritariamente en el nivel medio. En segundo orden se encontraba el pisco con un mayor nivel de preferencia entre las mujeres, especialmente al descender de nivel socio económico.

Los hombres de estrato alto preferían claramente el whisky antes que el pisco y el vino. En una "fiesta de amigos en el hogar", la mayor preferencia era para el pisco, entre los hombres, y luego el vino. En el caso de las mujeres, la alternativa preferida en esta ocasión era el vino en su versión espumante, situación que se acentuaba en los estratos socio económicos más altos.

Se podían distinguir cuatro tipos de vinos comercializados en los mercados locales: vino premium, vino espumante (*champagne*), vino popular, vino granel, con precios y calidad respectivamente decrecientes.

En el mercado chileno, los vinos se clasificaban en:

- Vinos finos, orientados al segmento ABC1, con precios superiores a USD 20 (750cc).

- Vinos semi finos, orientados a los segmentos C1 y C2, con precios que variaban entre USD 10 y USD 20 (750cc).

- Vinos corrientes, orientados a los segmentos C2 y C3, con precios que variaban entre USD 5 y USD 10 (750cc).

- Vinos familiares, orientados a los segmentos C2, C3 y D, con precios que oscilaban entre USD 3 y USD 5 (750cc).

El mercado del vino fino en Chile estaba dividido en las siguientes categorías:

- Top Premium: Gran Reserva, guarda superior a dieciocho meses, precio desde U\$25.

- Premium: Reserva, guarda hasta dieciocho meses, precio entre U\$15 y U\$25.

- Varietal: con precios entre U\$5 y U\$15.

La industria vitivinícola chilena

El sector del vino en Chile había jugado un papel importante en la economía nacional a partir del auge de las exportaciones. Al revisar las dos últimas décadas de producción vitivinícola, era factible apreciar un importante nivel de crecimiento en torno al 71% en la elaboración de vino. Lo anterior había sido consecuencia de un incremento por sobre el 30% en la superficie disponible para el cultivo de la vid, alcanzando un total cercano a las 200.000 hectáreas hacia fines del año 2013.

La plantación promedio de los viñedos había decrecido desde una media en torno a las 2.600 hectáreas, a una media de 550 hectáreas debido al fuerte incremento registrado en la cantidad de empresas vitivinícolas que se habían constituido en las últimas dos décadas.

El año 2013 el indicador de exportaciones sobre el nivel de producción alcanzaba un 62%, ubicando a Chile como el segundo país proporcionalmente más exportador del mundo muy por encima del promedio mundial del 33% registrado por dicha relación. Lo anterior había sido consecuencia de la incorporación de las empresas vitivinícolas denominadas boutiques, de niveles bastante menores en cuanto a superficie y con una producción orientada en su totalidad al negocio de la exportación. Hacia finales del año 2013, la industria vitivinícola chilena se había situado entre los cinco primeros países exportadores a nivel mundial.

Por otra parte, el rendimiento promedio de la superficie plantada para el cultivo de la vid en Chile, había crecido en un 25%, pasando desde los 35 hectolitros por hectárea a los 44 hectolitros por hectárea en la última década, fundamentalmente como causa de una mayor tecnificación en los procesos de gestión productiva y administrativa de las viñas.

En las últimas dos décadas, se habían realizado importantes inversiones tecnológicas destinadas a mejorar el proceso productivo y de calidad de la oferta vitivinícola. Las vasijas de raulí (madera natural de Chile) se habían reemplazado por estanques de acero inoxidable. En el caso de vasijas pequeñas para fermentación y guarda de algunos vinos, se utilizaban principalmente barricas de roble norteamericano o francés.

Sistema de clasificación y etiquetado

En Chile existía un sistema de clasificación del vino bastante escueto en comparación con otros países, ya que sólo distinguía entre las categorías de vinos con denominación de origen, vinos sin denominación de origen y vinos de mesa.

Los vinos con denominación de origen (D.O.) correspondían a aquella oferta proveniente de alguna de las regiones vitivinícolas señaladas por el decreto ley Nº 464 del Servicio Agrícola y Ganadero de Chile (SAG) y elaborados con las variedades indicadas por este mismo. De esta manera, para clasificar la oferta en esta categoría, al menos el 75% del vino debía ser producido con uvas provenientes del lugar geográfico indicado. Este porcentaje podía ser completado con vinos producidos por terceros productores siempre que dichos vinos estuvieran previamente certificados respecto de su procedencia geográfica. Tratándose de mezclas y cuando la totalidad del vino fuera de una misma cepa, las etiquetas de las ofertas vitivinícolas con denominación de origen, podían indicar hasta un máximo de tres regiones o hasta tres sub regiones (valles) de los cuales provinieran los componentes de la misma, en orden decreciente de importancia, de izquierda a derecha, y siempre que la participación menor que interviniera en la mezcla no fuera inferior al 15%.

En cuanto al sistema de etiquetado, la oferta vitivinícola se regía por la normativa legal dispuesta por el artículo 4º del mismo decreto nº 464 del Servicio Agrícola Ganadero (SAG). En tal sentido, las etiquetas de los vinos con denominación de origen, debían hacer mención respecto de la variedad de uva con la cual habían sido producidos, cuando su elaboración cumpliera con el requisito de que la variedad o el cepaje indicado en la etiqueta efectivamente había intervenido en la mezcla en una proporción no inferior al 75% y, además, correspondía a alguna de las variedades autorizadas por dicho decreto.

Por otra parte, las etiquetas de los vinos con denominación de origen, hacían mención del año de cosecha, cuando los vinos del año indicado intervinieran en la mezcla en una proporción no inferior al 75%.

Respecto de la expresión "Embotellado en origen", esta era utilizada en la etiqueta cuando el vino registraba denominación de origen y, además, la planta envasadora y los viñedos del cual procedía la uva se encontraba en tierras de propiedad de la viña productora ubicados en el área geográfica comprendida por la denominación de origen, y el proceso de vinificación y envasado del vino había sido efectuado totalmente por la viña en un proceso continuo realizado en dicho establecimiento.

Adicionalmente, en el caso de los vinos con denominación de origen, la etiqueta podía incluir menciones complementarias de calidad, tales como: Superior, Reserva o Reservas, Reserva Especial, Reserva Privada y Gran Reserva. De manera similar, la etiqueta podía incluir otras menciones de calidad tales como: Seco (Sec o Dry), Semi Seco (Demisec o Medium Dry), Semi Dulce (Moelleux o Medium Sweet) y Dulce (Doux o Sweet). Finalmente era factible incluir un último set de menciones complementarias de calidad para los vinos con denominación de origen tales como: Clásico, Noble, Grand Cru, Vino Generoso y Vino Añejo.

Caracterización de las empresas vitivinícolas chilenas

Grandes empresas vitivinícolas

La industria vitivinícola chilena se caracterizaba por un alto nivel de concentración, tanto en el mercado doméstico como en el mercado exportador. Hacia fines del año 2013, el mercado doméstico concentraba el 72% de las ventas totales en cuatro grandes viñas (Concha y Toro, San Pedro, Santa Rita y Santa Carolina), en tanto que el mercado exportador concentraba el 53% de las exportaciones entre la primeras diez viñas exportadoras. Estas empresas tenían una data histórica promedio de ciento treinta años, lo que suponía un gran nivel de conocimiento y experiencia en la industria. Tenían una superficie plantada de vid por sobre las 1.300 hectáreas promedio por viña, representando en conjunto el 38% del total de la superficie plantada en el país.

El grupo de las grandes viñas registraba una capacidad de bodega total de casi 40 MM de litros, representando en términos agregados el 50% del total disponible en el país. Adicionalmente este grupo mantenía un promedio de siete marcas registradas por viña y cuarenta y seis mercados de destinos para la colocación de sus exportaciones. El 68% de su volumen de producción era orientado al mercado externo y el rendimiento promedio por hectárea era de 13.000 litros.

En términos cualitativos, la gran empresa vitivinícola chilena se caracterizaba por contar con una adecuada disponibilidad de recursos financieros tanto a nivel de acceso a crédito bancario como de recursos propios, además de un liderazgo de mercado que era ejercido a través de asociaciones de viñateros y exportadores así como un importante nivel de reconocimiento y prestigio en el rubro. En general, las grandes viñas contaban con tecnologías propias además de habilidades en cuanto a innovación y desarrollo de productos así como gran capacidad de comercialización y un adecuado nivel de comunicación externa.

Pequeñas y medianas empresas vitivinícolas

Otro segmento importante de viñas que operaban en Chile eran las pertenecientes al segmento de las Pymes, de mediana y baja antigüedad (treinta y dos años), con una superficie plantada de vid por sobre las 200 hectáreas promedio por viña, con una capacidad promedio de bodegaje superior a los 7 MM de litros y con un tamaño de producción medio inferior que alcanzaba un rendimiento por hectárea de 5.700 litros. La oferta de exportaciones de estas empresas representaba el 70% de su oferta productiva, la cual era focalizada en vinos de mediana calidad.

Por otra parte, existía al interior de este segmento un segundo grupo de empresas más jóvenes (denominadas al interior de la industria como las "viñas emergentes") con un promedio de catorce años de existencia, con una superficie plantada promedio de 200 hectáreas, que concentraban el 16% de la superficie plantada de la industria. La capacidad de bodegaje de estas empresas alcanzaba un promedio de 3,6 MM de litros, lo que representa el 13% de la capacidad total de bodegaje de la industria. Adicionalmente este grupo mantenía un promedio de tres marcas registradas por viña y quince mercados de destinos para la colocación de sus exportaciones. El rendimiento promedio por hectárea era de 8.000 litros en tanto que el 92% de su volumen de producción estaba orientado al mercado externo con una oferta de vinos generalmente de categoría Premium y Super Premium.

Hacia fines del 2013, la industria vitivinícola chilena era dominada principalmente por las grandes empresas. Sin embargo, las viñas del tipo boutique habían comenzado a crecer en los mercados de exportación, demostrando que podían ser innovadoras y pioneras en la configuración de ofertas vitivinícolas de gran capacidad competitiva. Algunas de las Pymes vitivinícolas chilenas utilizaban estrategias de marketing para construir marcas fuertes, buscando posicionarse en segmentos de precios superiores al promedio, con ofertas de carácter propio y de gran calidad. No obstante lo anterior, a este segmento de empresas no le había resultado simple poder exportar debido a que en general había sido dificultoso poder lograr el reconocimiento de la oferta exportable o disponer de los recursos financieros para establecer compromisos de largo plazo y asegurar así los grados de continuidad necesarios para sus clientes.

Las Pymes vitivinícolas que habían sido exitosas eran aquellas que habían logrado focalizarse en productos de nicho y en general habían sido constantes en el desarrollo de su estrategia en el tiempo. Esto a diferencia de otras que habían preferido convertirse sólo en productores de vinos teniendo que hacer frente a las grandes viñas, las cuales poseían claras ventajas en cuanto a economías de escala, curvas de experiencia y además carteras más completas de productos.

Si bien muchas Pymes vitivinícolas habían comenzado a maquilar para terceros –principalmante supermercados y retails–, renunciando así a la posibilidad de lograr posicionar una oferta propia, enfrentaban el riesgo de ser dadas de baja por el cliente, que en cualquier momento podía decidir en forma unilateral cambiar de proveedor.

La empresa Southern Cross Wine

Southern Cross Wine era una empresa de corte familiar con más de cincuenta años de tradición, ubicada en el valle del río Lontué, provincia de Curicó, zona del Maule. Contaba con viñedos, bodegas y planta envasadora propia, con una capacidad de producción aproximada de 1.800.000 litros anuales, de los cuales 500.000 se encontraban en concreto epoxicado, 100.000 litros en acero inoxidable y el saldo en maderas nobles.

La superficie de viñas viníferas era de 195 hectáreas divididas en las siguientes cepas: Sauvignon Blanc 90 has, Cabernet Sauvignon 70 has, Merlot 18 has y Chardonnay 17 has. Estas dos últimas correspondían a plantaciones relativamente nuevas.

En las última década, la empresa había tratado de enfocar sus esfuerzos principalmente en mejorar su posición en el mercado internacional, realizando inversiones en el desarrollo de sus viñedos, en técnicas para el manejo de las vides, en el procesamiento de la cosecha, en el tratamiento de las uvas, y en la promoción y cobertura de los mercados europeos, norteamericano y asiático.

Respecto de los destinos de comercialización del vino, se destacaba el Reino Unido y Estados Unidos con un 17% y 20% del total de las exportaciones y Europa como el principal destino regional con un 52% del total. Por otra parte, el mayor precio promedio obtenido por el vino embotellado de Southern Cross Wine en los últimos tres años había sido generado en los destinos asiáticos, alcanzando un 12% más que el precio promedio obtenido en los restantes destinos de comercialización.

Al realizar el mismo ejercicio de comparación a nivel de países individuales, se lograba evidenciar que los mejores precios de exportación se obtenían en Canadá (38% por sobre el promedio) y los países del norte de Europa (Irlanda, Holanda, Dinamarca y Bélgica). Por el contrario, los menores precios de comercialización habían sido registrados en el Reino Unido.

Southern Cross Wine tenía una capacidad de exportación anual de 160.000 cajas de vinos de alta calidad, avalados por premios obtenidos en concursos, tales como: Selección Mundial, Montreal, Canadá 2012, Medalla de bronce con Cabernet Sauvignon 2011; World Champion para Vinos Tintos, con la línea Gran Cabernet 2010, entre otros.

Situación de Southern Cross Wine en el contexto local

Al año 2013, Southern Cross Wine sólo había logrado estar presente en algunos pocos supermercados regionales. Esto a pesar de contar con productos de una muy adecuada calidad.

La política de precios que la empresa había seguido históricamente a nivel local, era de diferenciación y se sustentaba en el disímil comportamiento de compra de sus clientes, el cual se encontraba determinado por las características particulares de la demanda de cada uno ellos.

El cuadro 1 exhibe la cantidad de cajas de vino que cada uno de los clientes de supermercados de la empresa Southern Cross Wine estaba dispuesto a comprar, en relación al precio al cual la empresa ofrecía sus productos.

Cuadro 1: Cuadro de demanda por cliente

ALFA		BETA		GAMA		DELTA		EPSIL	
P	Q	P	Q	P	Q	P	Q	P	Q
400	10	400	20	400	0	400	30	400	0
300	20	300	40	300	10	300	40	300	0
200	30	200	60	200	20	200	50	200	10
100	40	100	100	100	30	100	60	100	20

(Donde P es precio y Q cantidad de cajas de vino).

El cuadro 2 muestra los precios de la caja de vino al cual la empresa terminaba comercializando sus productos a los distintos clientes en forma regular. La información de precios dice relación con el valor de la caja de vino de 9 litros (doce botellas).

Cuadro 2: Precio de venta de la caja de vino por cliente

Clientes	Precio por Caja
Supermercado ALFA	U$ 100
Supermercado BETA	U$ 100
Supermercado GAMA	U$ 300
Supermercado DELTA	U$ 300
Supermercado EPSIL	U$ 200

La empresa había logrado determinar que el costo directo base (CDB) de cada caja de vino que comercializa ascendía a U$50 para el caso de los supermercados Alfa y Beta; sin embargo, para el caso del supermercado Epsil, este costo directo se duplicaba respecto del CDB y para el caso de los supermercados Gama y Delta, dicho costo (CDB) se triplicaba debido a la lejanía geográfica y la complejidad existente en la logística y distribución de los productos.

Adicionalmente, Southern Cross Wine registraba algunos costos fijos de distribución y ventas en cada período de operación. Estos estaban relacionados con el arriendo del inmueble donde operaba —el cual alcanzaba un valor mensual de U$4.000—, así como con el sueldo de cada vendedor, el cual ascendía a U$1.000 mensuales, independiente de la gestión de ventas que estos realizaran. Southern Cross Wine mantenía un vendedor por cada cliente, con el fin de poder ofrecerles un nivel de atención exclusiva.

Hacia fines del año 2013, el entonces gerente general de la empresa Southern Cross Wine, Sr. Vitto Merino, reflexionaba de la siguiente manera:

> "Este negocio que nació años atrás como un hobby de mi padre, cuyo fin último era el de deleitar y agasajar a sus amigos y familiares con vinos producidos artesanalmente en sus propias instalaciones, es hoy en día una viña de tamaño menor capaz de producir casi el 0,1% de la producción nacional de vino. Si bien contamos con un plantel de colaboradores de gran confianza y responsabilidad formados al interior de nuestra empresa, así como con una sana posición financiera y estructura de endeudamiento liviana, mis mayores dudas se relacionan con la elección de la estrategia más adecuada con que debo dirigir la viña".

[Planteamiento del caso]:

La reflexión del Sr. Merino dejaba entrever su preocupación respecto del futuro de la compañía. ¿Estará la empresa maximizando la utilidad con su actual política de precios?, ¿cómo debe posicionar sus productos?, ¿a qué segmentos debe orientar la producción?, ¿cómo debe enfrentar a las grandes viñas?, ¿en qué negocio debe concentrarse?, ¿cómo transformar un hobby en un negocio rentable?

SOUTHERN CROSS WINE CASE | 8

Southern
Cross
Wine

Towards the end of 2013, global patterns of wine consumption had begun to change. New wine-producing countries, new consumer segments, new exporters, and new importers were swiftly entering the new physiognomy of the wine market, transforming it on the one hand into a more competitive market, and into a more complex market on the other.

In light of the new and complex physiognomy that the wine market was imposing on Chile and abroad, Vitto Merino, executive director of Southern Cross Wine[20], reflected on the future of the company. Although he was aware that the company's commercial experience had been positive to date, he was concerned about the future: How could we transform this company, which had begun as a hobby, into a profitable business? How should we position our wines? Towards what segments should we aim our wine production? How can we face competition from large vineyards? What business line should we focus our efforts on? Are we maximizing company revenues with our current price policy?

Introduction

Chile was considered to be a country with one of the best geographical conditions for wine production. The country's size, location, wide range of climate conditions, and the typology of the soil, among many other factors, made it possible to develop the Chilean wine industry.

In the regions located between the 27th and 38th parallels there is a Mediterranean climate: rainfall is concentrates in the winter months: there is a long dry period towards the end of spring that continues to the end of summer: there are high temperature variations,

---

[20] The Southern Cross Wine case has been prepared by Sammy Liberman to be used as a base for discussion and not as an illustration of adequate or inadequate handling of any given situation. Some of the names and information that appear in the case, as well as dialogues and reenactments, may have been modified for the sole purpose of protecting the privacy of the company studied without losing the necessary coherence with reality.

from 30° C during daytime in the hot season to 15° C on the coast and 20° C in the Los Andes region. Another important aspect was the relative humidity that varied between 55% and 60% during the summer, allowing for long ripening periods.

All of the above provided excellent conditions for grape production, including perfect ripening conditions, with appropriate colors and aromas.

Because of historical reasons and a strong French influence, from Bordeaux enology in particular, the fine varieties dominant in Chile coincided with the most highly prized varieties around the world.

Other important factors in the industry's development had been rapid technological innovation, lower production costs in terms of labor, sustained economic growth, and the entrepreneurial spirit that characterized the industry's leading vineyards. Chile's greater internationalization and growing presence in many foreign markets had motivated and reinforced international incursions by Chilean producers. Furthermore, the sophistication and solvency reached by the financial sector after the economic crisis of the early 1980's was also an important factor for launching expansion projects and forming new vineyards.

International aspects also influenced the development of the Chilean wine industry. Years ago, the United States introduced a radical change into the international wine industry, which consisted in privileging process and variety over the ground where the grapes were produced. Before this, what predominated was the French system based on specialized geographical zones with brand exclusivity and strong regulations for the production method. On the other hand, the recessive situation that most European economies experienced during the 1980's translated into many more wine consumers being sensitive to price and making purchases based on the price/quality ratio. Finally, the appearance of new internally well-organized countries, such as Australia, created a strong impulse for New World countries (Australia, New Zealand, Argentina, Chile, South Africa, the United States, etc.) to successfully position themselves in international markets.

The Chilean wine industry had been structurally unattractive. The main factor behind this was the growing rivalry of companies in that sector, both nationally as well as internationally, which stemmed from the appearance of new competitors due to a lack of strong access barriers.

Since some of the most important clients were large supermarket chains and wholesalers, sometimes with monopsonistic power, there was high bargaining power among distributors both in Chile and abroad. More importantly, the habits and lifestyles of the end consumer had changed, especially among younger consumers. This manifested itself in a growing decrease in per capita wine consumption, substituted by beverages with lower alcohol content such as beer or non-alcoholic beverages.

A very different situation could be seen among suppliers of grapes and the other necessary materials. Grape suppliers were clearly fragmented and did not have any relevant bargaining power. In spite of this, there was a tendency among exporting vineyards to increase the percentage of in-house wine production so as to guarantee stability and better quality. This regressive vertical integration tended to increase company rivalry, causing small grape producers to develop progressive vertical integrations so as to participate in wine production.

A different phenomenon occurred with other raw materials, especially with glass bottles, which in Chile were supplied by a small number of companies. This forced wine-producing companies to constantly search for alternatives so as to neutralize the high bargaining power of these suppliers. One such alternative was bottling abroad, although this meant losing the certificate of origin benefits.

The Chilean wine market

Average consumption of wine in Chile fell to approximately 13 liters per capita per year in the last few years. Although consumption of regular wines decreased continuously, consumption of fine wines or those from areas with certificates of origin was stable or tended to grow, especially for some types of wine such as champagne, sparkling wine, and red wine.

The decreased interest in table wine was related to the product's old-fashioned image, since it had never been supported by adequate marketing strategies. Wine was seen as an alcoholic beverage, as a source of excitement for the worker that frequently produced euphoria and could be toxic when more than a certain amount was consumed. Also, new concerns regarding well-being and health clearly opposed the consumption of high-calorie beverages that could increase weight.

In spite of the proven reality, the market perception was that more wine was being consumed than in the past. The reasons supporting this perception were mainly based on a low average price, a large offer and variety of products, and the noticeable increase of advertising campaigns.

Studies concluded that wine was consumed as a status symbol and because of its better taste. There were beliefs, however, that regular consumption of the product was bad for your health.

The most outstanding features of beer, on the other hand, were its convenient price, better advertising, apparently lower harm, the possibility of being consumed on any occasion, and its good taste. However, its consumption did not have any status benefits. Pisco, on the other hand, appealed highly to men because of its strength and was especially popular when mixed with sodas or lemon.

In 2013, studies regarding wine habits and consumption indicated that most of the population had a habitual purchase behavior, based more on familiarity with brands than on a feeling of being convinced by them. The general attitude of men was, in effect, to directly choose their brand without any concern for price; this tendency became more evident in higher socioeconomic levels.

In all segments, it was the head of the household that generally purchased wine. The preferred drinks for men and women for appetizers were pisco and champagne, especially among higher up socioeconomic levels, and vermouth in lower socioeconomic levels. Whisky had become the second option for middle socioeconomic levels, while Campari was the preferred second option for higher socioeconomic levels. Wine was the third appetizer alternative for men, especially at higher socioeconomic levels.

Wine was the predominant choice for a "weekday lunch"; this tendency became more evident in lower socioeconomic levels. The second most popular beverages was soda or sparkling water; their consumption increased among higher socioeconomic levels.

Wine was considered the preferred beverage for "special lunches at home, to accompany restaurant meals, or for a barbeque," at all socioeconomic levels. Beer was the preferred beverage among men for situations involving "conversations with friends". This preference increased among lower socioeconomic levels, whereas for women this preference was more centered on middle socioeconomic levels. Pisco was in second place with a higher level of preference among women, especially for lower socioeconomic levels.

Men from high socioeconomic levels clearly preferred whisky over pisco and wine. In a "get together with friends at home" situation, the highest preference among men was pisco, followed by wine. The preferred alternative for this situation among women was sparkling wine, which was more pronounced among higher socioeconomic levels.

Four kinds of wines commercialized in local markets were identified: premium wine, sparkling wine (champagne), popular wine, and bulk wine, with prices and quality decreasing respectively.

Wines were classified as followed in the Chilean market:

- Fine Wines aimed at the ABC1 socioeconomic segment, with prices over U$15 (750cc).

- Semi-Fine Wines aimed at the C1 and C2 socioeconomic segments, with prices that varied between U$10 and U$20 (750cc).

- Common Wines aimed at the C2 and C3 socioeconomic segments, with prices that varied between U$5 and U$10 (750cc).

- Family Wines aimed at the C2, C3, and D socioeconomic segments, with prices that varied between U$3 and U$5 (750cc).

The fine wines market in Chile was divided into the following categories:

- Top Premium: Great Reserve wine, aged more than 18 months, with prices from U$25.

- Premium: Reserve wine, aged up to 18 months, priced between U$15 and U$25.

- Varietal: priced between U$5 and U$15.

The Chilean wine industry

The wine sector had played an important role in the Chilean economy starting with the exports boom. In the last two decades, wine production had grown by approximately 71%. This resulted from a 30% increase in the surface area used for grape production of, reaching a total of approximately 200,000 hectares towards the end of 2013.

The average planted vineyard surface had decreased from an average of approximately 2,600 hectares, to 550 hectares. This was due to the high number of vineyards that had appeared in the last two decades.

The exports in terms of production indicator reached 62% in 2013, thus positioning Chile as the second largest global wine exporter, proportionally speaking, above the global average of 33%. This was due to the creation of boutique vineyards, which had significantly lower levels of surface area and production aimed exclusively at international markets. Towards the end of 2013, Chile had positioned itself among the top five global wine exporting countries.

Furthermore, the average yield of the surface area used to grow grapes had increased 25%, changing from 35 hectoliters per hectare to 44 hectoliters per hectare in the last decade. This was mainly because of greater use of technology in the production management and administrative processes.

Substantial investments in technology aimed to improve the production and quality processes that had been undertaken in the last two decades. Barrels made of Raulí –an indigenous wood in Chile– had been replaced by stainless steel tanks. North American or French oak barrels were mainly used for small containers where the fermentation and ageing of some wines took place.

Classification and labeling system

When compared to other countries, Chile had a rather concise wine classification system that only distinguished wine by categories such as wines with a designation of origin, wines without designation of origin, and table wines.

Wines with designation of origin (D.O.) were produced in regions mentioned in law N°464 of the Chilean Agriculture and Cattle Service (SAG), and produced according to the varieties indicated in the law. For a wine to be classified as having a designation of origin, at least 75% of that wine had to be produced with grapes grown at the indicated geographical location. This percentage could be completed with wines produced by third-party producers if and only if they had been previously certified regarding their geographical origins. When dealing with mixes, or when all of the wine was produced from the same grape variety, labels could indicate a maximum of three regions or up to three sub-regions (valleys), listing them in decreasing order of importance from left to right, as long as the lower participation in the mix was no less than 15%.

The wine industry was regulated by article 4 of the same decree regarding the labeling system. In this sense, wines with designation of origin had to mention their grape variety as long as the variety indicated on the label had truly intervened in at least 75% of the mix and was one of the varieties authorized by the aforementioned decree.

Furthermore, when wines intervened in at least 75% of the mix, the labels indicated the harvest year.

The expression "bottled at origin" was used on the label when the wine had a designation of origin and when the bottling plant and vineyards where the grapes came from were on land that belonged to the company and were located in the designated area, as long as the vinification and bottling processes had been completely carried out by the vineyard in that establishment.

Also, regarding wines with designation of origin, the label could include supplementary quality indications such as: Superior, Reserve or Reserves, Special Reserve, Private Reserve, and Great Reserve. Similarly, the label could also include mentions such as: Sec or Dry, Demisec or Medium Dry, Moelleux or Medium Sweet, and Doux or Sweet. It was also possible to include a final set of supplementary quality indications for wines with designation or origin: Classic, Noble, Grand Cru, Fortified Wine, and Aged Wine.

Characterization of Chilean vineyards

Large companies

The Chilean wine industry was characterized as being highly concentrated in terms of both domestic and foreign markets. Towards the end of 2013, 72% of total domestic market sales were concentrated in four large vineyards (Concha y Toro, San Pedro, Santa Rita, and Santa Carolina), whereas 53% of total foreign market sales were concentrated among the top ten exporting vineyards. These companies averaged 130 years of age, which gave them high levels of industry knowledge and experience. They had a planted vineyard surface averaging over 1,300 hectares per vineyard, which represented 38% of the country's total planted surface.

The group of large vineyards represented a total warehousing capacity of almost 40 million liters which, in aggregate terms, was equivalent to 50% of the national total. Additionally, this group averaged seven registered brands per vineyard, and 46 foreign market destinations for the placement of their exports. Approximately 69% of their production volume was earmarked for foreign markets; average yield per hectare was 13,000 liters.

In qualitative terms, large Chilean vineyards had access to bank loans and their own resources, as well as a market leadership that was exercised through vineyard and exporter associations, and a high level of recognition and prestige within the industry. Generally speaking, large vineyards possessed their own technologies and skills regarding production innovation and development, as well as high commercialization capabilities and an adequate level of external communications.

Small and medium sized companies

Another important segment of vineyards operating in Chile were those belonging to the Pymes segment. These were relatively young (mid to low ages, averaging approximately 32 years), with a planted surface greater than 200 hectares on average per vineyard, with an average warehousing capacity greater than 7 million liters and with a lower average production output with a yield of 5,700 liters per hectare. Export wines represented 70% of the production offer for these companies; these export wines were focused on medium-quality wines.

Furthermore, within this production segment there was a second group of younger companies (known in the industry as "emerging vineyards"), with an average age of 14 years and a planted surface of 200 hectares, that concentrated 16% of the total planted surface of the industry. The warehousing capabilities of these companies averaged 3.6 million liters, representing 13% of the industry's total warehousing capacity of. Additionally, this group averaged three brands per vineyard, and placement in 15 different foreign markets. The average yield per hectare was 8,000 liters, while 92% of their production volume was earmarked for foreign markets; the offer was generally for Premium and Super Premium wines.

Towards the end of 2013, the Chilean wine industry was dominated mainly by large companies. Boutique style vineyards, however, had started to grow in export markets, showing that they could be pioneers in terms of creating highly competitive wine offers. Some of the Pymes vineyards used marketing strategies to build strong brands, looking to position themselves in higher than average price segments, with products possessing unique characteristics and high quality. Nonetheless, it had not been easy for this segment to export its products due to of the difficulty of obtaining recognition for its export products as well as the financial resources necessary to establish long-term commitments and ensure the continuity for their clients.

The Pymes vineyards that had been successful were those that had managed to market themselves as niche products and had used consistent strategies over time. This was different from the vineyards facing competition from large companies that had clear advantages in terms of scale economies, experience curves, and more complete product portfolios.

Although many Pymes vineyards had started to produce wine for third-party brands (supermarkets, retail stores), giving up the possibility to position their own brands, they also faced the risk of being rejected by their clients who could at any moment unilaterally decide to switch suppliers.

The company Southern Cross Wine

Southern Cross Wine was a family company with more than 50 years of tradition, located in the Lontué River valley, in the Curicó province of the Maule region. It had its own vineyards, warehouses, and bottling plant with an approximate production capacity of 1,800,000 liters per year; 500,000 liters were stored in epoxy-lined concrete, 100,000 liters were stored in stainless steel, and the remainder was stored in noble woods.

The vineyard surface area was 195 hectares divided into the following varieties: 90 hectares of Sauvignon Blanc, 70 hectares of Cabernet Sauvignon, 18 hectares of Merlot, and 17 hectares of Chardonnay. The latter two were the most recent additions to the vineyard.

In the last decade the company had tried to mainly focus its efforts on improving its position in international markets. It had done so by investing in the development of its vineyards, in new techniques for handling grapes, crop processing, grape treatment, and in advertising in the European, North American, and Asian markets.

Among the different places where its products were commercialized, the United Kingdom and the United States were at the forefront, receiving 17% and 20% of the exports, respectively. Europe was the main regional destination of the products with 52% of the total. Furthermore, the highest average price obtained in the last three years by Southern Cross Wine bottled wines had been in the Asian markets, being 12% higher than the average price reached in the remaining markets.

When performing the same comparison exercise at an individual country level, it is clear that the best export prices were obtained in Canada (38% higher than the average price) and Northern Europe (Ireland, Holland, Denmark, and Belgium). The lowest prices, on the other hand, had been registered in the United Kingdom.

Southern Cross Wine possessed an annual exporting capacity of 160,000 boxes of high-quality wine, which was backed up by the prizes that it had won in contests such as World Selection (Montreal, 2012) the Bronze Medal for its 2011 Cabernet Sauvignon, and the World Champion for Red Wines with its 2010 Great Cabernet line, among others.

Domestic situation of Southern Cross Wine

In spite of having products of very adequate quality, up until 2013 Southern Cross Wine had only been present in some regional supermarkets.

The price policies that the company had historically followed at the local level were based on differentiation and were sustained by the dissimilar purchase behavior of its clients, which was determined by the specific characteristics of their demands.

Table 1 indicates the number of boxes of wine (Q) that each of Southern Cross Wine's supermarket clients was willing to purchase in relation to the price (P) that the company offered them:

Table 1: Table of client demand

ALFA		BETA		GAMA		DELTA		EPSIL	
P	Q	P	Q	P	Q	P	Q	P	Q
400	10	400	20	400	0	400	30	400	0
300	20	300	40	300	10	300	40	300	0
200	30	200	60	200	20	200	50	200	10
100	40	100	100	100	30	100	60	100	20

(Where P is price and Q the numeber of box of wine).

Table 2 shows the prices for a box of wine that the company ended up charging its clients for its products on a regular basis. The price information is based on the value of a 9 liter –12 bottles–, box of wine.

Table 2: Sales price to clients of a box of wine

CLIENTS	PRICE PER BOX
SUPERMARKET ALFA	U$ 100
SUPERMARKET BETA	U$ 100
SUPERMARKET GAMA	U$ 300
SUPERMARKET DELTA	U$ 300
SUPERMARKET EPSIL	U$ 200

The company had been able to determine that the base direct cost (BDC) of each box of commercialized wine was U$50 in the case of supermarkets Alfa and Beta. In the case of supermarket Epsil, however, this direct cost was double in BDC terms. For supermarkets Gama and Delta, that cost (BDC) was triple due to the geographical distance and the logistical complexities that existed in these cases, as well as the complexities of product distribution.

Additionally, Southern Cross Wine registered some fixed costs in distribution and sales for each operational period: rent for the real estate in which it operated, which reached U$4,000, and the salespeople's salaries of, which equaled U$1,000 per person, regardless of their sales performance. Southern Cross Wine hired one salesperson per client for exclusive customer service.

Towards the end of 2013, Mr. Vitto Merino, then general manager of Southern Cross Wine, reflected as follows:

> "This business, born years ago as a hobby of my father, whose end purpose was to delight and entertain his friends and family with wine produced in a tradional way on his own facilities, is today a small-scale vineyard capable of producing almost 0.1% of the nation's wine. Although we have a highly trusted and responsible staff of collaborators trained on the vineyard, as well as a healthy financial position and light debt structure, my greatest doubts are about choosing an adequate strategy to run the vineyard".

[Case outline]:

Mr. Merino's reflection shows his concern about the company's future. Is the company maximizing its profits with its current price policy? How should it position its products? Which segments should its production be aimed at? How should it confront the large vineyards? What business line should it concentrate on? How can it to change a hobby into a profitable business?

www.ingramcontent.com/pod-product-compliance
Lightning Source LLC
Chambersburg PA
CBHW082132210326
41599CB00031B/5958